安徽省高等学校省级教学研究项目(2007jyxm122

普通话与安徽方言
辨正教程

(第2版)

主　编　刘光明

副主编　蔡荷芳　陈淑萍　何家荣　丁伯林

编　委　(按姓氏笔画排序)

丁伯林　王雪飞　卢素琴　刘光明

许思友　陈春雷　陈淑萍　何家荣

汪　媛　程淑萍　蔡荷芳

合肥工业大学出版社

图书在版编目(CIP)数据

普通话与安徽方言辨正教程/刘光明主编.—合肥:合肥工业大学出版社,2010.6
(2017.9 重印)
ISBN 978-7-5650-0220-5

Ⅰ.①普…　Ⅱ.①刘…　Ⅲ.①普通话—正音法—安徽省②江淮方言—安徽省
Ⅳ.①H172.4

中国版本图书馆 CIP 数据核字(2010)第 112118 号

普通话与安徽方言辨正教程(第 2 版)

主编　刘光明　　　　责任编辑　朱移山

出　版	合肥工业大学出版社	版　次	2010 年 6 月第 1 版
地　址	合肥市屯溪路 193 号		2011 年 9 月第 2 版
邮　编	230009	印　次	2017 年 9 月第 3 次印刷
电　话	人文编辑部:0551-62903310	开　本	710 毫米×1000 毫米　1/16
	市场营销部:0551-62903198	印　张	16.75　　字　数　318 千字
网　址	www.hfutpress.com.cn	印　刷	合肥星光印务有限责任公司
E-mail	hfutpress@163.com	发　行	全国新华书店

ISBN 978-7-5650-0220-5　　　　定价:35.00 元

目　录

第一章 绪 论

第一节 普 通 话

一、什么是普通话

普通话就是现代汉民族共同语，是全国各民族通用的语言。普通话以北京语音为标准音，以北方话为基础方言，以典范的现代白话文著作为语法规范。

民族共同语是民族内部共同用来交际的语言，是识别一个独立民族的主要标志之一。汉民族共同语的产生年代还不能说得很准确，最晚在上古的夏商周和春秋时期就产生了。当时的民族共同语叫“雅言”，主要流行于黄河流域。《诗经》的语言就是雅言，《左传》、《孟子》中都有一些用雅言解释方言的例子。

汉代的民族共同语叫“通语”，也叫“凡语”、“凡通语”或“通名”。西汉扬雄编著的《方言》就是用当时的民族共同语“通语”来解释各地的方言的，这是我国第一部方言著作。隋、唐时代，人们作诗词、写文章非常注意“正音”，因此很多韵书应运而生。韵书的出现，“正音”风气的盛行，都在客观上起到了推行民族共同语的作用。元代的民族共同语叫“天下通语”。周德清的《中原音韵》记录的就是当时的民族共同语。明清时代的汉民族共同语叫“官话”。“官话”最早用于官场，后来也流行于民间。民国时期汉民族共同语叫“国语”。新中国成立后汉民族共同语叫“普通话”。

民族共同语是在某一方言的基础上形成的，汉民族共同语是在北方方言的基础上形成的。

二、国家大力推广普通话

我国是一个高度统一的多民族的社会主义国家。汉语是世界上使用人口最多的语言，是世界上最发达的语言之一，也是联合国六种工作语言之一（另五种语言是：英语、法语、俄语、西班牙语、阿拉伯语），它在国内、国际上影响很大。但由于我国地域辽阔，人口众多，封闭、落后的封建社会使人们的交流十分贫乏，加上汉语形成的历史久远等因素的影响，汉语存在严重的方言分歧，给各地人民之间的交往带来了不便，对我国人民的政治、经济、生产建设、文化生活以及国际交往有一定的影响，因此全国人民都要求有一种可以到处通行的语言，这就是普通话，而且要加快推广、普及普通话的步伐。

半个多世纪以来，党和政府对推广普通话工作极为重视。1955 年召开了“全国文字改革会议”和“现代汉语规范问题学术会议”，明确了普通话是“以北京语音为标准音，以北方话为基础方言，以典范的现代白话文著作为语法规范”的现代汉民族共同语，又制定了“大力提倡，重点推行，逐步普及”的推普方针。1956 年后，国务院和国家各有关部门及单位相继不断地发布指示、通知、号召，促进推广普通话，即要求汉语表达向规范化、标准化靠拢。由于全国各地文化教育工作者的努力，推广普通话工作逐年有显著的进展。1982 年，我国宪法中增入“国家推广全国通用的普通话”条文，从此，普通话具有了明确的法律地位，成为全国通用的语言。1986 年召开的“全国语言文字工作会议”，确定了新时期的语言文字工作的方针任务——“大力推广，积极普及”。为加快推广普通话工作的进程，1992 年国家语委将新时期“推普”工作的方针调整为“大力推行，积极普及，逐步提高”。贯彻这个方针的重点是在普及方面，在普及的基础上逐步提高，以达到满足现代社会交往的需要。为此，国家语委、国家教委和广电部于 1994 年 10 月 30 日联合发出《关于开展普通话水平测试工作的决定》，这一重要举措使推广普通话工作逐步走上科学化、规范化、制度化的运行轨道。2000 年 10 月 31 日第九届全国人民代表大会常务委员会第十八次会议通过了《中华人民共和国国家通用语言文字法》，明确了语言文字工作的两大基本点：说普通话，写规范字。

在改革开放的新形势下，经济建设发展带动一切工作，普通话更成为协作、互通、交流的最有共性的信息“载体”，成为全国通用的社会交际工具。“推普”工作进入了一个新的阶段。

三、学习普通话的意义和方法

1. 学习普通话的意义

推广普通话是我国的基本语言政策，在新时期里推广普通话已成为国家现代化建设的迫切需要。

首先，推广普通话可以进一步消除方言隔阂，减少不同方言区人们交际的困难，促进各民族之间的交际，有利于日益频繁的社会交往，有利于国家统一和加强人民团结。

其次，文化教育的普及和提高，科学技术的进步和发展，传真技术的现代化，计算机语言的输入和语言识别的研究，都对推广普通话提出了新的要求。

再次，推广普通话有利于促进改革开放和社会主义市场经济的发展。在相当长的历史时期里，在相对封闭的政治经济文化状态下，人们的交际范围狭小，自然不会产生普及民族共同语的社会需求。但是到了今天，改革开放和发展社会主义市场经济，迎接知识经济和信息时代的挑战，普及民族共同语就成为不可缺少的基础性工程。

2. 学习普通话的方法

（1）提高认识，做普及普通话的促进派

必须认识推广普通话的重要意义，了解社会主义建设事业对使用共同语言、普及普通话的迫切需要，自觉、主动地学习和推广普通话。

（2）摒弃落后、保守的传统观念，形成以讲普通话为荣的好风气

由于社会上还有些人对推广普通话的意义不够了解，对听和说普通话不太习惯，因而每当有人学说普通话的时候，往往得到的不是鼓励而是嘲笑，甚至有些学生回到家里学说普通话也受到家长或邻居的斥责，认为是“忘本”；还有些人因为不熟练、说不好怕人嘲笑而不敢说、不愿说普通话。在这种情况下，要敢于突破旧的习惯势力，摒弃落后、保守的传统观念，大胆说、坚持学、坚持用，只要开口说并能坚持，就能越说越熟练，越说越好。

（3）充分利用汉语拼音这个学习工具

汉语拼音是学习普通话的有力工具，学会并掌握了汉语拼音，既可以利用拼音字母查字典，纠正发音，又可以阅读“注音读物”，按注音练习用普通话朗读等等。有不少人想方设法，利用汉语拼音自学普通话，取得了良好的效果。当然，要利用汉语拼音学习普通话，就必须闯过两道关：一是发音关，一是正音关。发音，是看见用汉语拼音拼写的字、词能准确地读出。正音，是知道某些字、词在普通话中应该读什么音，而不再念自己的方音。只要闯过了这两道关，并合理使用一些教材，经过刻苦学习，一定会有收获。

（4）着眼比较，加强方言和普通话异同的辨析

加强辨析是学好知识获得分析本领的好方法。学习普通话，通过比较，可以分析出方言与普通话的对应规律。如方言和普通话语音部分的对应规律可以归纳如下：

同——指的是方言和普通话语音完全相同，学习时无须改动。

换——指的是方言中某一个音与普通话某一个音不同，但可以一对一地换过来。如普通话语音中的“ong”、“uen”韵母，在安徽枞阳、桐城有相混现象，把该读“ong”韵母的读成“uen”韵母，而读“uen”韵母的又读成了“ong”韵母。我们在纠正方音时，只需要将其对换过来就可以了。

并——指的是在普通话语音中是一个音的，在方言中分别使用两个音，

要把方言中的两个音并为一类，改念普通话语音。如普通话中只有团音，没有尖音，但徽语等方言中则有尖、团音之分，把“洗”读成了“死”等，这就要合并，将尖音改读为团音。

分——“分”与上文的“并”是相对的，即普通话语音中分而方言中不分，学习时要把方言中的一个音分为两类，改念普通话语音。如前、后鼻音韵母，在普通话中是分开的，但在安徽不少方言中只发前鼻音韵母，无后鼻音韵母。

(5) 利用规律，正音记字

对应规律固然可以以少驭繁，触类旁通，但是需要不少专门的知识。要想真正搞清普通话字音，还需要靠记忆。在区分发音的基础上，要记住某些字、词的读音。记忆的方法较多，可以利用普通话声韵拼合规律记字，也可以利用形声字声旁类推规律记字，还可以用“字表”（如“常用字表”和“辨音字表”）或通过“注音读物”加强记忆。

(6) 勤学苦练，在生活环境中学习提高

有指导的进行系统地学习是必要的，但还不够，要大家把多年养成的语音习惯（方音）扭转过来，不是一件容易的事。但是只要下定决心，增强信心，讲求方法，在生活中随时随地注意学习，特别是从广播、电视、电影等各方面跟随摹仿规范的普通话标准音，口、脑、手并用，一定可以学好。

【思考与练习】

1. 什么是普通话？请结合自己的亲身体会，说说学好普通话的作用。
2. 谈谈你对“国家推广普通话、推行规范汉字”的体会。
3. 根据你自己学习普通话的经验，谈谈学习普通话的方法。

第二节　方　言

一、方言及现代汉语方言区的划分

汉民族历史悠久，人口众多，地域辽阔，自古就存在方言分歧。方言是指一种语言的分支，是语言的地域性变体。它跟标准语有区别，是在一个地域流行的一方之言，它在语音、词汇、语法方面都有自己的特点。

现代汉语方言的分区，仅就大的方言分区来看，我国汉语方言学界就有各种不同的分法，一般可以分为七大方言区，即北方方言区、吴方言区、湘方言区、赣方言区、客家方言区、粤方言区、闽方言区。

1. 北方方言旧称“官话”，是汉语中通行最广、使用人口最多的一个方言。它包括长江以北各省的汉族居住区，长江以南的一些沿江地带，云、贵、川三省的汉族地区，约占全国汉族地区的3/4，人口约占66000万，占汉族人口的70%以上，北方方言可以分为四个次方言：华北东北次方言、西北次方言、西南次方言、江淮次方言。

2. 吴方言分布在江苏省的长江以南镇江以东地区、上海市和浙江省的大部分地区，人口约7000万。

3. 湘方言主要分布在湖南省，人口约3000万。

4. 赣方言主要分布在江西省，人口约3100万。

5. 客家方言主要分布在广东北部、江西南部、福建的西部和北部，人口约3500万。

6. 粤方言主要分布在广东大部和广西一部分地区，人口约4000万。

7. 闽方言主要分布在福建省的大部分地区、广东东部一些地区、浙江省南部一些地区、海南省和台湾省，人口约5500万。其方言内部可分为闽东、闽南、闽北三个次方言。

二、安徽主要方言的分布

“安徽方言”不是单一系统方言，而是多种方言系统的综合体，各方言分歧很大而且复杂。根据各方言的不同特点，安徽主要方言从北向南大致可以分为皖北中原官话、皖中江淮官话、皖西赣语、皖南宣州吴语、皖南徽语五大方言区。

1. 皖北中原官话

皖北中原官话以阜阳话为代表，主要分布在安徽省淮北和沿淮南岸的一部分市县，包括砀山、萧县、亳州市、涡阳、界首市、太和、利辛、蒙城、临泉、阜阳市、阜南、淮北市、濉溪、宿县、宿州市、灵璧、金寨城关及北部、霍邱、凤台、寿县、蚌埠市、固镇、凤阳、五河、泗县（县东部除外）、颍上等26个市县。语音上声母n与l不混，韵母和普通话对应较为一致，声调分阴平、阳平、上声、去声。语法上普通话的“不知道”说成“知不道”。

2. 皖中江淮官话

皖中江淮官话以合肥话为代表，主要分布在安徽的中部（淮北的怀远话，沿江南岸的城市，以及皖南少数县市的城区话，也属于皖中江淮官话），通行于怀远（城区）、淮南市、长丰、嘉山、定远、来安、天长、滁州市、全椒、肥东、合肥市、肥西、六安市、霍山、舒城、巢湖市、含山、和县、无为、庐江、桐城、枞阳、安庆市、马鞍山市、当涂、芜湖市、繁昌（狄港镇）、铜陵市（市区）、铜陵县（安平、董店、大通）、贵池、东至（大渡口、姜坝）、南陵（城区）、青阳县、广德（城区）、郎溪（城区）、宣州市（城区）、芜湖县（湾址）、泾县（童疃）、旌德（蔡家桥）等地。其语音特点：n和l不分，

en 和 eng 不分，in 和 ing 不分，有阴平、阳平、上声、去声和入声五个声调。语法上普通话的选择疑问句如“你去不去?”在境内说成“你可去?”

3. 皖西赣语

皖西赣语以岳西话为代表，包括岳西、潜山、太湖、宿松、望江、怀宁、东至、贵池（西部及东南角）等县市。它们统属于赣语的怀（宁）彭（泽）片方言。境内居民先辈传说在明朝初年从江西吉安地区迁来。从语音上看：古全浊声母今已清化，读塞音、塞擦音时，不论平仄都读送气声母；有阴平、阳平、阴去、阳去、上声和入声六个声调。语法上普通话的“给我报纸”说成“把报纸我”。

4. 皖南宣州吴语

皖南宣州吴语以铜陵县话为代表，包括皖南黄山山脉以北以东的铜陵县、繁昌县、泾县、南陵县（山区和圩区）、当涂县（东商和南部）与青阳县、贵池市、石台县、黄山市黄山区的部分地区以及宣州市、芜湖县、宁国县、广德县、郎溪县等 14 个县市，当地土著居民的老一代人都说吴语。其语音等特点：古全浊声母今音仍自成一类，境内石台、泾县等地有阴平、阳平、上声、去声四个声调，铜陵县、芜湖县、繁县有阴平、阳平、上声、去声、入声五个声调，广德、郎溪、黄山区有六七个声调，如黄山区有阴平、阳平、阴上、阳上、阴去、阳去六个声调。

5. 皖南徽语

皖南徽语是一种与一般普通话差别很大的土语群，以歙县话为代表，通用于皖南歙县、绩溪、旌德、屯溪市、休宁、黟县、祁门、宁国（限于南部洪门乡等地）、东至（限于东南部木塔一带）、石台（限于占大区）等市县。

徽州方言跟吴语方言有一些联系，而古徽州区域内各县的方言又互有差异。根据彼此间的差异，徽州方言又可分为祁门方言、歙县方言、太平方言、屯溪方言、休宁方言、黟县方言六类小方言区，明嘉靖《徽州府志》载：“六邑之语不能相通，非若吴人，其方言大抵相类也。”但毕竟徽州方言是单一体系的方言整体，无论语音、词汇、语法诸方面，都有其自身的规律和共同的特点。语音上，大多数具有尖音；鼻音声母［ŋ］，跟 g、k、h 为伍，同是标准的舌根音；没有“日［ʐ］”母，有“［n］”母；n 化韵严重，如休宁话“猫”读成“民”；祁门话“猫”读成“棉”；黟县话“猫”读成“命”，这种带 n 尾的词，在性质功能方面类似普通话的儿化词，所不同的是非卷舌音；徽州方言有入声，除休宁话外，不分阴入和阳入，入声近似吴方言的喉塞声，但又不是真喉塞声。徽州方言有不少独特的方言词，但各县有异，来源不一。有些词语至今仍沿用古义，如“先”即“先生”义；“种种”为“短而乱的胡须”；“造化”为“幸运”之义等。徽州方言有某些独特的具有语法作用的语素，其中有的表示复数，如“人”、“大家”；有的具有结构上的组合作用，表示某方面的人，如“伆”；有的表示领属关系，如“个”；有些独特的介（动）词，义项多，但在句中不模糊，如“帝”有“到”、“在”、“被”、“把”等义，在句中如何用一目了然；表示动作重复，除了在谓语前面加副词“再”作状语，有时还在句尾附加“添”来表示，如：“再吃一碗添”。

安徽方言较复杂，除上述方言外，现代汉语方言中的湘语、闽语、客家话、西南官话和畲话因为受历史上的移民影响，也零星分布于皖南诸多县市中，受其他方言包围，逐步形成方言岛。安徽各方言区之间在语音、词汇、语法方面都存在着不同程度的差别，而语音差别最为显著。

【思考与练习】

1. 现代汉语方言分区复杂，请结合自己的方言举例说明它与普通话的差异。

2. 我们提倡学习普通话，有人担心方言最终会消亡，请谈谈你的看法。

第二章　普通话语音概说与安徽方言语音特点

第一节　普通话语音概说

一、语音的性质

语音是语言的物质外壳。它同自然界其他声音一样，产生于物体的振动，具有物理的属性；语音是由人的发音器官发出的，还具有生理的属性；更重要的是，语音要表达一定意义，什么样的语音形式表达什么样的意义，必须是全社会约定俗成的，所以语音又具有社会属性。社会属性是语音的本质属性。

1. 语音的物理性质

物体振动就产生音波。语音也是因发音体振动周围的空气或其他媒介质而形成的音波。音波作用于人耳的鼓膜，刺激听觉神经，就使人产生声音的感觉。音波有规律的叫乐音，音波杂乱无章的叫噪音（如图一）。从物理角度看，语音同其他声音一样，具有音高、音强、音长、音色四种要素。

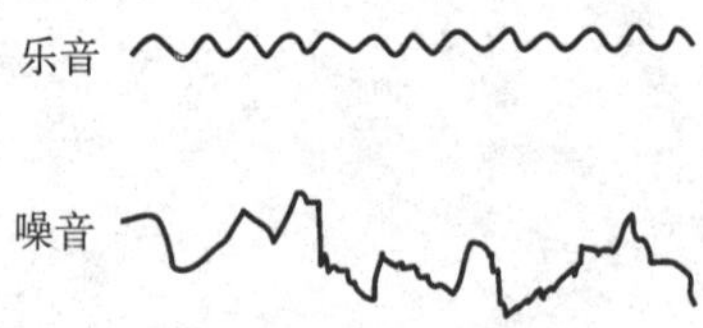

图一

（1）音高

音高指的是声音的高低，它决定于发音体振动的快慢。发音体在一定时间里振动的次数叫做“频率”。如果在一定时间里振动快，频率就大，声音就高，反之则低。在相同的时间内。A 音每秒振动 500 次，B 音每秒振动 300 次，A 音比 B 音高（如图二）。物体发音有高低的区别，一般地说，是和它的大小、粗细、厚薄、长短、松紧有关。大的、粗的、厚的、长的、松的东西振动慢，频率小，声音低，反之则高。例如，口琴的高音簧片短而薄，低音簧片厚而长；胡琴的高音弦细，低音弦粗。语音的高低，和声带的长短、厚薄、松紧有关。一般地说，男人（成年人）声带长而厚，所以声音低；女的声带短而薄，所以声音高。同一个人，声音的高低是靠控制声带的松紧来调节的。

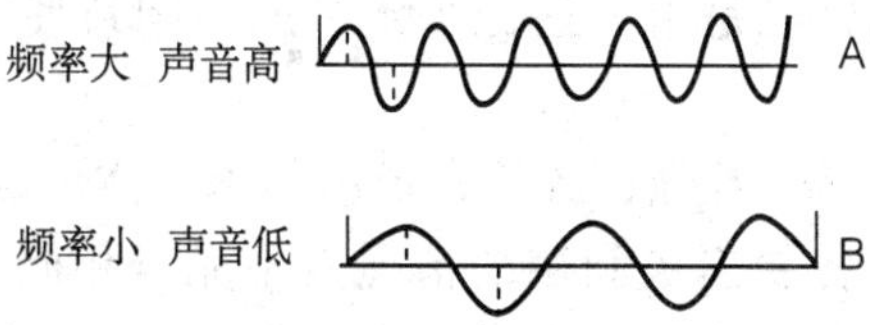

图二

（2）音强

音强指的是声音的强弱，它决定于发音体振动幅度的大小。振动的幅度叫做“振幅”。振幅大，声音就强，反之则弱（如图三）。A、B 两音，B 音振幅比 A 音振幅大，B 音比 A 音强。长度不变，用力拉，声音强，轻拉声音弱。语音的强弱是由发音时气流冲击声带力量的强弱来决定的。

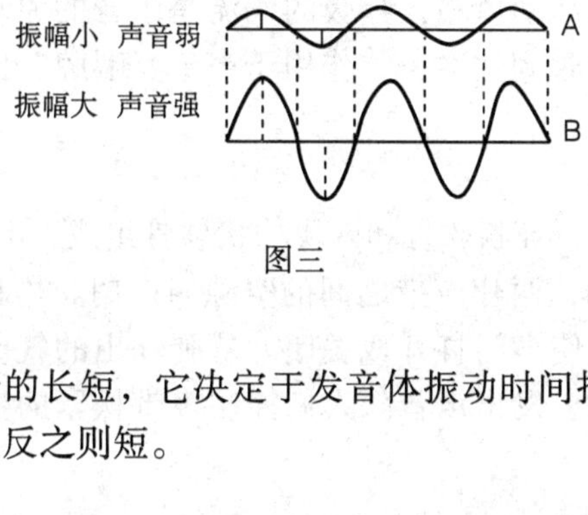

图三

（3）音长

音长指的是声音的长短，它决定于发音体振动时间持续的久暂。振动的时间长，声音就长，反之则短。

（4）音色

音色指的是声音的特色，也可以说就是声音的本质，所以又叫做“音质”。音色的差别决定于振动形式的不同，或者说是音波波纹的曲折形式不同。[ɑ]、[o]、[i] 的波形不同（如图四），所以音色也不同。

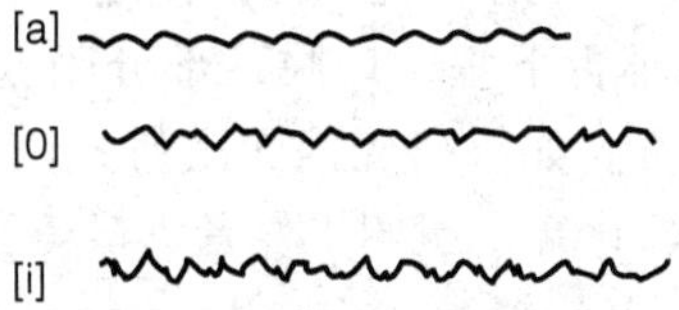

图四

造成不同音色的条件主要有以下三种：

①发音体不同。如胡琴的声音和口琴的声音不同，因为一个是琴弦，一个是簧片。

②发音方法不同。如同一把胡琴发音，用弓拉和用手弹，音色就不同。

③发音时共鸣器形状不同。如把同一把音叉插到不同形式的共鸣匣上所形成的音，音色就不同。

语音音色的不同，也是由上述三个条件的不同致使音波波纹的曲折形式不同而形成的。

任何声音都是音高、音强、音长、音色的统一体，语音也不例外。但是，在各种语言中，语音各要素被利用的情况并不完全相同。在任何语言中，音色都无疑是用来区别意义的最重要的要素。其他要素区别意义的作用在不同语言中是不完全一样的。在汉语中，音高的作用特别重要，声调主要由音高构成。音强和音长在语调和轻声里也起重要作用。

2. 语音的生理性质

语音是由人的发音器官发出来的。发音器官及其活动决定语音的生理性质。人的发音器官可以分为三大部分。

（1）肺和气管

肺是呼吸气流的活动风箱，呼吸的气流是语音的原动力。肺部呼出的气流，通过支气管、气管到达喉头，作用于声带、咽腔、口腔、鼻腔等发音器官，发出不同的语音。

（2）喉头和声带

喉头由甲状软骨、环状软骨和两块杓状软骨组成，上通咽头，下连气管。声带位于喉头的中间，两片声带之间的空隙叫声门。杓状软骨活动起来，可使声带放松或拉紧，使声门打开或关闭。从肺呼出的气流通过关闭着的声门时，就引起声带振动，发出声音。人们控制声带松紧的变化可以发出高低不同的声音。

（3）口腔和鼻腔

从前往后看，口腔上部可分为上唇、上齿、上齿龈、硬腭、软腭和小舌六个部分；口腔下部可分为下唇、下齿和舌头三大部分。舌头又可分舌尖、舌面和舌根三部分。口腔的后面是咽头，咽头上通鼻腔，下接喉头。鼻腔和口腔靠软腭和小舌隔开。软腭和小舌上升时鼻腔闭塞，口腔畅通，这时发出的音叫做口音。软腭和小舌下垂，口腔某部分闭塞，气流只能从鼻腔呼出，这时发出的音叫做纯鼻音。如果口腔内无阻碍，让气流从鼻腔和口腔同时呼出，这时发出的音叫做鼻化音（也叫半鼻音、口鼻音）。

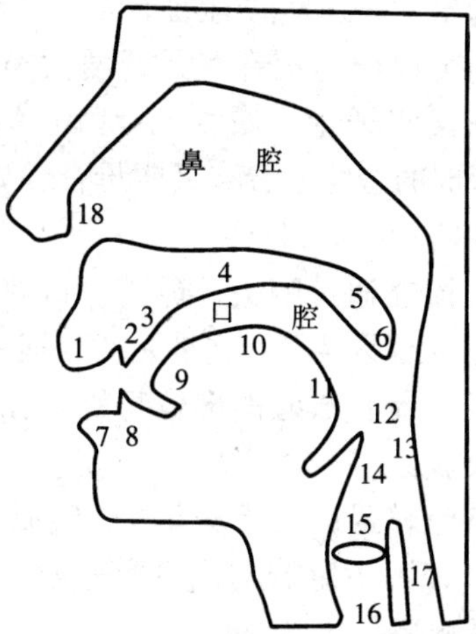

发音器官示意图

1. 上唇　2. 上齿　3. 齿龈　4. 硬腭　5. 软腭　6. 小舌　7. 下唇
8. 下齿　9. 舌尖　10. 舌面　11. 舌根　12. 咽头　13. 咽壁　14. 会厌
15. 声带　16. 气管　17. 食道　18. 鼻孔

3. 语音的社会性质

语音的社会性首先表现在音义联系的约定俗成性，即用什么样的语音形式来表示什么样的意义，不是由个人决定的，而是由社会全体成员约定俗成的。个人如果擅自改动词语的语音形式或任意赋予某一语音形式以不同的内容（意义），别人就听不懂他的意思，他就达不到同别人进行交际的目的。可见语音不是个别现象，它是有社会性的。

语音的社会性还表现在语音的系统性上。各种语言或方言都有自己的语音系统。从物理和生理的角度来看是相同的语音现象，在不同的语音系统中可能有不同的作用。例如同样是 n 和 l 这两个辅音，在普通话中分属两个不同的语音单位，而在桐城话中却属于同一个语音单位。这是因为普通话的语音系统中，n、l 在发音上的差别具有区别意义的作用（例如把 nán 念成 lán，意义就变了）。但是在桐城话的语音系统中，n 和 l 做声母时可以互相替换而不影响意义（例如“南”字，既可以用 n，也可以用 l 作声母）。仅此一点，就可以看出普通话和桐城话的语音系统是不一样的。语音系统的不同，说明语音不是单纯的物理现象和生理现象，语音还具有社会的属性。社会属性是语音的本质特征。

二、语音的基本概念

1. 音素（元音和辅音）

音素是从音色的角度划分出来的最小语音单位。例如：“怕”（pà）从音色的角度可以划分出“p”和“ɑ”两个不同的音素，“先”（xiān）可以划分出“x、i、a、n”四个音素。普通话共有三十二个音素。

音素根据音色的不同可以分为辅音和元音两大类。气流在口腔或咽头受阻碍而形成的音叫辅音，又叫子音，如 b、p、m、f 等；气流振动声带，在口腔、咽头不受阻碍而形成的音叫元音，又叫母音，如 a、o、e 等。

辅音和元音的主要区别有以下四点：

（1）辅音发音时，气流在通过咽头、鼻腔、口腔的过程中，一定要受到某部位的阻碍；元音发音时不受阻碍。这是元音和辅音最主要的区别。

（2）辅音发音时，发音器官成阻的部位特别紧张；元音发音时，发音器官各部位保持均衡的紧张状态。

（3）辅音发音时，气流较强；元音发音时，气流较弱。

（4）辅音发音时，声带不一定振动，声音一般不响亮；元音发音时，声带一定振动，声音比辅音响亮。

2. 音节

音节是语音的基本结构单位，也是自然感觉到的最小语音片段。每发一个音节时，发音器官的肌肉，特别是喉部的肌肉都明显地紧张一下。每一次肌肉的紧张度增而复减，就形成一个音节。一个音节可以是一个音素，也可以由几个音素合成。一般说来，一个汉字就代表一个音节。例如“知识就是力量”，发音时肌肉紧张六次，是六个音节，写下来是六个汉字。

3. 声母、韵母、声调

按照汉语传统的分析方法，总是把一个音节分析成声母和韵母两部分，再加上一个贯通整个音节的声调。

声母，指音节开头的辅音。例如，在“海”（hǎi）这个音节里，辅音 h 就是它的声母。有的音节不以辅音开头，就是没有声母，也可以说它的声母等于零，习惯上叫做“零声母”。例如“鹅”（é）开头没有辅音，就是零声母音节。

声母和辅音不相等。虽然声母由辅音充当，但有的辅音不作声母用，只作韵尾，如“huáng”（黄）中的 ng。辅音 n 既可作声母，也可作韵尾，如“nán”（南）中的两个辅音 n，在音节前头的是声母，在音节末尾的是韵尾。

韵母，指音节中声母后面的部分。例如在“海”（hǎi）这个音节里，“ai”就是它的韵母。零声母音节由韵母构成，例如“欧”（ōu）。

韵母和元音不相等。韵母有由单元音或复元音构成的，如“ā（啊）、jiā（家）、shuài（帅）”的“a、ia、uai”；有由元音带辅音构成的，如“gān（甘）、gēng（耕）、guān（关）”中的“an、eng、uan”。

声调，指音节的高低升降曲直长短的变化。例如“底”（dǐ）读起来先降低然后又升上去，这种先降后升的变化形式就是“底”的声调。

4. 记音符号

学习与分析、研究一种语言，首先应该掌握它的语音，这就需要运用一套书写符号来进行标注，这种标记语音的书写符号称为记音符号（标音符号）。常用的记录现代汉语语音的符号主要是汉语拼音方案与国际音标。

（1）汉语拼音方案

汉语拼音方案是在党中央的领导下制定出来的。新中国成立以后，中国文字改革委员会普遍征求和广泛收集各方面对拼音方案的意见，然后进行分析和研究，于1956年2月拟订出《汉语拼音方案（草案）》。这个方案（草案）经过政协和全国各界人士广泛讨论，又经过国务院成立的汉语拼音方案审订委员会反复审议和多次修订，报请国务院全体会议通过，最后在1958年2月由第一届全国人民代表大会第五次会议批准作为正式方案推行。

汉语拼音方案由字母表、声母表、韵母表、声调符号和隔音符号五个部分组成（见附录一），其作用是：

①给汉字注音

汉字本身难认难读，给学习带来了很大的困难。过去，人们采用直音法、反切法或注音字母给汉字注音。但是，这些注音方案都有缺点。前两种方法要以认识大量汉字为基础，如果没有音同或音近的字就难注音。注音字母创制于五四运动前夕，后来几经修订，1930年起改称注音符号。它对汉字的统一起过一定的作用，但它不完全是音素字母，注音不够准确，书写也不够方便。运用汉语拼音方案为汉字注音可以克服上述各种缺点，能够准确地拼读字音。汉语拼音方案采用了国际上流行的拉丁字母，既容易为广大群众所掌握，又便于国际间的文化交流。

②作推广普通话的工具

推广普通话，是我国社会发展的需要，是国家统一和人民团结的需要。学习普通话光靠口耳是不够的，必须有一套记音符号，以帮助教学，矫正读音。事实证明，汉语拼音方案正是推广普通话的有效工具。

此外，汉语拼音方案还可以用来作为我国各少数民族创制和改革文字的共同基础，用来帮助外国人学汉语，用来音译人名、地名和科学术语，以及用来编制索引和代号等等。

（2）国际音标

国际音标是国际语音学会所制定的一套记音符号，是用来研究不同民族语言的语音的。国际语音学会1886年成立于英国伦敦，主要参加者是欧洲各国的一些语言学者。国际音标符合“一个音素一个符号，一个符号一个音素”的原则，共有一百多个符号，记音又有严式宽式之分。国际音标制定出来之后，曾经过多次修订。由于它对语言的区分比较细致，记音的符号比较简明，许多国家的语言学者都用它来记录和研究各种语音。建国以来，我国开展少数民族语言和汉语方言调查，也都采用国际音标记音。

三、音节

音节是语流里自然的语言单位，音素（或声、韵母等）按照一定的方式组合起来就成为音节。

普通话里一般一个音节书写起来就是一个汉字，只有儿化音节是两个汉字代表一个音节，如 huār（花儿），两个汉字一个音节。

1. 音节的结构

普通话的音节一般有声母、韵母、声调三个构成要素，韵母又可以分为韵头（介音）、韵腹（主要元音）和韵尾。所以一个完整的现代汉语音节有五个部分：声母、韵头、韵腹、韵尾和声调，但并非所有音节都具备这五个部分。普通话音节结构可以用下表来表示。

普通话音节结构表

结构方式 例字	声母	韵母				声调
		韵头（介音）	韵腹（主要元音）	韵尾		
				元音	辅音	
装 zhuāng	zh	u	ɑ		ng	阴平
做 zuò	z	u	o			去声
琴 qín	q		i		n	阳平
举 jǔ	j		ü			上声
柳 liǔ	l	i	o	u		上声
湾 wān		u	ɑ		n	阴平
月 yuè		ü	ê			去声
爱 ài			ɑ	i		去声
耳 ěr			er			上声
鹅 é			e			阳平

从上表可以看出：

①一个音节最多由四个音素构成。

②元音占优势。每个音节都有元音，一个音节的元音最多有三个，最少有一个。

③一个音节可以没有辅音。但辅音只能出现在音节的开头（声母）或末尾（韵尾，仅限于 n、ng），没有两个辅音相连的情况。

④一个音节中韵腹和声调必不可少，但可以没有声母、韵头、韵尾。

2. 普通话声韵调的拼合关系

普通话里声、韵、调之间的拼合具有很强的规律性，学习普通话，必须注意掌握声韵调的拼合关系。

（1）普通话声母和韵母的拼合关系

普通话声韵的拼合往往是以声母的发音部位和韵头为依据的，它的粗略情况可以用下表来表示（“O”表示无拼合关系）。

普通话声韵配合简表

声母＼四呼	开口呼	齐齿呼	合口呼	撮口呼
b p m	班	编	布（限于 u）	0
f	番	0	富（限于 u）	0
d t	单	颠	端	0
n l	难	年	暖	虐
g k h	干	0	官	0
j q x	0	坚	0	捐
zh ch sh r	占	0	专	0
z c s	赞	0	钻	0
零声母	安	烟	弯	冤

从表中可以看出：

①b、p、m 只跟开口呼、齐齿呼、合口呼（限于 u）韵母相拼，不跟撮口呼韵母相拼。

②f 只跟开口呼、合口呼（限于 u）韵母相拼，不跟齐齿呼、撮口呼韵母相拼。

③d、t 只跟开口呼、齐齿呼、合口呼韵母相拼，不跟撮口呼韵母相拼。

④n、l 能跟开口呼、齐齿呼、合口呼、撮口呼四类韵母相拼。

⑤g、k、h、zh、ch、sh、r、z、c、s 只跟开口呼、合口呼韵母相拼，不跟齐齿呼、撮口呼韵母相拼。

⑥j、q、x 跟所有齐齿呼、撮口呼的韵母都可以相拼，不跟开口呼、合口呼韵母相拼。

⑦零声母能跟四呼中所有韵母相拼。

（2）普通话声母、韵母、声调的拼合关系

普通话声韵调的拼合规律性不太强，较为明显的有以下两条：

①普通话里 m、n、l、r 四个浊音声母的阴平字很少，并且限于口语常用的字。例如：妈（mā）、猫（māo）、妞（niū）、蔫（niān）、拉（拉 lā）、溜（liū）、扔（rēng）等。

②普通话里 b、d、z、zh、j、q 这六个不送气塞音、塞擦音声母拼带鼻

音韵母，基本上没有阳平字（除“甭”、“哏”等少数字外）；拼不带鼻音韵母，一般是阴平、阳平、上声、去声四声都有字，不管声母送气不送气。

掌握了普通话声母和韵母的拼合规律，可以帮助我们正确掌握普通话里一部分字的读音，减少把方音音节当作普通话音节的错误。

3. 音节的拼合方法

学习普通话语音，首先应该学会拼合音节的方法。普通话中常用的拼合方法有：

（1）两拼法

声母、韵母两拼，声母+韵母。如：

m—ǎ→mǎ（马）　n—iú→niú（牛）　sh—uǐ→shuǐ（水）

（2）三拼法

声母、介音、韵身三拼，声母+介音+韵身。如：

j—i—ā→jiā（家）　g—u—ó→guó（国）　n—i—ǎo→niǎo（鸟）

（3）声介合拼法

声母和介音拼合在一起，然后再同韵身相拼，（声母+介音）+韵身。如：

j—i—ā→ji—ā→jiā（家）　g—u—ó→gu—ó→guó（国）　n—i—ǎo→ni—ǎo→niǎo（鸟）

需要说明的是：根据目前一般采用的教学体系，zhi、chi、shi、ri、zi、ci、zi、yi、wu、yu、ye、yue、yun、yin、ying 等音节，因有的不能拼合，有的不好拼合，要求整体认读。

【思考与练习】

1. 试联系你所熟悉的语言，谈谈音高、音强、音长、音色在语言中的表现。

2. 熟悉发音器官的各部位，掌握发音器官各部位的名称。

3. 什么是音节？什么是音素？谈谈二者的关系。

4. 什么是声母、韵母？什么是辅音、元音？声母和辅音、韵母和元音的关系是怎样的？试举例说明。

5. 试联系实际说明《汉语拼音方案》的用途。

6. 拼读下列音节：

八　日　特　喝　掰　玻　抠　帮　内　贼　滔　喷　崩　捏　谬　俩
清　追　蛙　瑞　暖　栓　充　轮　勋　窘　用　佛　顺　网　怀　咖
短　村　如　槁　穴　倾　挟　愿

7. 熟悉普通话声韵拼合的主要规律。

8. 你的方言中有哪些声韵拼合规律与普通话不同？试对比说明。

第二节 安徽方言语音特点

安徽各地方言比较复杂，各方言的语音系统和普通话的语音系统有其一致性，但语音上的差别仍明显存在，给学习普通话带来了一定困难。进一步了解这些方言区语音上的不同特点，有助于安徽人更好地学习普通话。

一、皖北中原官话语音的主要特点

1. 声母方面

（1）各地话大都将普通话开口呼零声母字，读成舌根浊擦音 ɣ 声母。

（2）各地话 n 与 l 不混。脑≠老，怒≠路，年≠连，女≠吕。

（3）古代的全浊声母字全部读成清音声母。今读塞音、塞擦音声母时，跟普通话一样，也是古平声字读成送气声母，古仄声字读成不送气声母。如：袍 p≠暴 b，桃 t≠稻 d，葵 k≠柜 g，求 q≠旧 j，才 c≠在 z，肠 ch≠丈 zh。

（4）各地话大都有三组塞擦音和擦音：z 组、zh 组和 j 组。少数地区前两组不分，将 zh 组并入 z 组。各地都没有将 zh 组声母字读成 j 组声母字的情况，也没有将 j 组声母字读成 g 组声母字的情况。

（5）大都能分清尖音和团音，只有涡阳、蒙城、阜阳（老派）、临泉（老派）、界首（老派）、宿县（乡间）等地话在齐齿韵前仍分尖音和团音。例如：酒 z≠九，j 清 c≠轻 q，西 s≠希 x。

（6）大都能分清 f 与 hu，只有凤台、寿县、颍上（杨湖）、霍邱（潘集）等地话 f 与 hu 不分，飞=灰，分=昏，方=慌。

2. 韵母方面

（1）各地没有以元音 i 和 u 作韵尾的韵母，普通话以元音 i 和 u 作韵尾的复元音韵母字，在皖北中原官话中丢失韵尾 i 和 u，二合复元音韵母字出现单元音化的趋势。

（2）各地话以鼻辅音作韵尾的鼻辅音韵母字，大多丢失鼻辅音韵尾，读成鼻化韵母。

（3）普通话 en 与 eng、in 与 ing 韵母的字，在蚌埠市、凤阳、五河、凤台、寿县、霍邱、金寨等地话里不分，而且在上述各地话中只有五河话将这些韵母字都读成后鼻音韵母，其他各地话都读成前鼻音韵母。

3. 声调方面

各地话都有四个声调，调类和普通话相同，都分为阴平、阳平、上声、去声四个调类。但调值和普通话有差异，各地话声调的调值大都是 212（或 213）、55、24、53 四种调子，五河话的阴平调值为 21，与其他各地话有些不同。

二、皖中江淮官话语音的主要特点

1. 声母方面

（1）除怀远、定远、淮南市外，各地话 n 和 l 不分，脑=老，怒=路，年=连，女=吕。

（2）古代的全浊声母字，江淮话全部读成清音声母。今读塞音、塞擦音声母时，跟普通话一样，也是古平声字读成送气声母，古仄声字读成不送气声母。如：葵 k≠柜 g，才 c≠在 z。

（3）大都 z、c、s、与 zh、ch、sh 不分。如怀远、淮南、嘉山、天长、无为、芜湖市、南陵、当涂、马鞍山市、广德（城区）、郎溪（城区）、枞阳等地话，有 zh 组无 z 组，知=资，炒=草，山=三。有些地区则将 zh 组并入 z 组。池州话（城区）和宣州话虽然 zh 组、z 组声母都有，但只限于少数韵母中能够分辨字义。

（4）桐城、枞阳、池州（城区）、芜湖市、青阳、南陵（城区）、宣州、广德（城区）、郎溪（城区）等地话，都不同情况地出现将 zh 组声母拼合口呼韵母的字与 j 组声母拼撮口呼韵母的字混同。

（5）古日母字，在没有 zh 组声母的话里，大都读成舌尖前浊擦音［z］，少数也有读 r 的。但当涂话中读成舌根浊擦音［ɣ］声母。

（6）开口呼零声母字大都误读，在各地话中大致有读零声母、ɣ 声母、ŋ 声母、r 声母四种读法。

2. 韵母方面

（1）普通话 en 与 eng、in 与 ing 韵母的字，在江淮话中读音混同，林邻=玲灵，真针=蒸征，因音=鹰英。

（2）很多市县的方言里都没有卷舌韵母“er”。普通话读卷舌韵母的字“儿、耳、二”等，被读成不同的舌面元音。

（3）安庆、枞阳、桐城、芜湖市、和县、全椒、马鞍山、当涂、池州等地话，将 an 韵母与 ang 韵母发音混同。如：党=胆，光=关，汪=弯，等。

（4）安庆、枞阳、桐城、广德等地话，将普通话 u 韵母字读成 ou 韵母字，如：肚=抖，兔=透，醋=凑，等。

3. 声调方面

江淮话有阴平、阳平、上声、去声和入声五个声调。调值和普通话有差异，各地话阴平、阳平、上声、去声的调值大都是 212（或 213）、55、24、53 调，入声在江淮话中的读音有促声（如：合肥）和舒声（如：安庆）两种。

三、皖西赣语语音的主要特点

1. 声母方面

（1）各地话 n 与 l 不混。脑≠老，怒≠路，年≠连，女≠吕。

（2）古代的全浊声母字全部读成清音声母。但今读塞音、塞擦音声母的字不分平仄大都读成送气音，因此读送气声母的字比普通话多，“步、稻、共、在”等字在方言中也读送气声母。

（3）各地话大都有三组塞擦音和擦音：z 组、zh 组和 j 组，但 zh 组声母拼合口呼韵母字与 j 组声母拼撮口呼韵母字混同，谆＝军，除＝渠，拴＝宣，等。怀宁、望江、太湖三个地区没有 zh 组，普通话里 zh 组声母拼开口呼韵母的字，这三个地区读成 z 组声母；普通话里 zh 组声母拼合口呼韵母的字，这三个地区读成 j 组声母字和零声母字；r 声母字怀宁、太湖话读成 z 声母，望江话大多读 l 声母。岳西、潜山、宿松话则将普通话中 j 组声母拼撮口呼韵母的字，也读成了 zh 组声母。

（4）各地话把普通话的一部分 j 组声母字和零声母拼齐齿呼韵母字，读成了 g 组声母字，街＝该，敲＝尻，瞎＝哈，等。

2. 韵母方面

（1）普通话 en 与 eng、in 与 ing 韵母的字，在各地话中读音混同，无后鼻音韵母的字，更生＝根深，经营＝金银。

（2）各地话都把“坛、肝、看、汗”和“团、官、宽、换”等普通话读 an、uan 韵母的字，读成 on 韵母。

（3）在皖西赣语中，除单独的 u 韵母外，其他合口呼的韵母只出现在舌根音声母和零声母后面。普通话读舌尖前音、舌尖中音和舌尖后音的合口呼韵母字，皖西赣语分别读成开口或撮口呼韵母。

（4）岳西、潜山、宿松、怀宁、太湖等地话，把普通话的舌尖前音、舌尖中音声母拼 u 韵母的字，混同于 ou 韵母字，如：堵＝斗，途＝投，醋＝凑，等。

（5）除太湖话外，其他地方没有卷舌韵母“er”，普通话读卷舌韵母的字“儿、耳、二”等，被读成不同的舌面元音。

3. 声调方面

皖西赣语中，声调有五个、六个两种。岳西、宿松话有六个调类，潜山、望江、怀宁、太湖话有五个调类。前者比后者多一个入声。阴平、阳平、上声、阴去、阳去是各地共有的调类，它们的调值也有差异。

四、皖南宣州吴语语音的主要特点

1. 声母方面

（1）z 组声母与 zh 组声母大都不分。

（2）除太平话外，各地话 n 与 l 大都不混，脑≠老，怒≠路，年≠连，女≠吕。但泾县、繁昌、芜湖县的青年人大都 n 与 l 不分。

（3）除零声母外，合口呼韵母，在很多县里只有舌根音声母。但繁昌话和芜湖县话还可以有翘舌音声母。

（4）芜湖县、繁昌等地话中有分尖团音现象。

2. 韵母方面

（1）普通话 en 与 eng、in 与 ing 韵母的字，在各地话中都有读音混同的情况，林邻=陵灵，真针=蒸征，根跟=庚耕。石台、太平、泾县等地话将 en 与 in 韵母并入 eng 与 ing 韵母，铜陵、繁昌和芜湖县等地话则把 eng 与 ing 韵母并入 en 与 in 韵母。

（2）普通话以 an、ang、ian、iang、uan、uang 作韵母的字，各地话大多丢失鼻辅音韵尾，有的读成鼻化韵母。

（3）普通话以元音 i 和 u 作韵尾的复元音韵母字，在皖南宣州吴语中韵尾 i 和 u 脱落，读成开尾韵母。

3. 声调方面

方言区内声调的调类多少不一，石台、泾县等地有阴平、阳平、上声、去声四个声调，铜陵县、芜湖县、繁昌县有阴平、阳平、上声、去声、入声五个声调，广德、郎溪、黄山区有六七个声调。如黄山区有阴平、阳平、阴上、阳上、阴去、阳去六个声调。各地话的调值也有不同，调类相同的石台、泾县等地话，不仅它们的调值不同，就连古入声消失后归类的情况也不相同。

五、皖南徽语语音的主要特点

徽州方言是单一体系的方言整体，方言语音与普通话语音差异很大。

1. 声母方面

（1）古全浊声母字在徽语中一律清化，读塞音、塞擦音声母的字大都送气，方言中读送气声母的字比普通话中读送气声母的字多。但在歙县话、休宁话中，古浊声母字今读塞音、塞擦音声母的字时，也有一些读成不送气声母的字。

（2）翘舌音 zh、ch、sh 声母字大都读成了 j、q、x 声母或 z、c、s 声母，r 声母字大都读成了 n 等声母，少数字读成零声母。

（3）大多数具有尖音，如在歙县、屯溪、休宁、祁门话里，齐齿呼韵母前仍分尖音和团音。但在绩溪、旌德、黟县话中已不分尖音和团音。

（4）鼻音声母［ŋ］，跟 g、k、h 为伍，同是标准的舌根音。

2. 韵母方面

（1）普通话以元音 i 和 u 作韵尾的复元音韵母字，在徽语中大都丢失韵尾 i 和 u，二合复元音韵母字出现单元音化的趋势。

（2）an、ang、ian、iang、uan、uang 韵母字，各地话大都丢失鼻辅音韵尾，读成开音节韵母。

（3）普通话 en 与 eng、in 与 ing、eng 与 ong、ong 与 uen 韵母在各地话里的发音大都混同。

（4）各地话 ou 韵母与 iou 韵母有混同现象，ou 韵母的字大都读成了 iou 韵母。

3. 声调方面

古四声在皖南徽语中分化的情况很不一致，有四个调类（旌德话）、五个调类（黟县话）、六个调类（歙县、绩溪、屯溪市、休宁和祁门话）三种情况。即使调类数相同，各调类的源流关系也不相同，调值的差别就更大了。

综观安徽各方言语音的主要特点，安徽方音与普通话语音的主要差异可以概括如下：

1. 声母方面

（1）大都 z、c、s、与 zh、ch、sh 不分。除怀远、淮南、嘉山、天长、无为、芜湖市、南陵、当涂、马鞍山市、广德（城区）、郎溪（城区）、枞阳等地话有 zh 组声母无 z 组声母外，皖中和皖西的多数方言、沿淮和沿江的大部分市县方言，都将 zh 组并入 z 组，皖南和皖西的大部分市县方言，则把 zh 组声母字分别读成了 z、c、s 声母和 j、q、x 声母。

（2）普通话 r 声母字在安徽方言里的读音有分歧：沿淮沿江的部分市县方言大都读成舌尖前浊擦音［z］声母，少数读 r 声母；当涂方言读舌根浊擦音 ɣ 声母；皖南徽语多数读 n 等声母，少数也有读零声母字。

（3）部分方言区（主要是皖中江淮官话和皖南宣州吴语的部分方言区）n 和 l 不分，其中多数市县 n、l 随便读，少数市县全读 n 或 l。

（4）部分方言区（主要是皖西赣语和皖南徽语）送气声母和不送气声母发音有混同现象。在这些方言区古代的全浊声母字全部读成清音声母，但今读塞音、塞擦音声母的字不分平仄大都读成送气音，因此读送气声母的字比普通话多，“步、稻、共、在”等字在方言中也读送气声母。

（5）凤台、寿县、颍上（杨湖）、霍邱（潘集）、淮南市、泾县、石台、旌德、太平等地话及广德、宁国两县乡间的湖北话都有 f 与 hu 不分的情况，飞＝灰，分＝昏，方＝慌。

（6）安徽方言大都能分清尖音和团音，但涡阳、蒙城、阜阳（老派）、临泉（老派）、界首（老派）、宿县（乡间）、芜湖县、繁昌、歙县、屯溪、休宁、祁门话里有分尖音和团音现象。

（7）普通话零声母字，在安徽方言里一般都读成了有声母的字。开口呼零声母字在皖北中原官话大都读成舌根浊擦音 ɣ 声母，皖中合肥、肥东、肥西、舒城等地读成 r 声母，沿江江淮官话、皖南宣州吴语、皖西赣语和皖南徽

语读成 ŋ 声母；合口呼零声母字在皖东江淮原官话、沿淮以南的中原官话及皖南宣州吴语和一部分徽语里读成 v 声母；一部分齐齿呼韵母字，在皖南徽语、皖西赣语里大都读成 n 或 ȵ 声母，少数读成 ŋ 声母。

2. 韵母方面

（1）普通话前、后鼻音韵母的字，在安徽方言里大都有读音混同的情况。还有大多数方言把前鼻韵母和后鼻韵母（主要是 an、ian、uan、ang、iang、uang）念成了鼻化音。

（2）普通话 o、e、uo 和 ou 韵母在安徽部分方言里常常相混。

（3）普通话以元音 u 作韵头的字在安徽的合肥市及其周边县市在安徽省的沿江一带有丢掉介音 u 现象。安庆、怀宁、潜山、岳山、宿松、太湖、望江等地不仅丢掉了 u 介音，甚至连某些字的韵母变了（如“肚”念成“斗”，“兔”念成“透”等）。也还有一些地方把普通话 uan 韵母同 d、t、n、l、z、c、s 相拼的字念成了开口呼韵母。

（4）合肥市、肥东、肥西、六安、舒城、霍山、绩溪等地不分 i 和 -i（前），把普通话 i 韵母同 b、p、m、d、t、n、l、j、q、x 相拼的字以及零声母字念成了 -i（前）韵母。

（5）安徽部分市县的方言里都没有卷舌韵母“er”。普通话读卷舌韵母的字“儿、耳、二”等，被读成不同的舌面元音。

（6）普通话以元音 i 和 u 作韵尾的复元音韵母字，在皖北中原官话、皖南宣州吴语、皖南徽语中大都丢失韵尾 i 和 u，二合复元音韵母字出现单元音化的趋势。

3. 声调方面

（1）就调值而言，普通话四声的调值分别是 55、35、214、51，安徽各地话声调的调值和普通话相比都有较大的差异。

（2）就调类而言，普通话有阴平、阳平、上声、去声四个调类，古入声字被分别归并到这四声中，不再有入声字。但在安徽各方言里，除皖北中原官话外，其他方言区均有入声字。皖北中原官话虽然也是这四个调类，但古入声字大都被分别并到阴平、阳平中去了。

【思考与练习】

1. 了解安徽方言语音与普通话语音的差异。

2. 试将你所熟悉的方言与普通话进行比较，找出该方言语音与普通话的一些主要对应关系。

第三章　普通话语音发音与安徽方言语音辨正

普通话以北京语音为标准音。普通话语音系统主要包括声母、韵母、声调以及语流音变（常见的有变调、轻声、儿化、语气词“啊”的变化）等。安徽各方言的语音与普通话语音存在着不同程度的差异，学习普通话语音，就必须进行方音辨正。

第一节　普通话声母发音与安徽方言语音辨正

一、普通话声母的分类与发音

1. 普通话声母与读音

普通话有21个辅音声母和一个零声母。21个辅音声母是：b、p、m、f、d、t、n、l、g、k、h、j、q、x、zh、ch、sh、r、z、c、s。

普通话声母的读音有“本音”和“呼读音”两种。根据声母发音部位和发音方法发出的声母的读音是本音。由于普通话声母中只有m、n、l、r4个声母是浊音，发音时声带颤动，声音较响亮，其他17个是清音声母，发音时声带不颤动，发音不响亮，不便于称说，所以在称说声母与教学时常常在每个声母后面加上一个元音，实际上组成了一个音节，用来说明声母的发音，这就是呼读音。普通话声母呼读音的发音规律如下：

b　p　m　f（加拼o）

d　t　n　l　g　k　h（加拼e）

j　q　x（加拼i）

zh　ch　sh　r（加拼-i）

z　c　s（加拼-i）

声母和韵母相拼时用本音，单独称说声母和教学时用呼读音，如称b为bo，称p为po等。

2. 普通话辅音声母的分类与发音训练

辅音声母的发音是由发音部位和发音方法决定的。

(1) 发音部位

发音部位是指发音器官阻碍气流的部位。根据发音部位的异同，普通话辅音声母的发音可分为七类：

①双唇音是上唇与下唇构成气流阻碍而发出来的音：b、p、m。

②唇齿音是下唇轻触上齿构成气流阻碍而发出来的音：f。

③舌尖前音是舌尖抵住或接近齿背构成气流阻碍而发出来的音：z、c、s。

④舌尖中音是舌尖抵住上齿龈构成气流阻碍而发出来的音：d、t、n、l。

⑤舌尖后音是舌尖翘起、抵住或接近硬腭前部构成气流阻碍而发出来的音：zh、ch、sh、r。

⑥舌面前音是舌面前部抵住或接近硬腭前部构成气流阻碍而发出来的音：j、q、x。

⑦舌根音是舌根抵住或接近软腭构成气流阻碍而发出来的音：g、k、h。

声母发音部位在口腔上部的各点用下图表示。

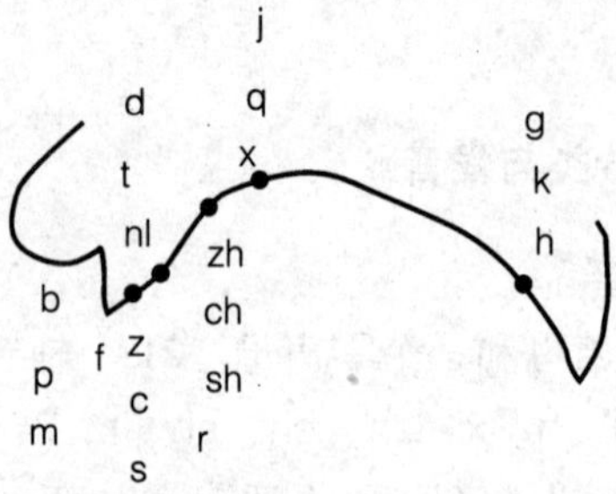

(2) 发音方法

发音方法是指构成阻碍和克服阻碍的方式。普通话辅音声母的发音方法包括三个方面，受阻方式、声带是否颤动、气流的强弱。

根据普通话辅音声母受阻方式的不同，可以把声母分为塞音、塞擦音、鼻音、边音五类。

①塞音：两个发音部位紧闭，堵住气流，然后阻碍部位突然打开，气流冲出，爆发成声。这种音一发即逝，有 b、p、d、t、g、k。

②擦音：两个发音部位接近，中间留有缝隙，气流从缝隙中挤出，摩擦成声。这种音可以延长，有 f、s、sh、x、h、r。

③塞擦音：是塞音和擦音两种方法的结合，两个发音部位先紧闭，堵住气流，后放松形成窄缝，气流从窄缝中挤出，摩擦成声。这种音有 z、c、zh、ch、j、q 六个。

④鼻音：两个发音部位完全闭塞，软腭下垂，打开鼻腔通道，让气流从鼻腔里出来。这种音可以延长，有 m、n 两个。

⑤边音：舌尖抵住上齿龈，迫使气流从舌头两边通过。普通话中边音只有一个：l。

根据发音时声带是否颤动，普通话声母可分为浊音和清音两类。

①浊音：发音时，声带颤动。浊音声母有 m、n、l、r 四个。

②清音：发音时，声带不颤动。除四个浊音声母外，其余十七个声母都是清音。

根据发音时呼出气流的强弱，普通话声母中的塞音、塞擦音可分为送气音和不送气音两类。送气音发音时呼出的气流较强，有 p、t、k、c、ch、q；不送气音发音时呼出的气流较弱，有 b、d、g、z、zh、j。

（3）辅音声母的发音训练

根据上述分类，下面按发音部位结合发音方法，分别针对普通话辅音声母的发音要领，对每个声母进行发音训练。

①双唇音

b［p］双唇不送气清塞音：

双唇闭合，同时软腭上升，关闭鼻腔通路；气流到达双唇后蓄气；凭借积蓄在口腔口的气流突然打开双唇成声。如：

辨别 biànbié　颁布 bānbù　标本 biāoběn　板报 bǎnbào

p［p‘］双唇送气清塞音：

成阻和持阻阶段与 b 相同。除阻时，声门（声带开合处）大开，从肺部呼出一股较强气流成声。如：

批评 pīpíng　匹配 pǐpèi　偏僻 piānpì　乒乓 pīngpāng

m［m］双唇浊鼻音：

双唇闭合，软腭下垂，打开鼻腔通路；声带振动，气流同时到达口腔和鼻腔，在口腔的双唇受到阻碍后，气流从鼻腔透出成声。如：

麦苗 màimiáo　命名 mìngmíng　眉目 méimù　迷茫 mímáng

②唇齿音

f［f］齿唇清擦音：

下唇向上齿靠拢，形成间隙；软腭上升，关闭鼻腔通路；使气流从齿唇形成的间隙摩擦通过而成声。如：

发奋 fāfèn　反复 fǎnfù　方法 fāngfǎ　丰富 fēngfù

③舌尖中音

d［t］舌尖中不送气清塞音：

舌尖抵住上齿龈，形成阻塞；软腭上升，关闭鼻腔通路，气流到达口腔后蓄气，突然解除阻塞而成声。如：

达到 dádào　单调 dāndiào　等待 děngdài　道德 dàodé

t［t‘］舌尖中送气清塞音：

成阻、持阻阶段与 d 声母相同。除阻阶段声门大开，从肺部呼出一股较强的气流成声。如：

谈吐 tántǔ　淘汰 táotài　妥帖 tuǒtiē　团体 tuántǐ

n［n］舌尖中浊鼻音：

舌尖抵住上齿龈，形成阻塞；软腭下垂，打开鼻腔通路；声带振动，气流同时到达口腔和鼻腔，在口腔受到阻碍，气流从鼻腔透出成声。如：

奶牛 nǎiniú　男女 nánnǚ　恼怒 nǎonù　泥泞 nínìng

l［l］舌尖中浊边音：

舌尖抵住上齿龈的后部，阻塞气流从口腔中路通过的通道；软腭上升，关闭鼻腔道路，声带振动；气流到达口腔后从舌头跟两颊内侧形成的空隙通过而成声。如：

拉力 lālì　罗列 luóliè　轮流 lúnliú　流利 liúlì

④舌根音

g［k］舌面后不送气清塞音：

舌面后部隆起抵住硬腭和软腭交界处，形成阻塞；软腭上升，关闭鼻腔通路；气流在形成阻塞的部位后积蓄；突然解除阻塞而成声。如：

杠杆 gànggǎn　更改 gēnggǎi　观光 guānguāng　高贵 gāoguì

k［k‘］舌面后送气清塞音：

成阻、持阻阶段与 g 声母相同。除阻阶段声门大开，从肺部呼出一股较强气流成声。如：

开垦 kāikěn　苛刻 kēkè　空旷 kōngkuàng　宽阔 kuānkuò

h［x］舌面后清擦音：

舌面后部隆起接近硬腭和软腭的交界处，形成间隙；软腭上升，关闭鼻腔通路；使气流从形成的间隙摩擦通过而成声。如：

航海 hánghǎi　呼唤 hūhuàn　谎话 huǎnghuà　悔恨 huǐhèn

⑤舌面前音

j［tɕ］舌面前不送气清塞擦音：

舌尖下垂，使前舌面贴紧前硬腭，软腭上升，关闭鼻腔通路。在阻塞的部位后面积蓄气流，突然解除阻塞时，在原形成闭塞的部位之间保持适度的间隙，使气流从间隙透出而成声。如：

积极 jījí　军舰 jūnjiàn　讲解 jiǎngjiě　家具 jiājù

q［tɕ‘］舌面前送气清塞擦音：

成阻阶段与 j 相同。与 j 不同的是当前舌面与前硬腭分离并形成适度间隙的时候，声门开启，同时伴有一股较强的气流成声。如：

齐全 qíquán　恰巧 qiàqiǎo　情趣 qíngqù　请求 qǐngqiú

x［ɕ］舌面前清擦音：

舌尖下垂，使前舌面接近硬腭前部，形成适度的间隙，气流从空隙摩擦通过而成声。如：

喜讯 xǐxùn　现象 xiànxiàng　心胸 xīnxiōng　行星 xíngxīng

⑥舌尖后音

zh［tʂ］舌尖后不送气清塞擦音：

舌尖前部上举，舌尖抵住硬腭前端，同时软腭上升，关闭鼻腔通路。在形成阻塞的部位后积蓄气流，突然解除阻塞时，在原形成闭塞的部位之间保持适度的间隙，使气流从间隙透出而成声。如：

战争 zhànzhēng　真正 zhēnzhèng　周转 zhōuzhuǎn　支柱 zhīzhù

ch［tʂʻ］舌尖后送气清塞擦音：

成阻阶段与 zh 相间。与 zh 不同的是在突然解除阻塞时，声门开启，同时伴有一股较强的气流成声。如：

超产 chāochǎn　驰骋 chíchěng　充斥 chōngchì　抽查 chōuchá

sh［ʂ］舌尖后清擦音：

舌尖前部上举，接近硬腭前端，形成适度的间隙；同时软腭上升，关闭鼻腔通路；使气流从间隙摩擦通过而成声。如：

赏识 shǎngshí　少数 shǎoshù　舒适 shūshì　设施 shèshī

r［ʐ］舌尖后浊擦音：

舌头前部上举，接近硬腭前端，形成适度间隙；同时软腭上升，关闭鼻腔通路；声带振动，气流从间隙中摩擦通过而成声。如：

忍让 rěnràng　仍然 réngrán　软弱 ruǎnruò　荣辱 róngrǔ

⑦舌尖前音

z［ts］舌尖前不送气清塞擦音：

舌尖抵住齿背形成阻塞。在阻塞的部位后积蓄气流；同时软腭上升，关闭鼻腔通路；突然解除阻塞时，在原形成阻塞的部位之间保持适度的间隙，使气流从间隙透出而成声。如：

在座 zàizuò　自尊 zìzūn　总则 zǒngzé　造作 zàozuò

c［tsʻ］舌尖前送气清塞擦音：

成阻阶段与 z 相同。与 z 不同的是在突然解除阻塞时，声门开启，同时伴有一股较强的气流成声。如：

猜测 cāicè　仓促 cāngcù　措辞 cuòcí　从此 cóngcǐ

s［s］舌尖前清擦音：

舌尖接近齿背，形成间隙；同时软腭上升，并闭鼻腔通路；使气流从间隙摩擦通过成声。如：

洒扫 sǎsǎo　琐碎 suǒsuì　思索 sīsuǒ　松散 sōngsǎn

3. 零声母的发音与训练

零声母也是一种声母。实验语音学证明，零声母往往也有特定的、具有某些辅音特性的起始方式。普通话零声母可以分为两类，一类是开口呼零声母，一类是非开口呼零声母。

开口呼零声母汉语拼音字母不表示。不经过专门的语音训练，人们一般感觉不到以 a、o、e 开头的音节还有微弱的辅音形式存在，因为这些音节开头的辅音成分没有辨义作用，我们可以从略不计。

非开口呼零声母即除开口呼以外的齐齿呼、合口呼、撮口呼三种。齐齿呼零声母音节汉语拼音用隔音字母 y 开头，由于起始部分没有辅音声母，实际发音带有轻微摩擦，是半元音［j］，半元音仍属辅音类。合口呼零声母音节汉语拼音用隔音字母 w 开头，实际发音带有轻微摩擦，是半元音［w］或齿唇通音［ʋ］。撮口呼零声母音节汉语拼音用隔音字母 y（yu）开头，实际发音带有轻微的摩擦，是半元音［μ］。

发音练习：

恩爱 ēn'ài　偶尔 ǒu'ěr　额外 éwài　洋溢 yángyì　谣言 yáoyán
万物 wànwù　威望 wēiwàng　永远 yǒngyuǎn　踊跃 yǒngyuè
孕育 yùnyù

二、声母辨正

1. 分辨舌尖前音 z、c、s 和舌尖后音 zh、ch、sh（即平舌音和翘舌音）

z、c、s 和 zh、ch、sh 这两套声母在发音上只有平舌和翘舌的区别，在普通话中却有区别意义的作用，如“诗人”（shīrén）不是“sīrén”，“大山”（dàshān）不能说“大三”（dàsān），因此，两套声母是不容相混的。这是许多方言区的人学习普通话的一个难点，读准这两套音并分清这两套音构成的常用音，是学好普通话的一个关键。

安徽一部分方言里没有舌尖后音声母，把 zh、ch、sh 声母字读成 z、c、s 声母字，如沿淮地区的蚌埠市、怀远、淮南市、凤台、寿县、颍上、霍邱等地，以及天长、嘉山、金寨、贵池、东至等地。

（1）发音训练

分辨 z、c、s 与 zh、ch、sh，首先要依据发音原理，学会发音。

①舌尖前音 z、c、s 的发音训练

汉语只有少数方言没有声母 z、c、s，多数人学习没有大的困难，受方言影响出现的主要问题是发音部位比普通话靠后。普通话的 z、c、s 是舌尖前音，舌尖与齿背构成阻碍。练习发音的时候，首先要找准部位，舌尖抵住或接近齿背后，控制舌尖不要抬起，以免发成翘舌音。

②舌尖后音 zh、ch、sh 的发音训练

普通话有舌尖后音声母 zh、ch、sh、r，而许多汉语方言没有这套声母，这是普通话语音学习的难点之一。

主要存在的问题有三个：

第一，发音部位靠前。练习人往往舌尖对着上齿龈发音，就以为到位了。练习时，注意舌尖稍稍后缩，舌尖前部上举，舌尖接触（zh、ch）或接近（sh）硬腭的最前端。

第二，舌头肌肉过于紧张，常伴有拢唇的动作。发音时，要使舌尖轻巧的接触或接近硬腭前端，舌肌放松，不紧张。

第三，舌尖过于后卷，或者接触上腭的面积过大，听起来部位靠后，不自然。

（2）记字的方法

分辨这两套声母，还必须搞清常用字的归属。哪些字的声母是舌尖前音，哪些字的声母是舌尖后音，可用以下办法进行区分。

①记少不记多。从舌尖前音 z、c、s 和舌尖后音 zh、ch、sh 字数的比较上看，舌尖后音约占两者总和的 70%，而舌尖前音只约占 30%。利用舌尖前音字少的特点，记忆少量的舌尖前音字，可以帮助分辨对比的舌尖后音字。

②利用形声字声旁适当类推。这又分两种情况：

一是专属 z、c、s 或 zh、ch、sh 声旁，记住一个，类推一批。如：主 zhǔ 为声旁的字，声母都是 zh；子 zǐ 为声旁的字，声母都是 z。

二是为两套声母共有声旁，必须逐个记忆。如：沙 shā——沙、砂、鲨 shā，娑、莎（草）suō；才 cái——财、材 cái，豺 chái 等。

③借助声韵拼合规律帮助记字。如：凡韵母是 ua、uai、uang 的字，声母分别是 zh、ch、sh，因为普通话中这三个韵母不与 z、c、s 拼合，如“抓（zhuā）、揣（chuāi）、双（shuāng）”；普通话中 ong 韵母只跟 s 相拼，不跟 sh 相拼，故“松、算、怂、悚、耸、送、采、颂、讼”等只能读 song。

④编平舌音歌诀帮助记忆

宗泽责在择草，孙松思忖词藻，曹素造锁则错，蔡祖价同采桑，
崔四逐唆索财，曾慈斯次窜散，尊叟从此色巷，涩谡搜餮洒喇。

（3）正音练习

①读准词语练习

zh—z：	制造 zhìzào	装载 zhuāngzǎi	转载 zhuǎnzǎi
	种族 zhǒngzú	招租 zhāozū	准则 zhǔnzé
	捉贼 zhuōzéi	竹子 zhúzi	
z—zh：	自治 zìzhì	尊重 zūnzhòng	组织 zǔzhī
	增长 zēngzhǎng	赞助 zànzhù	杂志 zázhì
	作主 zuòzhǔ	罪证 zuìzhèng	
ch—c：	纯粹 chúncuì	船舱 chuáncāng	初次 chūcì
	炒菜 chǎocài	冲刺 chōngcì	尺寸 chǐcùn

陈词 chéncí　　春蚕 chūncán

c—ch：草创 cǎochuàng　　财产 cáichǎn　　促成 cùchéng

操持 cāochí　　粗绸 cūchóu　　此处 cǐchù

存车 cúnchē　　操场 cāochǎng

sh—s：收缩 shōusuō　　摔碎 shuāisuì　　神色 shénsè

伤损 shāngsǔn　　哨所 shàosuǒ　　时速 shísù

膳宿 shànsù　　十四 shísì

s—sh：松树 sōngshù　　丧失 sàngshī　　宿舍 sùshè

算术 suànshù　　损伤 sǔnshāng　　素食 sùshí

扫射 sǎoshè　　私塾 sīshú

②对比辨音练习

单音节对比练习：

zh—z：照 zhào—造 zào　　制 zhì—字 zì　　周 zhōu—邹 zōu

众 zhòng—纵 zòng　　这 zhè—仄 zè　　竹 zhú—足 zú

ch—c：铲 chǎn—惨 cǎn　　辍 chuò—错 cuò　　串 chuàn—窜 cuàn

齿 chǐ—此 cǐ　　虫 chóng—从 cóng　　陈 chén—岑 cén

sh—s：诗 shī—私 sī　　傻 shǎ—洒 sǎ　　筛 shāi—腮 sāi

舍 shè—色 sè　　深 shēn—森 sēn　　谁 shuí—随 suí

双音节对比练习：

zh—z：支援 zhīyuán—资源 zīyuán　　终止 zhōngzhǐ—宗旨 zōngzhǐ

照旧 zhàojiù—造就 zàojiù　　正品 zhèngpǐn—赠品 zèngpǐn

ch—c：木柴 mùchái—木材 mùcái　　鱼翅 yúchì—鱼刺 yúcì

持续 chíxù—词序 cíxù　　重来 chónglái—从来 cónglái

sh—s：商业 shāngyè—桑叶 sāngyè　　诗人 shīrén—私人 sīrén

实数 shíshù—食宿 shísù　　失去 shīqù—撕去 sīqù

2. 读准 r 声母字

“人、日、热”等字普通话读 r 声母。前面说到的那些没有 zh、ch、sh 声母的方言，大都没有 r 声母。这些 r 声母的字，在这些方言里有的发成平舌浊擦音声母，有的读成零声母，有的读成 l 声母，有的读成 n 或 ng 等。分辨的方法是：

（1）读准 r 声母

普通话的 r 和 sh 都是翘舌声母一个是浊擦音，一个是清擦音，发 sh 时只颤动声带就是 r 了。可以发一个声带不颤动的清音声母 sh，气流不断，发音部位不变，加入声带颤动的发音动作就可以得到一个清擦音 r 了。注意发音时，摩擦不要过量，舌尖轻巧一些，舌肌不要过于紧张。

（2）记字的方法

①普通话舌尖后音 r 声母字不多，3500 个常用字中只有 59 个，熟读记忆。

②利用形声字声旁类推。如："壬"声母是 r，"任、妊、荏、饪、衽"的声母也是 r；"刃"声母是 r，"忍、韧、纫、仞、轫"的声母也是 r 等。

（3）正音练习

①读准词语练习

r：仍然 réngrán　容忍 róngrěn　柔软 róuruǎn　认人 rènrén

r—零声母：绕远 ràoyuǎn　闰月 rùnyuè　任务 rènwu

r—l：扰乱 rǎoluàn　日历 rìlì　燃料 ránliào　人类 rénlèi

腊肉 làròu　鹿茸 lùróng　冷热 lěngrè　连任 liánrèn

②对比辨音练习

单音节对比练习：

r—零声母：肉 ròu—右 yòu　忍 rěn—引 yǐn　饶 ráo—摇 yáo

认 rèn—印 yìn　扔 rēng—英 yīng　揉 róu—油 yóu

r—l：褥 rù—路 lù　热 rè—乐 lè　柔 róu—楼 lóu　染 rǎn—览 lǎn

如 rú—炉 lú　润 rùn—论 lùn　卵 luǎn—软 ruǎn　立 lì—日 rì

双音节对比练习：

r—零声母：七日 qīrì—奇异 qíyì　热风 rèfēng—夜风 yèfēng

绕路 ràolù—要路 yàolù　染色 rǎnsè—颜色 yánsè

r—l：鹅绒 éróng—鹅笼 élóng　乳汁 rǔzhī—卤汁 lǔzhī

让人 ràngrén—浪人 làngrén　天蓝 tiānlán—天然 tiānrán

3. 分辨鼻音 n 与边音 l

普通话和许多方言中，n 与 l 分得很清楚；但安徽许多地方人分不清 n、l，如"恼怒"与"老路"、"男制服"与"蓝制服"、"河南"与"荷兰"不分，或有 n 无 l，或有 l 无 n，或 n、l 相混念。

n 和 l 是同部位的声母，都是舌尖中音，发音时舌尖抵住上齿龈。它们的不同主要表现在发音方法上，前者发音时，气流从鼻孔透出，后者发音时气流从舌头两侧透出。n、l 不分是安徽大多数地方的人学习普通话声母的一大难点，必须注意辨正。

（1）发音训练

①鼻音 n 的发音训练

初学普通话时，发 n 常常不是纯粹的鼻音，听起来带有 l 的色彩。这是因为发 n 时，口腔没有完全封闭，有气流从舌头两侧或一侧透出。纠正的方法：可以先体会 n 的本音。舌尖抵住上齿龈，同时舌的两侧跟上腭的两侧形成弧形闭合；软腭下降，气流从鼻腔透出；声带颤动。n 发音时可以延长。发准本音之后，便可利用下面的词语进行训练。

n—na　n—ne　n—ni　n—nu　n—nü　an—na　en—ne　yin—ni

般弄 bānnòng　本能 běnnéng　繁难 fánnán　叛逆 pànnì　忍耐 rěnnài

②边音 l 的发音训练

普通话声母只有一个舌尖中音的边音 l。它发音时，舌尖抵住上齿龈的前半部下凹，有一个收窄舌身的动作，舌的两侧跟上腭两侧保持适度的距离，舌尖部位轻触上齿龈；软腭上升，封闭鼻腔通路；声带颤动，气流从收窄了的舌尖的两侧跟两颊的内侧形成的间隙通过，从口腔里透出。受方言影响，不少人学习普通话初期，边音 l 的发音容易带有鼻化色彩，这主要是由于软腭提升不够，有气息从鼻腔残漏。纠正时可以在声母 l 的前后各加一个 a，l 被夹在中间反复读 ala，用这个方法促使软腭提升。

（2）记字的方法

①记少不记多。现代汉语常用字中，鼻音 n 声母字与边音 l 声母字相比，鼻音 n 声母字少，边音 l 声母字多。我们可以利用鼻音 n 声母字少的特点，记忆少量的鼻音 n 声母字，帮助分辨对应的边音 l 声母字。

②利用形声字声旁适当类推。如："连"声母是 l，"莲、链、涟、琏、裢、鲢"的声母也是 l；"奴"声母是 n，"怒、努、弩、帑、孥、驽"的声母也是 n 等。

③借助声韵拼合规律分辨。如普通话中韵母 ou、ia、uen 一般与 l 相拼，不与 n 相拼（"耨 nòu"例外），由此可以推知"楼、俩、论"等常用字的声母是边音 l。

（3）正音练习

①读准词语练习

n—l：耐劳 nàiláo　努力 nǔlì　鸟笼 niǎolóng　嫩绿 nènlǜ

年龄 niánlíng　暖流 nuǎnliú　纳凉 nàliáng　逆流 nìliú

l—n：烂泥 lànní　留念 liúniàn　辽宁 liáoníng　老农 lǎonóng

历年 lìnián　岭南 lǐngnán　连年 liánnián　两难 liǎngnán

②词语对比练习

单音节对比练习：

n—l：那 nà—辣 là　暖 nuǎn—卵 luǎn　内 nèi—累 lèi

l—n：龙 lóng—农 nóng　梁 liáng—娘 niáng　棱 léng—能 néng

双音节对比练习：

n—l：年代 niándài—连带 liándài　水牛 shuǐniú—水流 shuǐliú

比拟 bǐnǐ—合理 hélǐ　恼怒 nǎonù—老路 lǎolù

浓重 nóngzhòng—隆重 lóngzhòng　无奈 wúnài—无赖 wúlài

l—n：旅客 lǚkè—女客 nǚkè　篮子 lánzi—男子 nánzǐ

拦住 lánzhù—难住 nánzhù　　留恋 liúliàn--留念 liúniàn
大梁 dàliáng—大娘 dàniáng　　黄梨 huánglí—黄泥 huángní

4. 将 zi—ci—si 和 qi—ki—hi 改为 ji—qi—xi

普通话不分尖音和团音，尖音字和团音字都读成团音 j、q、x 声母字。例如，“酒、九”读成 jiǔ，“青、轻”读 qīng，“小、晓”读 xiǎo。但是安徽少数方言区（如吴语区、徽语区）中，仍保留着读 zi -（酒）、ci -（青）、si -（小）的尖音字，这些方言中的尖音和团音字，都应该按照普通话的的读音进行辨正。

（1）发音训练

发舌面音 j、q、x 时，舌面前部隆起，抵住或接近硬腭最前端，让舌尖垂到下齿背后。发音时，一定不能使舌尖或舌叶与硬腭接触，否则，就会带有尖音色彩。掌握发音部位与方法后，就可进行发音练习。

j：聚集 jùjí　究竟 jiūjìng　家具 jiājù　讲解 jiǎngjiě
q：亲切 qīnqiè　秋千 qiūqiān　恰巧 qiàqiǎo
x：湘绣 xiāngxiù　新鲜 xīnxiān　想象 xiǎngxiàng　学校 xuéxiào
q—j：清洁 qīngjié　清静 qīngjìng　求教 qiújiào　俊俏 jùnqiào
q—x：谦虚 qiānxū　球鞋 qiúxié　性情 xìngqíng
j—x：进行 jìnxíng　精选 jīngxuǎn　教训 jiàoxùn　香蕉 xiāngjiāo

（2）记字的方法

有尖音的方言区的人需要采用声、韵拼合规律类推记字，如在普通话中，舌尖前音 z、c、s 不能和韵母 i、ü 或以 i、ü 起头的韵母相拼，凡遇到方言里的此类音节，应念成 j、q、x 声母。另外，还应采用声旁类推、记少不记多等方法综合记字。

（3）正音练习

j—z：基金 jījīn—资金 zījīn　　记号 jìhào—字号 zìhào
　　记载 jìzǎi—自在 zìzai　　计划 jìhuà—字画 zìhuà
q—c：气味 qìwèi—刺猬 cìwei　　希奇 xīqí—诗词 shīcí
　　名气 míngqì—名次 míngcì　　气死 qìsǐ—刺死 cìsǐ
x—s：欣赏 xīnshǎng—思想 sīxiǎng　　悉心 xīxīn—私心 sīxīn
　　戏法 xìfǎ—司法 sīfǎ　　熏风 xūnfēng—顺风 shùnfēng
j—g：求教 qiújiào—求告 qiúgào　　菌子 jùnzi—棍子 gùnzi
　　老九 lǎojiǔ—老狗 lǎogǒu　　坚果 jiānguǒ—干果 gānguǒ
q—k：大曲 dàqū—大哭 dàkū　　窍门 qiàomén—靠门 kàomén
　　强暴 qiángbào—抗暴 kàngbào　　谦和 qiānhé—干涸 gānhé
x—h：小样 xiǎoyàng—好样 hǎoyàng　　须知 xūzhī—枯枝 kūzhī
　　选集 xuǎnjí—缓急 huǎnjí　　显见 xiǎnjiàn—罕见 hǎnjiàn

5. 分辨舌面前音 j、q、x 与舌尖后音 zh、ch、sh

江淮官话区的桐城、枞阳、池州（城区）、芜湖市、青阳、南陵（城区）、宣州、广德（城区）、郎溪（城区）等地话，都不同情况地出现将 zh 组声母拼合口呼韵母的字与 j 组声母拼撮口呼韵母的字混同。皖西赣语区各地话 zh 组声母拼合口呼韵母字与 j 组声母拼撮口呼韵母字混同，谆=军，除=渠，拴=宣等。怀宁、望江、太湖三个地区没有 zh 组，普通话里 zh 组声母拼合口呼韵母的字，这三个地区多读成 j 组声母字；岳西、潜山、宿松话则将普通话中 j 组声母拼撮口呼韵母的字，读成了 zh 组声母。皖南徽语中翘舌音 zh、ch、sh 声母字也有一部分读成了 j、q、x 声母。

(1) 发音训练

舌面前音 j、q、x 与舌尖后音 zh、ch、sh 混同，成了上述方言区的人学习普通话的一个难点。所以他们学习普通话时，首先要掌握 zh、ch、sh 声母与 j、q、x 声母的正确发音，做好发音训练。

(2) 记字的方法

上述方言区的人可以采用声、韵拼合规律、声旁类推、记少不记多等方法综合记字，弄清普通话中哪些字该念 zh、ch、sh 声母，哪些字该念 j、q、x 声母。就声、韵拼合规律而言，在普通话中，舌尖后音 zh、ch、sh 不能和韵母 ü 或以 ü 起头的韵母相拼，遇到方言里的此类音节，应改念成 j、q、x 声母。同时，舌面前音 j、q、x 也不能与韵母 u 和以 u 起头的韵母相拼，遇到方言里的此类音节，则应改念成 zh、ch、sh 声母。

(3) 正音练习

①j、q、x—zh、ch、sh 辨音练习

单音节对比练习：

j—zh：家 jiā—渣 zhā　　机 jī—织 zhī　　叫 jiào—照 zhào

q—ch：巧 qiǎo—吵 chǎo　　气 qì—赤 chì　　呛 qiàng—唱 chàng

x—sh：细 xì—是 shì　　献 xiàn—扇 shàn　　心 xīn—身 shēn

双音节对比练习：

j—zh：剪开 jiǎnkāi—展开 zhǎnkāi　　标记 biāojì—标志 biāozhì

举动 jǔdòng—主动 zhǔdòng　　捐款 juānkuǎn—专款 zhuānkuǎn

q—ch：情意 qíngyì—诚意 chéngyì　　棋子 qízǐ—池子 chízi

大桥 dàqiáo—大潮 dàcháo　　秋风 qiūfēng—抽风 chōufēng

x—sh：手续 shǒuxù—手术 shǒushù　　领袖 lǐngxiù—领受 lǐngshòu

虚心 xūxīn—舒心 shūxīn　　兴旺 xīngwàng—声望 shēngwàng

②zh、ch、sh、z、c、s 与 j、q、x 三组不同声母的词语辨音练习

zh—z—j：主力 zhǔlì—阻力 zǔlì—举例 jǔlì

短站 duǎnzhàn—短暂 duǎnzàn—短剑 duǎnjiàn

招了 zhāole—遭了 zāole—焦了 jiāole

ch—c—q：一成 yīchéng—一层 yīcéng—一擎 yīqíng

姓陈 xìngchén—姓岑 xìngcén—姓秦 xìngqín

有翅 yǒuchì—有刺 yǒucì—有气 yǒuqì

sh—s—x：商业 shāngyè—桑叶 sāngyè—香液 xiāngyè

不少 bùshǎo—不扫 bùsǎo—不小 bùxiǎo

诗人 shīrén—私人 sīrén—昔人 xīrén

6. 分清送气声母和不送气声母

送气与不送气的区别，普通话中只有塞音、塞擦音两类声母才有。安徽有些地方分不清送气和不送气，把“现在”（xiànzài）说成“苋菜”（xiàncài），把“稻子”（dàozi）说成“套子”（tàozi）等，岳西、宿松、潜山、望江和歙县、绩溪、休宁、祁门就是这样，把普通话里一部分不送气声母的字念成送气声母了。因此，这些地方的人，学习普通话声母时，就必须从方言送气声母的字中把普通话念不送气声母的字分辨出来，分辨的关键在于掌握两者的发音要领，同时利用多种方法帮助记字。至于歙县等方言原来就没有舌尖后音，在分清 zh、ch、sh 和 z、c、s 或 zh、ch、sh 和 j、q、x 的同时，就必须一并解决送气、不送气的问题。

（1）发音训练

发不送气声母 b、d、g、z、zh、j，发音时呼出的气流较弱；发送气声母 p、t、k、c、ch、q，发音时呼出的气流较强。因此，训练送气声母发音，一定要注意送气的强度。如训练送气音 p 的发音时，可以像吹蜡烛那样，吐出一口气，“噗—”；训练送气音 c 的发音，可以模仿车胎漏气的声音等。

（2）记字音

首先，可以利用声、韵拼合规律帮助记字。如：韵母 ei 能与不送气音 d、g、zh、z 相拼，不能与送气音 t、k、ch、c 相拼；韵母 ou 能与送气音 p 相拼，不能与不送气音 b 相拼；韵母 iou 能与不送气音 d 相拼，不能与送气音 t 相拼；韵母 ua 能与不送气音 zh 相拼，不能与送气音 ch 相拼等。

其次，上述方言区的人还可以借助形声字声旁类推规律与记少不记多的方法帮助记字。

（3）正音练习

①读准词语练习

b：弊病 bìbìng	便条 biàntiáo	棒槌 bàngchui	刨床 bàochuáng
p：皮蛋 pídàn	培植 péizhí	评弹 píngtán	排球 páiqiú
d：地段 dìduàn	导弹 dǎodàn	奠定 diàndìng	电镀 diàndù
t：调停 tiáotíng	徒弟 túdì	提拔 tíbá	搪瓷 tángcí
g：共同 gòngtóng	罚跪 fáguì		
k：狂暴 kuángbào	葵花 kuíhuā		
j：健全 jiànquán	巨匠 jùjiàng	尽情 jìnqíng	竞技 jìngjì
q：前途 qiántú	棋盘 qípán	琴键 qínjiàn	齐备 qíbèi

zh：郑重 zhèngzhòng　阵地 zhèndì　助词 zhùcí　兆头 zhàotou

ch：朝廷 cháotíng　陈旧 chénjiù　成就 chéngjiù　长度 chángdù

z：座谈 zuòtán　罪状 zuìzhuàng　自动 zìdòng　字调 zìdiào

c：财权 cáiquán　词牌 cípái　辞别 cíbié　杂草 zácǎo

②对比辨音练习

b—p：拔树 báshù—爬树 páshù　包起 bāoqǐ—抛起 pāoqǐ

补写 bǔxiě—谱写 pǔxiě　鼻子 bízi—皮子 pízi

d—t：蹲下 dūnxià—吞下 tūnxià　肚子 dùzi—兔子 tùzi

调出 diàochū—粜出 tiàochū　河道 hédào—河套 hétào

g—k：干完 gànwán—看完 kànwán　米缸 mǐgāng—米糠 mǐkāng

大狗 dàgǒu—大口 dàkǒu　关心 guānxīn—宽心 kuānxīn

j—q：精华 jīnghuá—清华 qīnghuá　郡县 jùnxiàn—群众 qúnzhòng

江声 jiāngshēng—枪声 qiāngshēng　大计 dàjì—大气 dàqì

zh—ch：找水 zhǎoshuǐ—潮水 cháoshuǐ　侄子 zhízi—池子 chízi

斩掉 zhǎndiào—铲掉 chǎndiào

工长 gōngzhǎng—工厂 gōngchǎng

z—c：清早 qīngzǎo—清草 qīngcǎo　做了 zuòle—错了 cuòle

不坐 bùzuò—不错 bùcuò　自杀 zìshā—刺杀 cìshā

7. 分辨唇齿音 f 和舌根音 h

安徽的淮南、凤台、寿县、泾县、太平、旌德、石台等地不分 f 和 h。如“发生”与“花生”、“费话”与“会话”、“非洲”与“徽州”不会。凤台、寿县、石台方言里没有 f 声母，把“夫”读成“呼”，把“飞”读成“灰”；而淮南、泾县、太平方言里虽有 f 声母，但 f、h 声母的字念得与普通话不一样，如淮南把“夫”念成“呼”，把“虎”念成“斧”。泾县、太平方言中 f 声母字也包括了普通话一部分 h 声母字。

区分 f 和 h，就凤台、寿县、石台的人来说，必须先学会发唇齿清擦音 f，然后再着重记普通话 f 声母的字。淮南等方言中有 f 声母，只要从方言的 f 声母字中把普通话读 h 声母的字分出来就行了。

（1）发音训练

f 和 h 发音的区别在于发音部位不一样。发 f 时，下唇不要往里卷，用下唇内侧接近上齿，嘴角向两边略微展开，舌根不能抬高；发 h 时，舌根接近软腭与硬腭的交界处，要注意唇齿部位不能接触。

（2）记字的方法

①利用声、韵拼合规律帮助记字。在普通话中，除了 u 韵母以外，其他合口呼韵母都不与 f 相拼，因此可以推知，“话、灰、活、混、黄”等字的声母都是 h；f 不与 ong 相拼，因此可以推知，“红、轰、哄、宏、烘、鸿”等字的声母都是 h。

②借助形声字声旁类推规律帮助记字。如："伐"声母是 f，类推"筏、阀、垡"的声母也是 f；"反"声母是 f，类推"饭、返、贩、畈"的声母也是 f 等；"化"声母是 h，类推"花、华、哗、骅、桦、铧、货"的声母也是 h；"黄"声母是 h，类推"簧、磺、潢、璜、癀、蟥"的声母也是 h 等。

③采用记少不记多的方法帮助记字。在现代汉语常用字中，f 声母音节的字少，h 声母音节的字多，方言区的人可以通过查阅附录八《现代汉语常用字表》和附录二《常用汉字普通话正音偏旁（代表字）类推表》，着重记 f 声母的代表字，剩下的就是 h 声母字了。

（3）正音练习

①读准词语练习

f—h：发挥 fāhuī　防护 fánghù　凤凰 fènghuáng　分会 fēnhuì
反悔 fǎnhuǐ　放飞 fàngfēi　繁华 fánhuá　粉红 fěnhóng

h—f：花粉 huāfěn　虎符 hǔfú　混纺 hùnfǎng　焕发 huànfā
花费 huāfèi　黄蜂 huángfēng　恢复 huīfù　活佛 huófó

②词语对比练习

单音节对比练习：

f—h：肥 féi—回 huí　佛 fó—活 huó　翻 fān—欢 huān
付 fù—户 hù　房 fáng—黄 huáng　夫 fū—呼 hū

双音节对比练习：

f—h：方地 fāngdì—荒地 huāngdì　发生 fāshēng—花生 huāshēng
废话 fèihuà—会话 huìhuà　芬芳 fēnfāng—昏黄 hūnhuáng
开发 kāifā—开花 kāihuā　公费 gōngfèi—工会 gōnghuì
幅度 fúdù—弧度 húdù　附近 fùjìn—互敬 hùjìng

8. 念准零声母字

普通话中有相当一部分零声母字。在皖中、皖南等地区的方言里，却把某些零声母字念成了有声母的字。例如皖西南、江南等地把"爱、安、袄"等字读成"ng"声母，合肥地区把"爱、安、藕"等字读成 r 声母，此外，潜山、怀宁一带，歙县、祁门一带的方言又把"宜、研、语、仰"等字念成舌面前的鼻音［n］声母。要学好普通话，上述方言区的人应该熟读零声母音节的词语，弄清零声母音节的范围，发音时把方言里带的声母去掉。

零声母音节字与辅音声母音节字对比练习：

哀叹 āitàn　殴打 ōudǎ　毅力 yìlì　扼杀 èshā　嫣然 yānrán
文明 wénmíng　任务 rènwù　怀疑 huáiyí　软腭 ruǎn'è　饥饿 jī'è
皮袄 pí'ǎo　报恩 bào'ēn

【思考与练习】

1. 读准下列汉字的声母。

蓓　庇　鳔　迸　炽　掣　舸　癸　窥　媲　剽　殍　龋　娠　涎　楔　峙　赈　觑

2. 对比辨音练习。

杂—闸　则—折　资—之　遭—招　走—肘　灾—摘　藏—长　三—山

擦—插　词—池　猜—拆　草—炒　灿—忏　四—世　塞—晒　搜—收

自力—智力　栽花—摘花　赞助—站住　大字—大志　村庄—春装

杂记—札记　怆惶—猖狂　参谋—搀扶　政策—贯彻　粗布—初步

推辞—推迟　四十—事实　塞子—筛子　三角—山脚　撒网—纱网

俗语—熟语　散光—闪光

3. 绕口令练习。

(1) z、c、s 和 zh、ch、sh

①陈家一株竹，竹笋初长出。陈叔常铲锄，炒笋炊烟出。吃笋竹干枯，陈叔愁眉哭。

②史老师，讲时事，常学时事长知识。时事学习看报纸，报纸登的是时事。常看报纸要多思，心里装着天下事。

③早晨早早起，早起做早操，人人做早操，做操身体好。

(2) r 声母

①朦胧彩霓虹，玲珑小聋童。聋童采柠檬，聋童不懵懂。

②燃火煮猪肉，热肉绕着骨。取肉扔猪骨，让肉煮烂熟。如若加入醋，吃肉软又酥。

(3) n 与 l

老龙恼怒闹老农，老农恼怒闹老龙，农怒龙恼农更怒，龙恼农怒龙怕农。

(4) j、q、x 与 z、c、s、zh、ch、sh

①知道就是知道，不知道就是不知道。不要把知道说成“鸡”道，也不要把不知道说成不“鸡”道。

②四是四，十是十，十四是十四，四十是四十，不要把十四说成是“实事”，也不要把四十说成是“细席”。

(5) 送气声母和不送气声母

①八百标兵奔北坡，炮兵并排北边跑；炮兵怕把标兵碰，标兵怕碰炮兵炮。(b—p)

②调到敌岛打特盗，特盗太刁投短刀，挡推顶打短刀掉，踏盗得刀盗打倒。(d—t)

③哥挎瓜筐过宽沟，赶快过沟看怪狗，光看怪狗瓜筐扣，瓜滚筐空哥怪狗。(g—k)

④七加一，七减一，加完减完等于几？七加一，七减一，加完减完还是七。(j—q)

(6) f 和 h

粉红墙上画凤凰，凤凰画在粉红墙。黄凤凰，红凤凰，粉红凤凰花凤凰。

第二节　普通话韵母发音与安徽方言语音辨正

一、韵母的构成

韵母的构成可以分为韵头、韵腹、韵尾三个部分。韵母只有一个元音的，这个元音就是韵母的主要成分，就是韵腹。韵母有两个或三个元音的，其中口腔开口度较大、声音较响亮清晰的那个元音就是韵腹。韵腹是韵母的主干、韵母的核心，是韵母里不可缺少的成分。韵腹前面的叫韵头，韵腹后面的叫韵尾。韵头介于声母和韵腹之间，所以又叫介音或介母，如“jia（家）中的“i”，“guai”(乖）中的“u”，“xue”（学）中的“ü”。

复韵母中的韵尾，只表示复韵母发音时舌位滑动的最后方向，音值含混而不太固定。

普通话韵母结构表

韵母例字（拼写法）	韵　母			
	韵　头（限于高元音 i、u、ü）	韵（韵身）		
		韵　腹（十个单元音）	韵　尾（限于高元音 i、u 和鼻辅音 n、ng）	
			元音	辅音
挨（ai）		a	i	
优（you）	i	o	u	
温（wen）	u	e		n
越（yue）	ü	ê		
英（ying）		i		ng
乌（wu）		u		
于（yu）		ü		
儿（er）		er		
知（zhi）		-i [ʅ]		
资（zi）		-i [ɿ]		
装（zhuang）	u	a		ng
要（yao）	i	a	o [u]	
鹅（e）		e		

从上表中可以看出，一个音节的韵母不一定韵腹、韵头、韵尾三者都具备，只是韵腹不缺少，韵头、韵尾不一定都有。

二、韵母的分类和发音训练

普通话韵母有 39 个，主要由元音构成，有的韵母由元音加鼻辅音构成。为了便于学习和研究，常常从两个不同角度进行分类。韵母按内部成分的结构可分为单韵母、复韵母、鼻韵母三类；按中国传统音韵学的办法，根据韵母开头的元音发音口形不同可分为开口呼、齐齿呼、合口呼、撮口呼四类，简称“四呼”。所谓“四呼”就是：韵母不是 i、u、ü 或不以 i、u、ü 起头的韵母属于开口呼；i 或以 i 起头的韵母属于齐齿呼；u 或以 u 起头的韵母属于合口呼；ü 或以 ü 起头的韵母属于撮口呼。

普通话韵母的分类和发音表

成分 韵头	单元音韵母 10 个	复元音韵母 13 个	鼻音尾韵母 16 个
开口呼韵母 16 个	ɑ 啊 o 喔 e 鹅 ê [ε][1] -i（后）诗 -i（前）思的韵母 er 儿	ɑi 哀 ei ɑo 熬 ou 欧	ɑn 安 en 恩 ɑng 昂 eng 亨的韵母 ong 轰的韵母
齐齿呼韵母 10 个	i 衣	iɑ 呀 ie 耶 iɑo 腰 iou 忧	iɑn 烟 in 因 iɑng 央 ing 英 iong 雍
合口呼韵母 9 个	u 乌	uɑ 蛙 uo 窝 uɑi 歪 uei 威	uɑng 汪 ueng 翁
撮口呼韵母 4 个	ü 迂	üe 约	üɑn 冤 ün 晕

注：①ê [ε] 就是 ie、üe 韵母中后面的音。

无论哪一类韵母，其发音都要求响亮、清晰、完整。下面我们分单韵母、复韵母、鼻韵母三类来说明普通话韵母的发音。

1. 单韵母（单元音）的发音

普通话中的单韵母都是由单个元音构成，一共 10 个，分别是 ɑ、o、e、

ê、i、u、ü、er、-i（前）、-i（后）。元音的发音，主要由于声带振颤。声带振颤造成的音波，经过口腔时受口腔的形状、大小变化的影响，形成不同的元音。口腔的形状、大小，跟舌位、唇形密切联系着。因此，单元音的发音，可以从舌位的前后、舌位的高低（升降）、唇形的圆展三个方面来分析。

舌位的高低是指舌头隆起部分的最高点和上腭的距离。距离近叫舌位“高”，距离远叫舌位“低”。舌头的位置从高到低是渐变的，其间有许多过渡的位置。为了便于说明，把高低分为“高”、“半高”、“半低”、“低”（或分作“升”、“半升”、“半降”、“降”）四度。

舌位的前后是指舌头隆起部分的前伸或后缩。舌头前伸、隆起部分对着硬腭的时候，叫舌位“前”，舌头后缩、隆起部分对着软腭的时候，叫舌位“后”；舌头不前不后处于中间，隆起部分对着软腭和硬腭交界处，这时的舌位叫“央”。

唇形的圆展是指嘴唇形状的变化，唇形有各种形状，一般只粗略地分为“圆唇”和“不圆唇”两类。

另外，元音发音时还有一个口的开合的变化，即下颌的开展。表现为上下齿间的距离，是随着舌位的高低而自然变化的，一般不独立为一条。

普通话10个单韵母中有7个是舌面元音充当，它们是：ɑ、o、e、ê、i、u、ü，按元音舌位和唇形进行分类，从舌位的前后看，其中前元音3个：i、ü、ê，央元音1个：ɑ，后元音3个：e、o、u。从舌位的高低看，其中高元音3个：i、u、ü，半高元音2个：e、o，半低元音1个：ê，低元音1个：ɑ。从唇形的圆展看，圆唇元音3个：u、ü、o，不圆唇元音4个：i、e、ê、ɑ。（见下图）

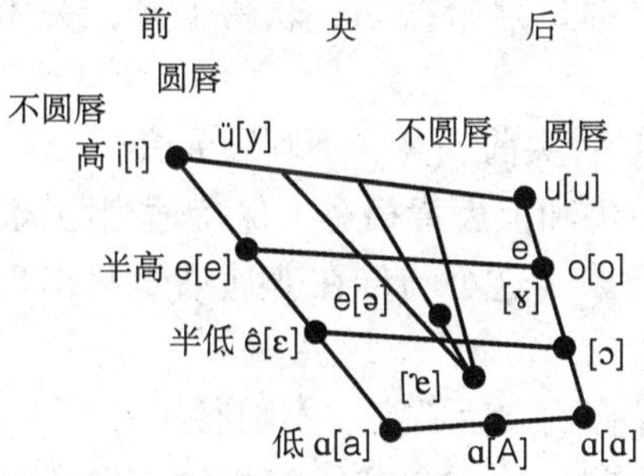

舌面元音舌位唇形图

下面依照顺序，按单韵母的发音情况综合说明如下：

（1）ɑ［A］舌面央、低、不圆唇元音

口大开，舌尖微离下齿背，舌面中部微微隆起和硬腭后部相对。发音时，声带振动，软腭上升，关闭鼻腔通路。例如：发达 fādá

（2）o［o］舌面后、半高、圆唇元音

上下唇自然拢圆，舌身后缩，舌面后部隆起和软腭相对，舌位半高。发音时，声带振动，软腭上升，关闭鼻腔通路。例如：泼墨 pōmò

（3）e［ɤ］舌面后、半高、不圆唇元音

发音状况与 o 基本相同，但双唇要自然展开。例如：客车 kèchē

（4）ê［ε］舌面前、半低、不圆唇元音

口自然打开，展唇，舌尖抵住下齿背，使舌面前部隆起和硬腭相对。发音时，声带振动，软腭上升，关闭鼻腔通路。

韵母 ê 除语气词“欸”可分别读第三或第四声外，单用的机会不多，只出现在复韵母 ie、üe 中。

（5）i［i］舌面前、高、不圆唇元音

口微开，两唇呈扁平形，上下齿相对（齐齿），舌尖接触下齿背，使舌面前部隆起和硬腭前部相对。发音时，声带振动，软腭上升，关闭鼻腔通路。例如：笔记 bǐjì

（6）u［u］舌面后、高、圆唇元音

两唇收缩成圆形，略向前突出；舌后缩，舌面后部隆起和软腭相对。发音时，声带振动，软腭上升，关闭鼻腔通路。例如：瀑布 pūbù

（7）ü［y］舌面前、高、圆唇元音

两唇拢圆，略向前突，舌尖抵住下齿背，使舌面前部隆起和硬腭前部相对。发音时，声带振动，软腭上升，关闭鼻腔通路。例如：区域 qūyù

（8）er［ɚ］卷舌央中不圆唇元音

口自然打开，舌位不前不后不高不低，舌前、中部上抬，舌尖向后卷，和硬腭前端相对。发音时，声带振动，软腭上升，关闭鼻腔通路。例如：儿歌 érgē

（9）-i（前）［ɿ］舌尖前、高、不圆唇元音

口略开，展唇，舌尖和上齿背相对，保持适当距离。发音时，声带振动，软腭上升，关闭鼻腔通路。这个韵母在普通话里只出现在 z、c、s 声母的后面。例如：私自 sīzì

（10）-i（后）［ʅ］舌尖后、高、不圆唇元音

口略开，展唇，舌前端抬起和前硬腭相对。发音时，声带振动，软腭上升，关闭鼻腔通路。该韵母在普通话里只出现在 zh、ch、sh、r 声母的后面。例如：支持 zhīchí

2. 复韵母（复合元音）的发音

复韵母是由复合元音充当韵母（复合元音是相对单元音而言的）。单元音发音时，舌位和唇形在整个发音过程中没有明显的移动变化，而复合元音发音过程中舌位和唇形连续移动变化，一般把这种舌位移动变化和过程称作

“动程”。

因此，复韵母在发音过程中，不管是舌头嘴唇还是口的开闭程度都是有变化的。起头的音和收尾的音不同，延长声音，只听到收尾的音。例如念 ɑi 的时候，我们就感觉到口腔逐渐关闭，舌位逐渐升高，唇形逐渐变扁，从 ɑ 到 i 中间有好多音滑过去，最高只听见近似 i 的元音。可见，复韵母并不是几个单韵母的机械、简单的相加，而是由一个元音的舌位、唇形向另一个元音的舌位、唇形滑动变化而成的，故复韵母的发音一定要有动程，当然这个滑动过程是快速的，中间的元音音素是瞬间滑过的。

复韵母里二合元音或三合元音中各成分的响度、强弱、长短不同。韵腹元音是复韵母的重心，声音比较响亮、清晰，占的时间长些，读起来也重些。韵头和韵尾元音在音节中较微弱、模糊，占的时间短些。故根据韵腹位置的不同，可把复韵母分为前响复韵母、中响复韵母和后响复韵母三类。

普通话前响复合元音共有 4 个：ɑi、ei、ɑo、ou。发音的共同点是元音舌位都由低向高滑动，开头的元音音素响亮清晰，收尾的元音音素轻短模糊，因此收尾的字母（或音标）只表示舌位移动的方向。

（1）ɑi［ai］

前元音音素的复合，动程宽。起点元音是比单元音 ɑ［A］的舌位靠前的前低不圆唇元音 ɑ［a］，可以简称它为“前 ɑ”。发音时，舌尖抵住下齿背，使舌面的前部隆起与硬腭相对。从前“ɑ”开始，舌位向 i 的方向滑动升高，大体停在次高元音［Ɪ］（比 i［i］舌位略低）。例如：拍卖 pāimài

（2）ei［ei］

起点元音是前半高不圆唇元音 e［e］，实际发音舌位要靠后靠下，接近央元音［ə］。发音过程中，舌尖抵住下齿背，使舌面前部（略后）隆起对着硬腭中部。舌位从 e 开始舌位升高，向 i 的方向往前往高滑动，大体停在次高元音［Ɪ］。ei 是普通话中动程较短的复合元音。例如：配备 pèibèi

（3）ɑo［ɑu］

后元音音素的复合。起点元音比单元音 ɑ［ɑ］的舌位靠后，是个后低不圆唇元音，可简称为后“ɑ”。发音时，舌头后缩，使舌面后部隆起。从“后 ɑ”开始，舌位向 u（拼写作-o，实际发音接近 u）的方向滑动升高。收尾的 -u（-o）音舌位状态接近单元音 u，但舌位略低。例如：早操 zǎocāo

（4）ou［ou］

起点元音比单元音 o 的舌位略高、略前，发音时，从略带圆唇的央［o］（或［ə］）开始，舌位向 u 的方向滑动。收尾 -u 音比单元音 u 的舌位略低。它是普通话复韵母中动程最短的复合元音。例如：口头 kǒutóu

普通话后响复合元音有 5 个：iɑ、ie、uɑ、uo、üe。它们发音的共同点是舌位由高向低滑动，收尾的元音音素响亮清晰，在韵母中处在韵腹地位，因此舌位移动的终点是确定的。而开头的元音音素都是元音 i-、u-、ü-，由于它处于韵母的韵头的位置，发音不太响亮，比较短促。这些韵头在音节里特别是零声母音节里常伴有轻微摩擦。

(5) ia [iA]

起点元音是前高元音 i，由它开始，舌位滑向央低元音 a [A] 止。i 的发音较短，a 的发音响而长。止点元音 a 位置确定。例如：压价 yājià

(6) ie [iε]

起点元音是前高元音 i，由它开始，舌位渐降到 ê [ε]（实际是 [E]，比 [ε] 舌位略高）止。i 较短，ê 响而长。止点元音 ê 位置确定。例如：贴切 tiēqiè

(7) ua [uA]

起点元音是后高圆唇元音 u，由它开始，舌位滑向央低元音 a [A] 止，唇形由最圆逐步展开到不圆。u 较短，a 响而长。例如：耍滑 shuǎhuá

(8) uo [uo]

由圆唇后元音复合而成。起点元音是后高元音 u，由它开始，舌位向下滑到后中元音 o 止。u 较短，o 响而长。发音过程，唇形保持圆唇，开头最圆，结尾圆唇度略减。例如：硕果 shuòguǒ

(9) üe [yε]

由前元音复合而成。起点元音是圆唇的前高元音 ü，由它开始，舌位渐降到 ê [ε]（实际是 [E]，比 [ε] 舌位略高），唇形由圆到不圆，ü 较短，ê 响而长。例如：雀跃 quèyuè

普通话里的三合元音都是中响复合元音，共有 4 个：iao、iou、uai、uei，发音的共同点是舌位由高向低滑动，再从低向高滑动。开头的元音音素不响亮，较短促，在音节里特别是在零声母音节里常伴有轻微的摩擦。中间的元音音素响亮清晰。收尾的元音音素轻短模糊。

(10) iao [iau]

由前高元音 i 开始，舌位降至后低元音 a [ɑ]。然后再向后高圆唇元音 u 的方向滑升。发音过程中，舌位先降后升，由前到后，曲折幅度大。唇形从中间的元音 a 开始由不圆唇变为圆唇。例如：巧妙 qiǎomiào

(11) iou [iou]

由前高元音 i 开始，舌位降至央（略后）元音 [o]（或 [ə]），然后再向后高圆唇元音的方向滑升。发音过程中，舌位先降后升，由前到后，曲折幅度较大。发央（略后）元音 [o] 时，逐渐圆唇。例如：久留 jiǔliú

(12) uai [uai]

由圆唇的后高元音 u 开始，舌位向前滑降到前低不圆唇元音 a（即“前 a”），然后再向前高不圆唇元音的方向滑升。舌位动程先降后升，由后到前，

曲折幅度大。唇形从最圆开始，逐渐减弱圆唇度，发前元音 ɑ 以后渐变为不圆唇。例如：摔坏 shuāihuài

(13) uei [uei]

由后高圆唇元音 u 开始，舌位向前向下滑到前半高不圆唇元音 e 偏后靠下的位置，然后再向前高不圆唇元音 i 的方向滑升。发音过程中，舌位先降后升，由后到前，曲折幅度较大。唇形从最圆开始，随着舌位的前移圆唇度减弱，发 e 以后变为不圆唇。例如：推诿 tuīwěi

普通话里三合元音构成的韵母，可以看成是在前响二合元音前面加上 i-、u-、ü-韵头。因此，韵腹舌位的前后，可以根据前响二合元音的情况确定。

3. 鼻韵母（复合鼻尾音）的发音

鼻韵母是复合鼻尾音充当韵母。复合鼻尾音就是元音音素之后附带一个鼻辅音作为尾音（韵尾）。

普通话韵母有两个辅音韵尾-n [n]、-ng [ŋ]，都是鼻音。韵尾-n 的发音同声母 n-基本相同，只是-n 的部位比 n-靠后，一般是舌面前部向硬腭接触，教学上仍把它看成是舌尖中鼻音。从受阻的情况看，声母 n-必须除阻后同后面的韵母拼合，而韵尾-n 却不除阻发音逐渐减弱而终止。韵尾-ng [ŋ] 是舌面后鼻音，和声母 g、k、h 是同一个发音部位。发音时，舌面后部隆起，与软腭接触，阻塞气流通过，同时软腭下降，打开鼻腔通路，声带颤动。

鼻韵母（复合鼻尾音）的发音特点是：

第一，元音音素同鼻辅音韵尾之间是复合的关系，不是简单的相加。在复合过程中，也有舌位的移动过程，即有“动程”，与复合元音的不同在于收尾的音是以鼻辅音的阻碍结束。

第二，在元音舌位向鼻辅音韵尾移动的后半段，元音音素的发音由于受到后面鼻辅音的影响，出现一段短暂的“半鼻化”的过渡，这是语音结合过程中必然产生的现象。

第三，鼻辅音韵尾同前面相接的元音音素结合得很紧密。

下面按顺序把鼻韵母的发音情况综合说明如下：

普通话的鼻韵母 16 个，其中以-n 为韵尾的韵母 8 个：ɑn、en、in、ün、iɑn、uɑn、uen、üɑn 以-ng 为韵尾的韵母 8 个：ɑng、eng、ing、ong、iɑng、uɑng、ueng、iong。

(1) ɑn [an]

起点元音是前低不圆唇元音 ɑ [a]，舌尖抵住下齿背，舌位降到最低，软腭下升，关闭鼻腔通路。从“前 ɑ”开始，舌面升高，舌面前部抵住硬腭前部。当两者将要接触时，软腭下降，打开鼻腔通路，紧接着舌面前部于硬腭前部闭合，使在口腔受到阻碍的气流，从鼻腔里透出。口形先开后合，舌位移动较大。例如：赞叹 zàntàn

（2）en［ən］

起点元音是央元音 e［ə］，舌位中性（不高不低不前不后），舌尖接触下齿背，舌面隆起部位受韵尾影响略靠前。从央元音 e 开始，舌面升高，舌面前部抵住硬腭前部，当两者将要接触时，软腭下降，打开鼻腔通路，紧接着舌面前部与硬腭前部闭合，使在口腔受到阻碍的气流从鼻腔里透出。口形由开到闭，舌位移动较小。例如：振奋 zhènfèn

（3）in［in］

起点元音是前高不圆唇元音 i，舌尖抵住下齿背，软腭上升，关闭鼻腔通路。从舌位最高的前元音 i 开始，舌面升高，舌面前部抵住硬腭前部，当两者将要接触时，软腭下降，打开鼻腔通路，紧接着舌面前部与硬腭前部闭合使在口腔受到阻碍的气流，从鼻腔透出。开口度几乎没有变化，舌位动程很小。例如：拼音 pīnyīn

（4）ün［yn］

起点元音是前高圆唇元音 ü。与 in 的发音过程只是唇形变化不同。从圆唇的前元音 ü 开始，唇形从圆唇逐步展开，而 in 唇形始终是展唇。例如：军训 jūnxùn

（5）ɑng［ɑŋ］

起点元音是后低不圆唇元音 ɑ［ɑ］，口大开，舌尖离开下齿背，舌头后缩。从“后 ɑ”开始，舌面后部抬起，当贴近软腭时，软腭下降，打开鼻腔通路，紧接着舌根与软腭接触，封闭了口腔通路，气流从鼻腔里透出。例如：苍茫 cāngmáng

（6）eng［əŋ］

由央元音［ə］（实际比［ə］稍后）开始发音，口半闭，展唇，舌身后缩，舌尖离开下齿背，舌面后部隆起，比发单元音 e 的舌位略低。从 e 开始，舌面后部抬直，贴向软腭。当两者将要接触时，软腭下降，打开鼻腔通路，紧接着舌面后部抵住软腭，使在口腔受到阻碍的气流，从鼻腔里透出。例如：丰盛 fēngshèng

（7）ing［iŋ］

起点元音是前高不圆唇元音 i，舌尖接触下齿背，舌面前部隆起。从 i 开始，舌面隆起部位不降低，一直后移，舌尖离开下齿背，逐步使舌面后部隆起，贴向软腭，当两者将要接触时，软腭下降，打开鼻腔通路，紧接着舌面后部抵住软腭，封闭了口腔通路，气流从鼻腔透出。口形明显变化。例如：清静 qīngjìng

（8）ong［uŋ］

起点元音是比后高圆唇元音 u 舌位略低的次高后元音［o］，舌尖离开下齿背，舌头后缩，舌面后部隆起，软腭上升，关闭鼻腔通路。从次高后元音

［o］开始，舌面后部向软腭。当两者将要接触时，软腭下降，打开鼻腔通路，紧接着舌面后部抵住软腭，封闭了口腔通路，气流从鼻腔里透出。唇形始终拢圆。例如：共同 gòngtóng

（9）ian［ian］

发音时，从前高元音 i 开始，舌位向前低元音 ɑ（前 ɑ）的方向滑降。舌位只降到次低前元音［ɛ］的位置的就开始升高，直到舌面前部抵住硬腭前部形成鼻音-n。例如：前天 qiántiān

（10）uan［uan］

发音时，由圆唇的后高元音 u 开始，口形迅速由合口变为开口状，舌位向前迅速滑降到不圆唇的前低元音 ɑ（前 ɑ）；然后舌位升高，接续鼻音-n。例如：转换 zhuǎnhuàn

（11）üɑn［yan］

发音时，从圆唇的前高元音 ü 开始，向前低元音 ɑ 的方向滑降。舌位只降到次低前元音［ɛ］略后就开始升高，接续鼻音-n。例如：圆圈 yuánquān

（12）［uən］

发音时，由圆唇的后高元音 u 开始，向央元音 e［ə］滑降，然后舌位升高，接续鼻音-n。唇形由圆唇渐变为展唇。例如：论文 lùnwén

（13）iang［iaŋ］

发音时，由前高元音 i 开始，舌位向后滑降到后低元音 ɑ（后 ɑ），然后舌位升高，接续鼻音-ng。例如：响亮 xiǎngliàng

（14）uang［uɑŋ］

发音时，由圆唇的后高元音 u 开始，舌位滑降至低元音 ɑ（后 ɑ），然后舌位升高，接续鼻音-ng。唇形从圆唇渐变为展唇。例如：狂妄 kuángwàng

（15）ueng［uəŋ］

发音时，由圆唇的后高元音 u 开始，舌位滑降到后半高元音 e（稍稍靠前略低）的位置，然后舌位开始，接续鼻音-ng。唇形从圆唇渐变为展唇。在普通话里，韵母 ueng 只有一种零声母的音节形式 weng。例如：水瓮 shuǐwèng

（16）iong［yŋ］

发音时，由前高元音 I 开始，舌位向后略向下滑动到次高后元音［u］的位置，然后舌位升高，接续鼻音-ng。由于受后面圆唇元音的影响，开始的前高元音 i 也带上了圆唇动作，也可以描写为［iu］。传统汉语语音学把 iong 归属撮口呼。例如：苍穹 cāngqióng

4. 韵母发音综合训练

ɑ：打靶 dǎbǎ　大厦 dàshà　打岔 dǎchà　喇叭 lǎba

o：薄膜 bómó　磨破 mópò　规模 guīmó　渊博 yuānbó

e：隔阂 géhé　合格 hégé　特色 tèsè　折射 zhéshè
i：激励 jīlì　基地 jīdì　记忆 jìyì　地理 dìlǐ
u：补助 bǔzhù　出租 chūzū　辜负 gūfù　瀑布 pūbù
ü：聚居 jùjū　屈居 qūjū　序曲 xùqǔ　语序 yǔxù
-i（舌尖前）：自私 zìsī　字词 zìcí　四次 sìcì　自此 zìcǐ
-i（舌尖后）：实施 shíshī　值日 zhírì　知识 zhīshi
er：而且 érqiě　偶尔 ǒu'ěr　耳朵 ěrduo　二胡 èrhú　儿女 érnǚ
ai：爱戴 àidài　采摘 cǎizhāi　海带 hǎidài　彩排 cǎipái
ei：肥美 féiměi　蓓蕾 bèilěi　飞贼 fēizéi　非得 fēiděi
ao：懊恼 àonǎo　操劳 cāoláo　报告 bàogào　吵闹 chǎonào
ou：丑陋 chǒulòu　抖擞 dǒusǒu　漏斗 lòudǒu　收购 shōugòu
ia：假牙 jiǎyá　发芽 fāyá　加价 jiājià　戛戛 jiájiá
ie：结业 jiéyè　贴切 tiēqiè　铁屑 tiěxiè　趔趄 lièqie
iao：吊销 diàoxiāo　疗效 liáoxiào　调料 tiáoliào　逍遥 xiāoyáo
iou：求救 qiújiù　绣球 xiùqiú　优秀 yōuxiù　悠久 yōujiǔ
ua：挂花 guàhuā　娃娃 wáwa　呱呱 guāguā（gūgū）
uo：错落 cuòluò　蹉跎 cuōtuó　脱落 tuōluò　唾沫 tuòmo
uai：外快 wàikuài　怀揣 huáichuāi　外拽 wàizhuài　徘徊 páihuái
uei：悔罪 huǐzuì　追悔 zhuīhuǐ　荟萃 huìcuì　回味 huíwèi
üe：约略 yuēlüè　绝学 juéxué　血液 xuèyè　虐待 nüèdài
an：橄榄 gǎnlǎn　反感 fǎngǎn　烂漫 lànmàn　谈判 tánpàn
en：根本 gēnběn　门诊 ménzhěn　人参 rénshēn　认真 rènzhēn
ang：帮忙 bāngmáng　螳螂 tángláng　商场 shāngchǎng
上当 shàngdàng
eng：更正 gēngzhèng　声称 shēngchēng　升腾 shēngténg
风筝 fēngzheng
ian：艰险 jiānxiǎn　简便 jiǎnbiàn　连篇 liánpiān　浅显 qiǎnxiǎn
in：近邻 jìnlín　民心 mínxīn　亲信 qīnxìn　辛勤 xīnqín
iang：两样 liǎngyàng　粮饷 liángxiǎng　踉跄 liàngqiàng
想象 xiǎngxiàng
ing：叮咛 dīngníng　倾听 qīngtīng　经营 jīngyíng　命令 mìnglìng
uan：贯穿 guànchuān　婉转 wǎnzhuǎn　转换 zhuǎnhuàn
专款 zhuānkuǎn
uen：昆仑 kūnlún　温存 wēncún　温顺 wēnshùn　困顿 kùndùn
uang：双簧 shuānghuáng　装潢 zhuānghuáng　往往 wǎngwǎng
状况 zhuàngkuàng

ong：从容 cóngróng　工农 gōngnóng　空洞 kōngdòng　隆重 lóngzhòng
ueng：蕹菜 wèngcài　老翁 lǎowēng　渔翁 yúwēng
　　主人翁 zhǔrénwēng
üan：源泉 yuánquán　渊源 yuānyuán　轩辕 xuānyuán　全权 quánquán
ün：均匀 jūnyún　军运 jūnyùn　功勋 gōngxūn　押韵 yāyùn
iong：炯炯 jiǒngjiǒng　汹涌 xiōngyǒng　茕茕 qióngqióng　困窘 kùnjiǒng

三、韵母辨正

安徽方言同普通话相比较，在韵母方面也有一些差异，成为安徽人学习普通话的难点，要注意辨正。

1. 分清前、后鼻音

（1）区分前、后鼻音的发音

普通话明确区分以-n 和-ng 为韵尾的两组韵母。以 n 作韵尾的是前鼻韵母，俗称前鼻音；以 ng 作韵尾的是后鼻韵母，俗称后鼻音。它们发音不同，有区别词义的作用。安徽人除了阜阳地区、宿州地区（五河、凤台除外），其余各方言区都是不分前后鼻音的，其中大多数市县把普通话中 eng、ing 韵母的字念成近似 en、in 韵母的字音，少数地方如嘉山、滁县、来安、泾县、五河等地则把普通话 en、in 韵母的字念成近似 eng、ing 韵母的字。

前、后鼻尾音韵母区分的主要特点表现为：

①韵腹元音舌位的前后不同是两音区分的主要标志。例如 an 和 ang 的区分主要表现在 an 中的元音是前元音［a］，而 ang 中的元音是后元音［ɑ］。

②-n 和-ng 是韵尾，只有与韵腹构成一个整体时才参与前、后鼻韵母对比区分。由于-n 和-ng 处于从属地位，在自然语流中常常脱落，只表现为元音的鼻化。但在语音发音训练中，为了确切体会鼻尾音的发音和听感性质，应不丢掉鼻尾音，要求尽量发音完整。

③前后鼻音基本上是一对一的对应关系。它们之间的对应关系是：an—ang、en—eng、in—ing、ian—iang、uan—uang、uen—ueng（ong）、ün—iong

另外，安徽大多数方言把前鼻韵母和后鼻韵母（主要是 ang、iang、uang）念成了鼻化音。所谓鼻化，就是在发元音时鼻腔里同时出气，收尾时，前鼻音舌尖不接触上齿龈，后鼻音舌根不接触软腭。这同普通话韵母的发音方法截然不同。安徽人在辨正这些韵母时要特别注意控制气流，在发元音时要防止鼻腔出气，念纯粹的口元音，然后紧接着安排舌头的活动（舌尖抵住上齿龈或舌根抵住软腭），让气流从鼻腔出来，发鼻音收尾。

带鼻音韵母的发音练习：

an：　蚕　咱　三　山　扇　安然　惨淡　汗衫　感叹　烂漫

en：	肯	真	盆	门	分	愤恨	振奋	沉闷	深沉	认真
in：	仅	沁	欣	贫	民	信心	拼音	亲近	金银	引进
ün：	军	云	运	晕	循	均匀	追寻	星群	神韵	英俊
ian：	片	面	念	恋	脸	前年	艰险	简练	见面	田间
uan：	玩	转	传	船	换	贯穿	宽缓	酸软	官宦	万贯
uen：	轮	润	滚	昆	困	温存	论文	馄饨	温顺	春天
üan：	源	冤	圆	怨	远	全权	涓涓	圆圈	轩辕	渊远
ang：	棒	绑	放	厂	唱	帮忙	苍茫	盲肠	长方	放荡
eng：	风	丰	绳	升	生	逞能	征程	猛增	声称	更正
iang：	央	样	将	讲	详	想象	响亮	向阳	湘江	两样
ing：	情	杏	迎	亭	钉	明星	秉性	惊醒	命令	轻盈
uang：	忘	王	网	霜	爽	狂妄	状况	创伤	双簧	往往
ueng：	翁	嗡	瓮							
ong：	拱	公	共	宗	从	空洞	轰动	通融	龙宫	总统
iong：	凶	熊	窘	永	雍	炯炯	汹涌	拥护	英雄	穷苦

（2）记字的方法

首先，区分 en—eng、in—ing 韵母字

第一，可以利用声、韵拼合关系来记字。

从声、韵拼合关系上看：凡声母是 d、t 的字，韵母肯定是 ing，不是 in，如“丁、叮、盯、钉、町、顶、酊、定、锭、订、厅、听、汀、亭”等字；声母是 t、l 时，韵母都是 eng，不是 en，如“疼、滕、腾、藤、塄、棱、冷”等字。

第二，可以从形声字的声旁上找规律。

例如“艮”是 n 韵尾，凡是有“艮”声旁的字如“根、跟、茛、垦、恳、狠、很、恨、垠、龈”等也是 n 韵尾；“争”是 ng 韵尾，凡是有“争”作声旁的字如“挣、睁、峥、筝、诤、净、静”等也是 ng 韵尾。

其次，区分 an—ang，uan—uang 韵母字。

an 和 ang，uan 和 uang 不分，在安庆话中最为突出，全椒、和县、枞阳、桐城、怀宁、马鞍山市、当涂、芜湖市、芜湖县、繁昌、南陵、铜陵市、贵池等市县都分不清 an 和 ang、uan 和 uang。要分清它们除了要读好鼻音韵尾外，关键要注意“a”的发音，“an”中“a”是前 a［a］，开口度较小，“ang”中“a”是后 a［ɑ］，开口度较前 a 要大，唇形趋向于圆形。所以发“an”音时，开口较小，唇形略扁；发“ang”音时，开口度较大，唇形趋向于圆形。我们还可以根据形声字的声旁类推法，帮助记一些常见字。例如“干”（gan）字韵母是 an，凡是以“干”为声旁的字如“杆、肝、矸、竿、秆、赶、旰、汗、鼾、旱、捍、焊”等字的韵母也是 an，“方”（fang）字韵

母是 ang，凡是以“方”作声旁的字如“芳、坊、妨、防、访、仿、纺、航”等字的韵母也是 ang。

对于 uan—uang 不分，我们还可以根据声、韵拼合关系找规律：

①与 b、p、m、d、t 等声母相拼的，韵母只能是 ian，不能是 iang。如“边、偏、片、棉、变、免、颠、电、田”等字。

②与 d、t、n、l、z、c、s、r 声母相拼的，韵母只能是 uan，不能是 uang。如“端、团、暖、卵、乱、钻、窜、酸、软”等字。

另外，还可以采取记少不记多的方法，记一部分常见带鼻音韵母字的字音。

（3）带鼻音韵母正音练习

an—ang：烂漫 lànmàn—浪漫 làngmàn
弹词 táncí—搪瓷 tángcí
天坛 tiāntán—天堂 tiāntáng
赞颂 zànsòng—葬送 zàngsòng

en—eng：出身 chūshēn—出生 chūshēng
春分 chūnfēn—春风 chūnfēng
清真 qīngzhēn—清蒸 qīngzhēng
申明 shēnmíng—声明 shēngmíng

in—ing：信服 xìnfú—幸福 xìngfú
接近 jiējìn—洁净 jiéjìng
频繁 pínfán—平凡 píngfán
金鱼 jīnyú—鲸鱼 jīngyú

ian—iang：极限 jíxiàn—吉祥 jíxiáng
简历 jiǎnlì—奖励 jiǎnglì
前面 qiánmian—墙面 qiángmiàn
鲜姜 xiānjiāng—湘江 xiāngjiāng

uan—uang：车船 chēchuán—车床 chēchuáng
官名 guānmíng—光明 guāngmíng
青砖 qīngzhuān—轻装 qīngzhuāng
双环 shuānghuán—双簧 shuānghuáng

uen—ueng（ong）：存钱 cúnqián—从前 cóngqián
一吨 yīdūn—一冬 yīdōng
吞并 tūnbìng—通病 tōngbìng
乡村 xiāngcūn—香葱 xiāngcōng

ün—iong：好运 hǎoyùn—好用 hǎoyòng
人群 rénqún—人穷 rénqióng

逡巡 qūnxún—群雄 qúnxióng

均匀 jūnyún—隽永 juànyǒng

2. 分清 o、e、uo 和 ou

（1）分清 o、e、uo 和 ou 的发音

普通话的 o、e、uo 和 ou 四个韵母区别很明显。但在安徽方言中，这四个韵母常常相混，要注意分辨。区分这四个韵母，首先分清它们的发音。o、e 是单元音韵母，o 发音时，口微开，圆唇，舌头后缩，舌根隆起，舌位半高，声带颤动；e 发音时，舌位和 o 相同，但从唇形看，e 是不圆唇元音，展唇。uo 是后响复元音韵母，发音是 u→o，uo 唇形由小圆到大圆，舌位也发生由高降至半高的变化。ou 是前响复韵母，发音是 o→u，唇形由大圆到小圆，舌位发生由前到后的变化。

（2）记字的方法

①可以从声韵拼合关系上找规律。普遍话的 o 韵只能跟 b、p、m、f 声母相拼，所以声母 b、p、m、f 相拼的，除了轻声“么”（me）韵母是“e”外，其余的韵母都是 o，如“波、播、迫、破、摸、佛”等字。

②根据声旁的表音功能去记字辨音。声母 d、t、n、l、g、k、zh、ch、sh、r、z、c、s，既拼韵母 e，又拼韵母 uo，这就可以利用声旁的表音功能去记字辨音。如“可”读 kě，韵母是 e，凡是有“可”偏旁的字如“河、何、轲、舸”等也是 e 韵母；“朵”读 duǒ，韵母是 uo，凡是有“朵”字偏旁的字中“躲、跺、剁”等也是 uo 韵母。

③采用记少不记多的方法，记住普通话中分别读 e、o、uo、ou 韵母的字是哪些，并在口语实践中注意区分。

（3）正音练习

①不要把 e 念成 o

ge≠go 哥、歌、鸽、胳、割、搁（gē）、个（gè）

ke≠ko 科、棵、窠、磕、颏、苛（kē）

he≠ho 喝（hē）、禾、河、何、合（hé）、贺（hè）

②不要把 uo 念成 o

我 wǒ、多 duō、躲 duǒ、舵 duò、挪 nuó、骡 luó

郭 guō、廓 kuò、霍 huò、昨 zuó、挫 cuò、索 suǒ

③不要将 u 念成 ou

du≠dou 督（dū）、读（dú）、赌（dǔ）、杜（dù）

tu≠tou 秃（tū）、徒（tú）、土（tǔ）、兔（tù）

nu≠nou 奴（nú）、弩（nǔ）、怒（nù）

lu≠lou 卢（lú）、鲁（lǔ）、陆（lù）

zhu≠zhou 逐（zhú）、烛（zhú）、嘱（zhǔ）、助（zhù）

chu≠chou 初（chū）、刍（zhú）、楚（chǔ）、触（chù）

shu≠shou 梳（shū）、熟 shú（shóu）、属（shǔ）、数（shǔ、shù）

ru≠rou 辱（rǔ）、褥（rù）

zu≠zou 租（zū）、卒（zú）、阻（zǔ）

tu≠cou 粗（cū）、促醋（cù）、蹙（cù）

su≠sou 苏（sū）、俗（sú）、粟夙（sù）

3. 不要丢掉韵头 u

普通话中，韵母 uei、uen 和声母 d、t、l、z、c、s 相拼的字，如“堆、退、最、催、岁、敦、吞、论、尊、村、孙”等，在安徽的合肥市及其周边县市在安徽省的沿江一带，几乎全念成 ei、en 韵母，丢掉了介音 u。安庆、怀宁、潜山、岳山、宿松、太湖、望江等地不仅丢掉了 u 介音，甚至连某些字的韵母都变了（如“肚”念成“斗”，“兔”念成“透”等）。此外，也还有一些地方把普通话 uɑn 韵母同 d、t、n、l、z、c、s 相拼的字念成了开口呼韵母，如“断、团、暖、乱、钻、窜、酸”等。

丢掉了 u 介音，要通过记字来辨正。有一条规律可供参考：普通话中 d、t、z、c、s 声母同韵母 ei、en 相拼的字很少，只有“得（děi 可得注意）、贼（zéi）、怎（zěn）、参（cēn 参差）、岑（cén）、涔（cén）、森（sēn）”等几个，除此之外，都是同 uei、uen 韵母相拼。普通话中 l 声母，只跟 uen 韵母相拼，不跟 en 韵母相拼。b、p、m、f 和 n 声母，只跟 en 韵母相拼，不拼 uen 韵母。

4. 分清 i 和-i（前［ɿ］）

合肥市、肥东、肥西、六安、舒城、霍山、绩溪等地不分 i 和-i（前），特点是把普通话 i 韵母同 b、p、m、d、t、n、l、j、q、x 相拼的字以及零声母字念成了-i（前）韵母。

分清 i 和-i（前），要着重记忆普通话 z、c、s 声母同-i（前）韵母相拼的字，把方言中念-i（前）韵母而普通话念 i 韵母的字分辨出来。普通话-i（前）只能同 z、c、s 声母相拼，常用字数量不多，容易记住。

5. 念准卷舌韵母 er

安徽有许多市、县方言中没有 er 韵母。这些方言把普通话 er 韵母的字如“儿、而、耳、尔、二”等念成了近似 ɑ、e 或 ê 等韵母的音，因此，说这些方言的人学习普通话 er 韵母时，要特别注意训练卷舌的动作。发音时口半开，舌平伸，舌位居中，在念 e［ə］的同时轻轻地把舌尖卷起，接近硬腭。卷舌要注意两点：一是要快，不要使 e［ə］同卷舌脱节；二是不要让舌尖接触硬腭。

6. 念准复元音韵母

安徽绝大多数方言没有 ɑi、ɑo 等复元音韵母（只有极少数方言是例外），普通话 ai、ao 韵母的字基本上都念成了单元音韵母，例如“哀、台、盖、赛”念成 ê［ɛ］韵母，“熬、刀、高、招”念成开口度较大、舌位较低的［ɔ］的韵母。uai、iao 韵母的字也相应念成［uɛ］［uɔ］韵母，例如“乖、腰”。安徽人学习普通话时要注意这一点。

ai、ao 是前响复韵母，发音时 ai 中的 i 舌位比单念时稍低，ao 中的 o 舌位比单念时稍高，尾音 i 和 o 发音比较模糊。复韵母 ai、ao 同单元音［ɛ］、［ɔ］有明显不同。

（1）复元音韵母发音练习

ai：摆　派　白　太　该　白菜　爱戴　海带　灾害　彩排
ei：杯　肥　匪　废　美　配备　飞贼　违背　黑妹　贝类
ao：蒿　豪　好　号　告　报考　操劳　牢靠　茅草　跑道
ia：家　夹　假　架　虾　加价　恰恰　押下　下牙　压价
ie：接　结　解　借　歇　贴切　铁屑　结业　爷爷　趔趄
ua：花　花　画　瓜　刮　挂画　花褂　花袜　耍滑　娃娃
uo：窝　祸　活　火　过　堕落　阔绰　硕果　懦弱　蹉跎
üe：约　月　靴　学　血　雀跃　决绝　绝学　喜悦　虐待
iao：掉　刁　笑　肖　小　吊销　疗效　小鸟　调料　巧妙
iou：悠　油　有　又　秋　优秀　牛油　久留　求救　绣球
uai：歪　乖　怪　外　坏　摔坏　怀揣　统帅　徘徊　外快
uei：威　围　伟　喂　为　垂危　水位　溃退　回归　摧毁

（2）复元音韵母正音练习

① 单元音韵母与复元音韵母对比辨音练习

a—ai：茶油 cháyóu—柴油 cháiyóu　　马车 mǎchē—买车 mǎichē
趴下 pāxià—拍下 pāixià　　沙子 shāzi—筛子 shāizi
u—ou：地图 dìtú—地头 dìtóu　　苦水 kǔshuǐ—口水 kǒushuǐ
不顾 bùgù—不够 bùgòu　　渡江 dùjiāng—豆浆 dòujiāng
i—ei：手臂 shǒubì—手背 shǒubèi　　米粒 mǐlì—美丽 měilì
劳力 láolì—劳累 láolèi　　糜烂 mílàn—霉烂 méilàn
e—uo：合法 héfǎ—活法 huófǎ　　赫然 hèrán—霍然 huòrán
开课 kāikè—开阔 kāikuò　　大哥 dàgē—大锅 dàguō

② 复元音韵母和复元音韵母对比辨音练习

ai—ei：排练 páiliàn—陪练 péiliàn　　奈何 nàihé—内河 nèihé
摆布 bǎibù—北部 běibù　　来生 láishēng—雷声 léishēng
ai—uai：损害 sǔnhài—损坏 sǔnhuài　　乞丐 qǐgài—奇怪 qíguài
真晒 zhēnshài—真帅 zhēnshuài　　害人 hàirén—坏人 huàirén
ao—ou：哨子 shàozi—瘦子 shòuzi　　刀子 dāozi—兜子 dōuzi

	高洁 gāojié—勾结 gōujié	考试 kǎoshì—口试 kǒushì
iao—iou：	求教 qiújiào—求救 qiújiù	效力 xiàolì—秀丽 xiùlì
	谣言 yáoyán—油盐 yóuyán	药片 yàopiàn—诱骗 yòupiàn

【思考与练习】

1. 单元音韵母对比辨音训练。

（1）单音节练习

义—誉　季—拒　旗—渠　努—女　主—举　务—玉

（2）音节对比练习

办理—伴侣　遗传—渔船　意义—寓意　树木—畜牧

记录—纪律　领悟—领域　下午—下雨　记数—继续

2. 绕口令训练。

（o、e）《坡上一只鹅》

坡上立着一只鹅，坡下就是一条河。

宽宽的河，肥肥的鹅，

鹅要过河，河要渡鹅，

不知是鹅过河，还是河渡鹅。

（u、ü）《芜湖徐如玉》

芜湖徐如玉，出去屡次遇大雾。

曲阜苏渔庐，上路五度遇大雨。

（ai）《喜送公粮》

大船开，小船来，送粮船队一排排，

汽笛声声催船开，喜送公粮破浪来。

（ao）《找厂长》

东也找，西也找，找来找去找不到。

办公室里有衣又有帽，桌上还有小挎包，

可是咱厂长，不知哪里去了。

东也找，西也找，找来找去找到了。

“试验田”里大炉旁，有个“徒弟”在挑料，

只听师傅夸：“厂长学会了！”

（ou、iou）《借绿豆》

出南六，走六步，见到六叔和六舅。

叫声六叔和六舅，借我六斗六升好绿豆，

过了秋，打了豆，还我六叔六舅六斗六升好绿豆。

（ou、iou）《小妞妞》

小妞妞，围兜兜，坐在地头看豆豆。

地边儿来了一头牛，小妞害怕踩坏豆，
跨过小土丘，跳过小水沟，
忙把牛绳拉在手，
小牛羞得哞哞叫，大伙都夸小妞妞。
(ie、üe)《谢老爹，薛大爷》
谢老爹在街上扫雪，薛大爷在屋里打铁。
薛大爷见谢老爹在街上扫雪，
急忙放下手里打着的铁，到街上帮谢老爹扫雪。
谢老爹扫完了雪，二人同打铁。
(an、ian)《修电话》
出了营门向南看，南山修座发电站。
全团都在把活干，你也不能站着看，
不是帮着一营修发电站，就是帮助二营、三营刨土埋电线杆，
或是爬上电线杆帮着安电线。
(iang)《老将、小将》
老将、小将、女将云集一堂商量。
谁能把困难闯？你争、我争、他抢。
(en、eng、ing、ong)《东洞庭、西洞庭》
东洞庭、西洞庭，洞庭山上一根藤，
藤上挂个大铜铃，风吹藤动铜铃响，
风停藤定铜铃静。
(en—eng)《陈和程》
姓陈不能说成姓程，
姓程也不能说姓陈。
禾呈是程，耳东是陈。
如果陈程不分，就会认错人。
(ing、eng)《路灯》
十字路口指示灯，红黄绿灯分得清，
红灯停，绿灯行，行停，停行看灯明。
(in、ing)《通信不同姓》
同姓不能念成通信，通信也不能念成同姓，
同姓可以互相通信，通信可不一定同姓。
(en、ing)《盆和瓶》
桌上放个盆，盆里放着瓶，
砰砰崩崩，不知是瓶碰盆，还是盆碰瓶。

第三节　普通话声调发音与安徽方言语音辨正

一、什么是声调

在回答这个问题之前，我们先听听几个字音：“妈”（mā）、“麻”（má）、“马”（mǎ）、“骂”（mà）。这四个字音，声母都是 m，韵母又都是 a，但是听起来却是不同的音，有的由头至尾维持高低平衡，如 mā；有的前低后高，如 má；有的前高后低，如 mà；有的首尾之间有曲折，如 mǎ。像这样每个字声音的高低变化就叫做声调。声调的变化主要决定于音高，它同声母、韵母一样有区别意义的作用。在汉语里，几个字的声母、韵母都一样，而声调不一样，可以表示不同的意义。可见，学好声调，同学好声母、韵母一样重要。

汉语的声调，可以从调值和调类两个方面来分析。

二、调值和调类

调值指音节高低升降曲直长短的变化形式，也就是声调的实际读法。现代汉语各方言的调值最基本的类型有平的、升的、降的、曲折的四种，像普通话里 mā 是平的，má 是升的，mà 是降的，mǎ 是曲折的。

为了把调值描写得具体、好懂，通常我们采用五度标记法来说明声调发音的实值和发音升降变化的趋向。五度标记法是用五度竖标来标记调值相对音高的一种方法。具体说就是画一条竖线（音高线），分作四格五度，表示声调的相对音高，即高、半高、中、半低、低五度音高，并在竖线左侧画一条线（调型线），表示音高升降变化的形式。根据这条线的形式，制成五度标调符号，有时也采用两位或三位数字表示。调类是声调的种类，就是把调值相同的字归纳在一起所建立的类。同一种方言中，有几种基本调值，就可以归纳成几种调类。

汉语方言的声调，有着各自不同的调值和调类。两种方言调值相同的字不一定同属一个调类；而调类相同的字，其调值也往往差异很大。学习调值和调类时，应该注意这种差别。

普通话的全部字音分属四种基本调值，传统习惯称为阴平、阳平、上声、去声四种调类（统称“四声”）。它们的高低升降变化如图所示。

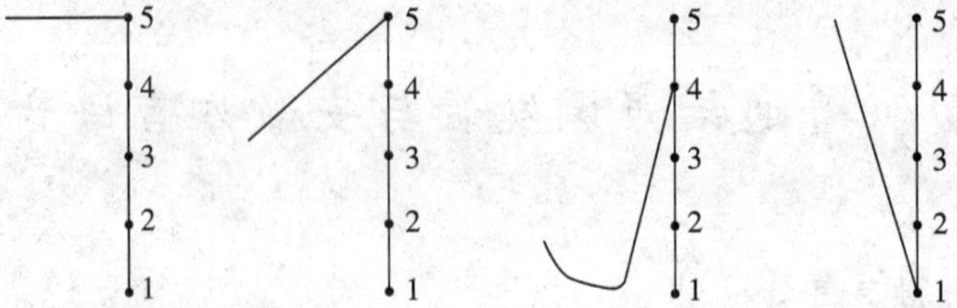

(一)阴平　(二)阳平　(三)上声　(四)去声

阴平，也就是“第一声”。发音是高高的，平直的。从高音位 5 度一直延长发音、最后停在 5 度的位置上，无升降变化，调值 55，因此阴平调又称高平调或 55 调。例如“高、知、专、尊”的声调。

阳平，即第二声。发音是一个上升音调。从中音位 3 度上升到高音位 5 度，调值是 35，又称高升调或 35 调。例如“穷、陈、才、床”的声调。

上声，即第三声。发音像是拐一个弯儿，先降下来，再升上去，由半低音位 2 度降到低音位 1 度再升到半高音位 4 度，调值是 214，又称降升调或 214 调。例如“古、展、尺、走”的声调。

去声，即第四声。发音是往下掉的，像是个“下滑音”，从高音位 5 度下降到低音位 1 度，调值是 51，又称全降调或 51 调。例如“盖、帐、对、变”的声调。

普通话的四种基本声调可以简单归结为一平、二升、三曲、四降。要想发好这四个声调，必须注意下面几点：

①阴平发音得有一定的高度，而且声音不要变，保持平直，属高平型。(起音高高一路平)

②阳平发音，由中音升到最高音，不是先平后升，属高升型。(由中到高往上升)

③上声发音，降要降到最低，然后再上升，属降升型。(先降后升曲折起)

④去声的发音，是从最高降到最低，不是降了一半就停止了，属全降型。(高起猛降到低层)

四声发音练习：

阴平：ɑ　i　u　ai　gen　　阳平：ɑ　i　u　ao　tan

上声：ɑ　i　u　ou　qian　　去声：ɑ　i　u　ang　dong

注意：汉语 6 个主要元音中，发音最响亮的是 ɑ，依次是 ɑ、o、e、i、u、ü。一个音节有 ɑ，调号就标在 ɑ 上，如 dao；没有 ɑ，就标在 o 或 e 等上面，如 chou，mei 等；碰到 iu、ui 组成的音节，就标在最后一个元音上，如 niu、tui。调号如标在 i 上，i 上面的一点可省去，下面一道顺口溜可以帮助记住标调的方法：ɑ、o、e，i、u、ü，标调时，按顺序。i 上标调去掉点，i、u 并排标后边。

普通话语音里还有一个轻声，轻声音节都不标调号，如“好吗”的“吗”ma，“木头”的“头”tou。

三、古今调类比较

普通话的调类系统是从古汉语继承下来的。我国古汉语在南朝齐梁之间分为四类声调：平、上、去、入。又按声母的清浊各分为阴调和阳调两大类，清声母字归阴调，浊声母字归阳调。这样，古四声“平、上、去、入”就分成“阴平、阳平、阴上、阳上、阴去、阳去、阴入、阳入”八个调类。古代汉语的四声发展到今天，由于在普通话和方言中都还保留着比较整齐的对应关系，所以在划分调类时，仍旧沿用古代声调“平、上、去、入”以及“阴、阳”等名称。这样既可看出历史演变的轨迹，同时，还可以联系方言声调分类的体系，以便比较方言与普通话以及方言与方言的异同。就普通话而言，普通话声调与古汉语声调的关系可以从下表中看出来（“+”号表示古调类与普通话调类相对应，彼此一致；“-”号表示古调类在普通话调类中不复存在）。

古今调类比较表

古调类 \ 古清浊声母 \ 普通话调类				阴平	阳平	上声	去声
平声	阴调	古清声母字		+	−	−	−
	阳调	古浊声母字	次浊	−	+	−	−
			全浊	−	+	−	−
上声	阴调	古清声母字		−	−	+	−
	阳调	古浊声母字	次浊	−	−	+	−
			全浊	−	−	−	+
去声	阴调	古清声母字		−	−	−	+
	阳调	古浊声母字	次浊	−	−	−	+
			全浊	−	−	−	+
入声	阴调	古清声母字		+	+	+	+
	阳调	古浊声母字	次浊	−	−	−	+
			全浊	−	+	−	−

从上表可以看出，普通话的“阴、阳、上、去”四声是从古代四声“平、上、去、入”演变来的。这种演变除了和声调有关系以外，还和声母的清浊有关系。在普通话里，清音占绝大多数，浊音只有“m、n、l、ng、r”五

个，但在古代汉语里，浊音比较多。古代浊音有全浊与次浊之分。次浊声母是指鼻音 m、n、ng、边音 l 和半元音 i ［j］、u ［w］、ü ［y］；全浊声母是指在浊音中除了次浊以外的浊音声母，也就是指浊音的塞音、擦音、塞擦音。

从上表还可以看出，古平声清音字变成了现在普通话阴平，浊音字变成了阳平；古上声全浊声母字变成普通话的去声，其他上声字仍属上声；去声不动，古去声字在普通话里仍是去声；入声字全部派入到普通话的阴平、阳平、上声、去声四个调类里去了，所以普通话没有入声字。古代四声和普通话声调这种整齐的对应关系，为我们学习普通话提供了很有利的条件。这样，我们学习普通话声调时，就可以凭借这种对应关系，利用自己方言中的调类去推知普通话调类，辨正方言声调，只有少数声调例外的字才要一个个去记。

四、声调辨正

从淮北平原到皖南山区，安徽方言的声调，存在一定的差异。这种差异体现在两方面：一是安徽大多数县、市的方言有入声，有入声的方言区的人有入声字的改读问题；没有入声的方言区的人也有古入声字的辨认正音问题。一是部分县、市方言声调的调型同普通话相比有所不同。因此，我们学习普通话声调，纠正方言声调，就必须注意这两方面的问题。

1. 念准普通话四声调值，找出自己的方言声调和普通话的对应关系

念准普通话四声调值，是学好普通话声调的基础。普通话阴平、阳平、上声、去声四个调类，分别是一平、二升、三曲、四降四种调型。安徽省各县、市方言都有升、降两个调型，但部分县、市缺少平调或曲调。因此，就调型说，方言区的人注意普通话高平 55 调和降升 214 调两个调型的练习。尤其应注意的是：安徽省不少数县、市高升 35 调读不到位；多数方言的阴平是低降调（21 或 31），与普通话阴平的高平调 55 差异显著；有一部分方言的上声调值是 213。所以，就调值说，方言区的人应该更加注意普通话高平调、高升调和降升调的读法以及方音阴平、阳平、上声字的改读。

方言声调与普通话声调存在着对应关系。比如阜阳话（没有入声）四个调类：阴平、阳平、上声、去声，合肥话（有入声）五个调类：阴平、阳平、上声、去声和入声。这两地的阴、阳、上、去，也就是普通话的阴、阳、上、去（除去古入声字不计，两地阴、阳、上去各类所管的字，跟普通话阴、阳、上、去各类所管的字相同），只是具体读法不同，即调值不同。“诗、时、始、世”四字分别代表阴平、阳平、上声、去声。普通话的读音分别为 55、35、214、51 四种调值，阜阳话的读音分别为 212、55、24、53，合肥话的读音分别为 212、55、34、42。阜阳人和合肥人（一般地说，其他方言区的人也一样）可以用自己方言的“诗、时、始、世”的声调读音来类推其他字（古入声字在外）的声调类别。如“方、天、欺、知”的声调读音（调值）与

"诗"一致，就可以确定这些属于阴平调类；"房、田、棋、池"的声调读音（调值）与"时"一致，就可以确定这些字属于阳平调类；"访、点、起、耻"的声调读音（调值）与"始"一致，就可以确定这些字属于上声调类；"放、殿、气、志"的声调读音，即调值，与"世"一致，就可以确定这些字属于去声调类。然后，再按普通话的调值来读这些字就行了。

安徽方言声调和普通话声调对照表

表一：四个调类

调类 / 例字 / 调值 / 普—方	阴平	阳平	上声	去声
	天诗	人平	古老	世共
普通话	55	35	214	51
蚌埠话	212	55	24	53
淮北市话	212	55	24	53
阜阳市话	212	55	24	53
宿州市话	212	55	24	53

表二：五个调类

调类 / 例字 / 调值 / 普—方	阴平	阳平	上声	去声	入场
	天诗	人平	古老	世共	失实尺适
普通话	55	35	214	51	55 35 214 51
合肥话	212	55	34	42	4
淮南市话	212	45	24	52	55
马鞍山话	31	35	313	53	4
芜湖市话	31	35	213	53	5
铜陵话	21	35	313	52	55
安庆市话	55	11	53	35	13
滁州市话	21	35	11	53	5
巢湖市话	31	35	213	53	5
六安市话	213	55	24	41	5
宣州市话	31	35	324	53	4
贵池市话	44	24	213	52	35

表三：六个调类

调类 / 例字 / 调值 / 普一方	阴平			阳上	阳上	阴去	阳去	阴入			
	天诗			始	里是	太台	代	悉德匹设			
普通话	55	35	51	214	51	35	51	55	35	214	51
屯溪话	33			21	24	42	12	5			

表四：六个调类

调类 / 例字 / 调值 / 普一方	阴平	阳平	阴上		阳上	阴去	阳去		
	诗	时	实术始		是	世	失尺代		
普通话	55	35	51	214	51		55	214	51
太平话	33	24	45		21	33	35		

2. 入声字改读

安徽大多数县市的方言有入声。有入声的方言区的人有入声字的改读问题；没有入声的方言区的人也有古入声字的辨认正音问题。总之，大家对于入声字都应该加以注意。

入声是一个调类，“失、实、尺、力”等都是入声字。入声字在普通话里分别读成阴平（失）、阳平（实）、上声（尺）、去声（力）四个声调，所以普通话没有入声。安徽没有入声的方言，如阜阳话，入声分别归入阴平（失、实、力）和阳平（实）。安徽有入声的方言，如合肥话中“失、实、尺、力”等，入声仍旧自成一个调类，所以合肥话有阴平、阳平、上声、去声、入声 5 个声调。下面是合肥话、阜阳话、普通话调类对照表，从表中可以看出方言与普通话之间调类的对应关系。

安徽方言的入声韵有喉塞音［ʔ］收尾。塞音作韵尾，限制了字音的延缓拖长，形成了音节短促的特点。所以入声调叫做促声，跟促声相对待的阴平、阳平、上声、去声统称舒声。合肥等有入声的方言，字音有舒声、促声两大类；阜阳等没有入声的方言（古入声字读成舒声字）和普通话一样，只有舒声没有促声。

入声字改读的要求是：第一，促声改舒声——改变短促读法，让字音能延缓拖长；第二，辨字辨调——记认哪些是入声字并记住某字普通话读某调，如“失”读 55，“力”读 51。自己方言虽然没有入声，但由于入声字的归类跟普通话不一致，仍有辨字辨调的必要。

方言、普通话调类对照表

调类 / 例字 / 方—普	阴平	阴平	上声	去声	入声
合肥话	诗	时	耻	利	失实 尺力
阜阳话	诗 失尺力	时 实	耻	利	——
普通话	诗 失	时 实	耻 尺	利 力	——

从普通话语音看，能判断出来不是古入声字的有：

①全部鼻韵母的字；

②全部 uei 韵母的字；

③全部 zi、ci、si、er 各音节的字；

④chi 音节的字（只有“吃、尺、斥、赤、叱”等少数字是入声字）。

能够判断出来是古入声字的有：

①üe 韵母的字（只有“瘸、靴”不是）；

②全部 fa 音节的字。

方言不论有入声没有入声，都有辨调的问题。合肥人要把方音里的入声字、阜阳人要把方音里阴平调类中的古入声字，分别读成普通话的阴、阳、上、去，都少不了个别记忆。入声字分别归入普通话四声，据粗略统计，600个左右常用的古入声字，归去声的最多（约占 52%），其次是阳平（约34%）、阴平（约 10%），归上声的最少（约 4%）。

从普通话语音看，能够判断出入声字可以归的是哪一类的有：

①声母为 m、n、l、r 或零声母时，现在一般读去声。如“亦、役、逸”读 yì，“物”读 wù，“沃、握”读 wò，“木、目、牧、睦”读 mù，“麦、脉”读 mài。“纳、捺”读 mà，“列、猎、劣”读 liè，“热”读 rè，“若、弱”读 ruò，“日”读 rì。

②声母为 b、d、g、j、zh、z 的入声字多数归阳平；

③声母为 p、t、k、q、ch、c 的入声字多数归去声。

以上所说只是大致情况。要准确辨字辨调，还要看附录二《入声字表》。

【思考与练习】

1. 读准下列词语的声调。

阴阴：分工　中央　军官　功勋　交通　飞机　星期　音标　刊登　资金

阴阳：工人　光芒　忽然　音节　中国　包含　英雄　宣传　批评　观摩
阴上：真理　思考　推理　参考　工厂　浇水　开水　针灸　欣赏　烧火
阴去：经验　工具　机械　工作　脱粒　翻地　吃饭　音乐　鸡蛋　书架
阳阴：淮阴　崇高　行星　红花　农村　镰刀　船舱　晴天　棉衣　房间
阳阳：和平　时常　轮流　船头　棉田　红旗　黎明　农民　联盟　言行
阳上：锄草　油桶　糖果　苹果　牛奶　棉袄　狭窄　营养　谜语　团长
阳去：革命　文化　学术　文件　实验　原料　劳动　食物　牛肉　毛裤
上阴：火车　老师　北方　指标　雨衣　小说　海军　体操　港湾　酒精
上阳：口形　朗读　古文　考察　改革　旅行　祖国　果园　岭南　铁锤
上上：搞好　举手　指导　讲演　本领　首长　总理　保险　勇敢　友好
上去：土地　柳树　打破　稿件　钮扣　典范　广大　巩固　妥善　努力
上轻：耳朵　谷子　姐姐　姥姥　马虎　椅子　打手　软和　老爷　哪里
去阴：卫星　电灯　日光　陆军　月刊　特征　步枪　列车　兽医　辣椒
去阳：汽油　辟谣　麦苗　贵阳　药丸　皱纹　种植　会谈　晋南　近年
去上：入伍　跳舞　制止　探讨　字母　汉语　字典　历史　地理　电影
去去：遍地　扩大　论调　地道　贺信　注意　示范　大会　议案　照相
阴阴阴：拖拉机　金沙江　机关枪　公积金　冬瓜汤　星期天　空心砖
阳阳阳：联合国　儿童节　洪泽湖　颐和园　男同学　园林局　遗传学
上上上：展览馆　选举法　手写体　蒙古语　洗脸水　苦水井　小拇指
去去去：促进派　备忘录　烈士墓　售票处　运动会　赤卫队　对立面
阴阳上去：花红柳绿　山明水秀　风调雨顺　飞禽走兽　英明果断
去上阳阴：大好河山　热火朝天　妙手回春　字里行间　万古流芳

2. 练习下面入声字词语读音

复辟　驳斥　碧绿　特别　督促　摸索　发达　决裂　刻薄　恶劣
节约　压迫　食物　适合　一切　积极　毕业　寂寞　脉搏　魄力
目的　确实　学习　掠夺　缺乏　没落　沐浴　畜牧　屈服　末日
出发　虐疾　哭泣　热烈　直接　乐曲　侠客　克服　狭窄　阅读
祝福　剥削　泼辣　迫切　抹煞　秘密　激烈　绿色　烈属　突出
略说　接洽　接触　七八　失业　日益　作业　压力　压缩　劣迹
勒逼　立刻　作息　束缚　勒索　法律　日出

第四节　音　变

人们在说话或朗读时，并不是一个音节一个音节地“蹦”着说或读的，而是一个音节“接”着一个音节“连”着说或读的。由于连续发音，邻近音节的音素或声调互相影响，音节的原来读音就可能发生这样或那样的变化，这种变化叫做音变。

音变是一个语音系统的重要特征，普通话常见的音变现象有变调、轻声、儿化和语气词“啊”的变化。

一、变调

1. 上声变调

上声在阴平、阳平、上声、去声前都会产生变调，读完全的上声原调的机会很少，只有在单念或处在词语、句子的末尾才有可能读原调。

（1）上声在阴平、阳平、去声、轻声前，即在非上声前，丢掉后半段“14”上升的尾巴，调值由214变为半上声211，变调调值描写为214→211。例如：

上声+阴平：百般 bǎibān　　摆脱 bǎituō　　保温 bǎowēn
　　　　　省心 shěngxīn　　警钟 jǐngzhōng　　火车 huǒhē
上声+阳平：祖国 zǔguó　　旅行 lǚxíng　　导游 dǎoyóu
　　　　　改革 gǎigé　　朗读 lǎngdú　　考察 kǎochá
上声+去声：广大 guǎngdà　　讨论 tǎolùn　　挑战 tiǎozhàn
　　　　　土地 tǔdì　　感谢 gǎnxiè　　稿件 gǎojiàn

上声在轻声前大部分调值也变成半上声211。例如：矮子、斧子、奶奶、姐姐、尾巴、老婆、耳朵、马虎、口袋、伙计。少数变为35，如：哪里、打手、捧起、手里、等等、打点等。

（2）两个上声相连，前一个上声的调值变为35。实验语音学从语图和听辨实验证明，前字上声、后字上声构成的组合与前字阳平、后字上声构成的组合在声调模式上是相同的，说明两个上声相连，前字上声的调值变得跟阳平的调值一样。变调调值描写为214→35。例如：

上声+上声：懒散 lǎnsǎn　　手指 shǒuzhǐ　　母语 mǔyǔ
　　　　　广场 guǎngchǎng　　简短 jiǎnduǎn　　粉笔 fěnbǐ

（3）三个上声相连的变调：三个上声音节相连，如果后面没有其他音节，也不带什么语气，末尾音节一般不变调。开头、当中的上声音节有两种变调：

①当词语的结构是“双单格”时，开头、当中的上声音节调值变为35，跟阳平的调值一样，例如：

手写体 shǒuxiětǐ　　展览馆 zhǎnlǎnguǎn　　管理组 guǎnlǐzǔ
洗脸水 xǐliǎnshuǐ　　水彩笔 shuǐcǎibǐ　　打靶场 dǎbǎchǎng

②当词语的结构是“单双格”，开头音节处在被强调的逻辑重音时，读作“半上”，调值变为211，当中音节则按两字组变调规律变为35。例如：

党小组 dǎngxiǎozǔ　　冷处理 lěngchǔlǐ　　耍笔杆 shuǎbǐgǎn

纸老虎 zhǐlǎohǔ　　老保守 lǎobǎoshǒu　　小拇指 xiǎomǔzhǐ

2. “一”、“不”的变调

普通话还有“一”“七”“八”“不”的变调。由于普通话中“七”“八”已经趋向于不变调，学习普通话只要求掌握“一”“不”的变调。“一”的本调是阴平 55，“不”的本调是去声 51，在单念或处在词句末尾的时候，不变调。

“一”有两种变调：

①在去声音节前调值变为 35，跟阳平的调值一样。（以下“一”字标变调）例如：

一半 yíbàn　　一旦 yídàn　　一定 yídìng

一度 yídù　　一概 yígài　　一共 yígòng

②在阴平、阳平、上声前，即在非去声前，调值为 51，跟去声的调值一样。例如：

阴平前：一般 yìbān　　一边 yìbiān　　一端 yìduān　　一经 yìjīng

一瞥 yìpiē　　一生 yìshēng　　一天 yìtiān　　一些 yìxiē

阳平前：一连 yìlián　　一齐 yìqí　　一时 yìshí　　一同 yìtóng

一头 yìtóu　　一行 yìháng　　一直 yìzhí　　一群 yìqún

上声前：一口 yìkǒu　　一览 yìlǎn　　一起 yìqǐ　　一手 yìshǒu

一体 yìtǐ　　一统 yìtǒng　　一早 yìzǎo　　一准 yìzhǔn

当“一”作为序数表示“第一”时不变调。

“不”字只有一种变调。当“不”在去声音节前调值变为 35，跟阳平的调值一样。（以下“不”字标变调）例如：

不必 búbì　　不变 búbiàn　　不测 búcè　　不错 búcuò

不待 búdài　　不要 búyào　　不但 búdàn　　不定 búdìng

当“一”嵌在重叠的动词之间，“不”夹在动词或形容词之间、夹在动词和补语之间时，一般读轻声。例如：听一听、学一学、写一定、看一看、穿不穿、谈不谈、去不去、会不会、缺不缺、红不红、好不好、大不大、看不清、起不来、拿不动、打不开。

3. 部分形容词重叠的变调

(1) AA 式的变调

单音节形容词重叠后儿化时，第二个音节不论本调是什么，往往读成 55 调值，即阴平调，例如：

慢慢儿 mànmānr　好好儿 hǎohāor　早早儿 zǎozāor

(2) ABB 式、AABB 式的变调

ABB 式形容词，后两个叠字音节的声调调值多变为阴平调 55。例如：

黑黝黝 hēiyōuyōu　　笑盈盈 xiàoyīngyīng　　亮堂堂 liàngtāngtāng

火辣辣 huǒlālā　　沉甸甸 chéndiāndiān　　红彤彤 hóngtōngtōng

AABB 式形容词重叠后，第二个音节变为轻声，第三、四个音节往往也读成 55 调值，即阴平调，例如：

热热闹闹 rèrenāonāo　　破破烂烂 pòpolānlān
慢慢腾腾 mànmantēngtēng　　马马虎虎 mǎmahūhū
明明白白 míngmingbāibāi　　稳稳当当 wěnwendāngdāng

二、轻声

1. 什么是轻声

轻声是指在一定条件下，音节失去其原来的声调，读成又轻又短的调子。例如：哥哥、婆婆、姐姐、弟弟。

轻声是一种复杂的语音现象，它涉及到音强、音长、音高和音质四个方面。一般说来，轻声音强比较弱，音长比较短，音高则由前面的音节的声调所决定，大体情形如下：

阴平字+轻声字→2（半低）桌子　星星　吃着　酸的
阳平字+轻声字→3（中）馒头　德性　梨子　红的
上声字+轻声字→4（半高）椅子　码头　喜欢　美的
去声字+轻声字→1（低）面子　看头　绿的　护士

轻声在音色方面的影响，可以表现在声母和韵母上：

（1）声母方面表现为使不送气的清塞音、塞擦音浊化，如：“哥哥”[kək] 变为 [kəg]，“我的”[uot] 变为 [uod]。

（2）韵母方面表现为元音央化和失落。央化的例子如“棉花”[mianhuA] 变为 [mianhə]，失落的例子如“豆腐”[toufu] 变为 [touf]。

2. 轻声词

一般地说，任何一种声调的字，在一定的条件下，都可以失去原来的声调，变读轻声，但是新词、科学术语一般没有轻声音节，口语中的常用词，才有读轻声音节的（参见附录四《常用必读轻声词表》）。

下面的一些成分在普通话中一般读轻声：

（1）助词

①结构助词“的、地、得”（de）。如：伟大的祖国　高兴地走了　红得很

②动态助词“着（zhe）、了（le）、过（guo）”。如：进行态“着”：吃着、玩着；完成态“了”：吃了、玩了；过去态“过”：吃过、玩过。

③语气助词

陈述语气：的、了，如：这事很重要的。这太重要了。

疑问语气：吗（ma）、呢（ne），如：你好吗？为什么不回来呢？

感叹语气：啊（呀、哇、哪）如：真差啊！出大事了啊！

祈使语气：吧，如：快走吧！你来吧！

（2）方位名词

①单纯的（单音的）：上、下、里、面、头、边等。如：上面、下边、里头、桌上、床下、树上、底下……

②合成的（双音节的）：上面、下边、里头、外面等。如：桌子上面、椅子下面、房间里头、房屋外面……

（3）趋向动词

①单纯的（单音的）：上、下、来、去、出、回等。如：走上、走下、起来、回来、走出、赶回……

②合成的（双音节的）：上来、下来、起来、回去、进来、起来等。如：走回去、跑进来、跑出去……

（4）后缀、中缀（子、儿、头、么、乎、巴、们、里、不……）

如：桌子、花儿、馒头、什么、在乎、下巴、石匠、我们、稀里糊涂……

（5）重叠动词、重叠名词的第二个音节以及动词重叠后的第二、四个音节

①重叠名词：如：爸爸、爷爷、星星、娃娃、宝宝、框框……

②重叠动词：如：看看、读读、写写、笑笑……

③动词重叠：研究研究、讨论讨论……

（6）某些量词（个、些等）

如：某个人、拿些纸、打瓶水、写封信……

（7）某些双音节词的第二个音节

如：马虎、苍蝇、刺猬、甘蔗、高粱、寒碜、狐狸、麻烦、磨蹭、白净、讲究、交情、近视、菱角、云彩、造化、做作……（详见附录三《常用必读双音节轻声词语表》）

三、儿化

1. 什么是儿化

普通话以北方话为基础方言。儿化现象则是北方话的重要特点，它主要由词尾“儿”变化而来。

词尾“儿”本是一个独立的音节，由于口语中处于轻读的地位，长期与前面的音节流利地连读而产生音变，“儿”（er）失去了独立性，“化”到前一个音节上，只保持一个卷舌动作，使两个音节融合成一个音节，前面音节里的韵母或多或少地发生变化。这些语音现象就是“儿化”。我们把这些带有卷舌色彩的韵母称作“儿化韵”。由此可见，“儿”不是一个单独

的音节，只是在一个音节的末尾附上的卷舌动作，使这个音节的韵腹、韵尾发生变化，成为儿化韵，声母和韵头一般没有影响，故儿化的基本性质就是卷舌动作。

儿化音节是两个汉字表示一个音节，读时读成一个音节，拼写时在原来的韵母后面加上一个字母“r”；“-r”是儿化韵的标志性符号，不能把它作为一个音素看待，如花儿——huār。

2. 儿化音变的规律

普通话的39个韵母，除本身是卷舌韵的er外，理论上都可以儿化，但口语中韵母ê、ueng未见儿化词，实际只有36个韵母可以儿化。这36个韵母在读儿化韵时，为便于卷舌常会出现一些音变。其音变规律如下：

（1）原韵母不变，只加卷舌动作或er

①韵母或韵尾是a、o、e、u、ê，不变，加卷舌动作。

这些都是舌位较低的央后位元音，口腔中有足够的卷舌空间，对做卷舌动作没什么阻碍，所以几乎不发生音变，只需要直接附加上卷舌动作就形成自然的儿化韵，卷舌的动程不大，故较好发。例如：号码儿（mǎr）　大伙儿（huǒr）　唱歌儿（gēr）　拈阄儿（jiūr）　台阶（jiēr）

②韵母是i、ü，不变，加er。

因为i、ü都是前位高位元音，口腔内没有足够大的卷舌空间，故须在i、ü后面加er才能完成自然的卷舌动作，卷舌的动程较大。例如：小鸡儿（jīr）　嘴皮儿（pír）　毛驴儿（lǘr）　小曲儿（qǔr）

（2）丢韵尾，再加卷舌动作

①韵尾是-i（ai、ei、uai、uei）、-n（8个前鼻音），丢掉韵尾，再加卷舌动作。

-i、-n都是前位、高位元音，不便卷舌。特别是-n，是辅音韵尾，舌尖抵住上齿龈，不丢掉，无法卷舌，故前鼻音儿化时也要丢掉韵尾，使不再有鼻音色彩。例如：小孩儿（háir）　一块儿（kuàir）　好玩儿（wánr）　聊天儿（tiānr）

②韵尾是-ng（8个后鼻音），丢掉-ng，加卷舌动作，同时前元音鼻化

-ng是鼻辅音，发音时，口腔是关闭的，不丢掉-ng，儿化的音从口腔中出不来。另外，后鼻韵母的韵腹和韵尾之间由于动程较长，在口音向鼻音转化的过程中，元音有一个较长的鼻化过程。故后鼻韵母儿化音变时，在丢掉韵尾-ng附加卷舌动作的同时，有一个韵腹的鼻化过程，因此整个儿化韵仍然有鼻音色彩。所以在听感上前后鼻音在儿化音变后依然有着显著的区别。例如：电影儿（yǐngr）起名儿（míngr）　小虫儿（chóngr）　鼻梁儿（liángr）

（3）韵母是-i（前）、-i（后），丢掉-i（前）、-i（后），加er。

这两个也是前位、高位元音，丢掉它，便于儿化，但它们处于韵腹位置，丢掉-i（前）、-i（后），改变原音节四呼的关系，故须加 er。例如：名词儿（cír）　瓜子儿（zǐr）　没事儿（shìr）　树枝儿（zhīr）

儿化在普通话里，不仅仅是语音现象，还跟词汇和语法有密切的联系，它具有区别词义（例如：头—头儿）、区别词性（例如：盖—盖儿）、表示细小、轻微的状态和性质（例如：小鱼儿）和表示感情色彩（例如：孩—孩儿）的作用。

普通话中也有许多词是习惯性儿化，并没有什么特别的作用，尤其是在口语当中，要特别注意现代汉语中常用的必读儿化词（参见附录四《普通话测试用常用儿化词表》）。

四、语气词“啊”的音变

语气词“啊”单独发音时就是一个“ɑ”，但它用得更多的还是用在一个句子的末尾或一系列词的中间，这时候它的读音就要受到前面一个音节最后一个音素的影响而发生变化。

“啊”的音变有以下几条规律：

（1）前面音节的末尾音素是 ɑ、o、e、ê、i、ü 时，“啊”读作“yɑ”，汉字可以写作“呀”。例如：满桥豪笑满桥歌啊！好大的雪啊！

（2）前面音素是 u 或韵母是 ɑo、iɑo 时，“啊”读作“wɑ”，汉字可写作“哇”。例如：太阳他有脚啊！为什么偏白白走这一遭啊？

（3）前面音素是 n，“啊”读作“nɑ”，汉字可写作“哪”。例如：小心啊！我好羡慕他们啊！

（4）前面音素是 ng，“啊”读作“ngɑ”，汉字仍可写作“啊”。例如：人和动物都一样啊！唱啊唱！

（5）前面音素是-i［ʅ］和 er 时，“啊”读作“rɑ”，汉字仍写作“啊”。例如：是啊！

（6）前面音素是-i［ɿ］时，“啊”读作“zɑ”，汉字仍写作“啊”。例如：人生会有多少个第一次啊！

五、普通话词的轻重音格式

轻重音表现在词和语句里，词的轻重音是最基本的。根据普通话词的语音结构，可把普通话词的轻重音细分为四个等级，即：重音、中音、次轻音、最轻音（即轻声）。

重音，即词的重读音节。普通话中双音节、三音节、四音节词处在末尾的音节大多读作重音。重音音节一般情况下不产生变调。例如：法律、国家、东道主、大同小异。

中音，即不强调重读也不特别轻读的一般音节，也可称为“次重音”。例如：法律、汽车、讲台。

次轻音，即比中音略轻，比轻声略重，声调受到影响，调值不够稳定，但调形的基本特征仍然依稀可辨。例如：爱护、爱好、博士、比喻、青霉素、轻音乐、二氧化碳。

最轻音，即特别轻读的音节，也就是普通话中的轻声音节。比正常重读音节的音长短得多，完全失去原调调值，重新构成自己特有的调值。轻声绝大多数出现在双音节词后一个音节，例如：媳妇、胡琴。

普通话词的多音节语音结构中，“次轻音”、“最轻音”不会出现在第一个音节，“最轻音”一般不出现在中间的音节。

普通话词的轻重音格式主要有以下几种：

1. 单音节词的轻重音格式

单音节词绝大多数重读，只有少数固定读作次轻音或最轻音。例如语气词就固定读轻声。

2. 双音节词的轻重音格式

（1）中·重——前一个音节读中音，后一个音节读重音。双音节绝大多数是这种格式。例如：伟大、山村、霹雳、生病、水准。

（2）重·次轻——前一个音节读重音，后一个音节读次轻音。这种格式是普通话训练中的一个难点。如果我们在朗读和说话中把这种格式读作“中、重”，会感觉到生硬或语感差。要把普通话说得纯正自然，就要注意这种格式的词语的读音。例如：爱惜、傲气、办法、才气、臭虫、分析、干部、交际、军人、战士、老虎、女儿、穷人、诗人、顺序、天气、探戈、伦巴、艺术、农民、批评、错误。

（3）重·最轻（轻声）——前一个音节读重音，后一个音节读轻声，例如：孩子、石头、哑巴、状元、琢磨、祖宗（详见附录三《常用必读双音节轻声词语表》）。

3. 三音节词的轻重音格式

（1）中·次轻·重——末尾的音节读重音，而一个音节读中音，中间的音节读次轻音。大多数三音节词都是这种格式。如：西红柿、天安门、生命力、普通话、共和国。

（2）中·重·最轻——这种格式在音节中占少数。其中有的相当于双音节“重·最轻”格式前加上一个限制修饰成份或词缀。有的相当于双音节“中重”格式后加一个轻读的词缀。如：胡萝卜、小家伙、老头子、小伙子、同学们、老乡们。

（3）重·最轻·最轻——这种格式相当于双音节“重·最轻”格式后加上一个轻读的词缀，这种格式的三音节词数量较少。如：姑娘们、朋友们、娃娃们、孩子们。

4. 四音节词的轻重音格式

(1) 中 · 次轻 · 中 · 重——这种格式在四音节词中占绝大多数，包括四字成词在内。如：二氧化碳、万紫千红、司空见惯、一马当先。

(2) 中 · 次轻 · 重 · 最轻——这种格式在四音节中占极少数。如：如意算盘、外甥媳妇（儿）。

五个音节以上的，大多是词组（短语），可以划分为双音节、三音节、四音节，参照上面的格式来读。

【思考与练习】

1. 上声变调训练：

(1) 朗读词语

上 · 阴：产生　纺织　打击　眼光　北方　小心　主观　紧张

上 · 阳：祖国　羽绒　可能　改革　口才　考查　保持　果茶

上 · 去：努力　主任　马上　宇宙　广泛　赶快　款式　等待

上 · 上：冷饮　品种　取暖　手表　水果　老板　尽管　美好

可以　厂长　勇敢　只好　广场　勉强　也许　采取

上 · 上 · 上：（双单格）洗脸水　展览馆　水彩笔　蒙古语　选举法

手写体　（单双格）纸雨伞　冷处理　很理想　好导演

搞管理　耍笔杆　上 · 轻：老爷　脑子　老实　显得

嫂子　我们　你们　母亲

(2) 朗读句子

①我很理解你。

②小吕，请你给我打点儿洗脸水。

③展览馆里有好几百种展览品。

④老李请你给我买几把小雨伞。

2. "一"、"不" 音变训练：

"一"：一一百一十一　一一得一　第一　始终如一　一半　一次

一定　一共　一个　一律　一切　一边　一家　一筐　一生

一天　一心　一连　一年　一齐　一时　一条　一直　一举

一口　一捆　一起　一手　一种

"不"：不安　不低　不高　不慌　不惜　不需　不长　不成　不忙

不能　不平　不行　不倒　不短　不仅　不久　不小　不许

不必　不便　不断　不对　不够　不顾　不愧　不料　不论

不怕　不是　不要

3. 轻声训练：

扁担	簸箕	部分	苍蝇	柴火	抽屉	耽误	队伍
风筝	规矩	胡琴	脊梁	咳嗽	麻烦	名堂	暖和
铺盖	拾掇	妥当	先生	钥匙	冤家	月亮	云彩
帐篷	招呼	折腾	指望	嘱咐	庄稼	祖宗	琢磨
打算	大方	得罪	提防				

4. 儿化韵训练：

包干儿	茶馆儿	差点儿	大伙儿	大婶儿	灯泡儿
老伴儿	年头儿	人影儿	小说儿	笑话儿	一会儿
一块儿	打盹儿	旦角儿	豆芽儿	逗乐儿	饭馆儿
好玩儿	胡同儿	老头儿	聊天儿	没准儿	门洞儿
面条儿	模特儿	纳闷儿	嗓门儿	石子儿	手绢儿
玩意儿	心眼儿	雨点儿	把儿	那儿	哪儿
这儿	馅儿	眼儿			

5. 语气词“啊”音变训练

（1）这些孩子们啊，真可爱啊！你看啊，他们多高兴啊！又背诗啊，又画画儿啊，又唱歌啊，又跳舞啊，他们是多么幸福啊！

（2）菜市场里的货真全啊！什么鸡啊、鱼啊、肉啊、盐啊、酱啊、粉丝啊、腊肠啊、真是应有尽有啊！

第五节　多音字、形近字、异读词的正音规范

汉字是表意文字，字数繁多，结构复杂，其认读难度较大。加之一字多音、形体相似的情况相当普遍，就更增加了它的认读难度。在词汇方面，汉语中一词多音的现象往往也会造成读音不规范。学习普通话，除了要保证普通话语音系统的正确性外，还必须认真辨记常用汉字和常用词语，尤其是多音字、形近字和异读词，掌握规范读音。

一、多音字的正音规范

多音字又叫多音多义字，即字形相同、字音字义不同的字。如在“效率（lǜ）”和“率（shuài）领”、“重量（liàng）”和“量（liáng）具”、“朝（zhāo）霞”和“朝（cháo）鲜”等词语中的“率”、“量”、“朝”就是多音字。常用汉字中有300多个多音字。多音字的存在给掌握普通话正确规范

的读音，增加了不小的难度。为了防止误读，必须下功夫去辨记。

多音字的辨读需要注意以下几点：

1. 要避免把罕用音读为常用音

在以下的例字中，前一个音为常用音，后一个音为罕用音，应予辨记。

创—chuàng 创造　开创　　度—dù 温度　尺度　　打—dǎ 打击　打扫
　chuāng 创伤　重创　　　duó 揣度　　　　　　dá 一打（量词）
恶—è 凶恶　　叨—dāo 叨念　唠叨（轻）　　勾—gōu 勾结
　wù 好恶　　　tāo 叨教　叨扰　　　　　　　gòu 勾当
读—dú 读书　　哈—hā 笑哈哈　哈腰　　汗—hàn 汗水
　dòu 句读　　　hǎ 哈巴狗　哈达　　　　hán 可汗
省—shěng 省份　省略　　喝—hē 喝水　　体—tǐ 身体　体会
　xǐng 省悟　　　　　　　hè 喝彩　　　　tī 体己
和—hé 和平　和气　　要—yào 重要　需要　　解—jiě 解决　解放
　hè 附和　和诗　　　　yāo 要求　要挟　　　jiè 解送　押解
遗—yí 遗失　　禁—jìn 禁止　禁闭　　与—yǔ 我与他　赠与
　wèi 遗赠　　　jīn 禁受　禁不住　　　yù 参与　与会
宁—níng 安宁　宁静　　中—zhōng 中间　　　奇—qí 奇怪　奇迹
　nìng 宁可　　　　　　zhòng 中毒　中计　　jī 奇数

2. 姓氏和专名中的特殊读音，不能按一般常用音类推

例如：

过 Guō　朴 Piáo　解 xiè　哈 hǎ　仇 Qiú　燕 Yān　华 Huà　单 Shàn
员 yún/Yùn　缪 Miào　任 rén　查 zhā　区 Ōu

3. 几个常用音，要避免相互混淆

（1）不同读音有区分词性的作用，多为名词性和动词性（词或语素）的区别。例如：

处—chù（名）处所　处长　　　　缝—fèng（名）缝隙
　chǔ（动）处理　　　　　　　　fèng（动）缝补
畜—chù（名）牲畜　　　　　　　更—gēng（动）更改　更换
　xù（动）畜牧　　　　　　　　gèng（副）更加　更美
担—dàn（名）担子　　　　　　　冠—guān（名）衣冠　鸡冠
　dān（动）承担　担戴　　　　　guàn（动）冠军
弹—dàn（名）子弹　弹弓　　　　行—háng（名）银行　行款
　tán（动）弹琴　弹簧　动弹（轻声）　xíng（动）行为　进行
的—de（助）我的　吃的　　　　假—jià（名）请假　暑假
　dì（名）目的　　　　　　　　jiǎ（形）真假
地—de（助）认真地读书　　　　了—le（助）来了　完了

dì（名）土地　地区

笼—lóng（名）鸟笼

lǒng（动）笼罩

散—sǎn（形）松散　散漫

sàn（动）解散　散布

殖—shi（名）骨殖（轻）

zhí（动）生殖　殖民

为—wèi（介）为了　为什么　因为

wéi（动）作为　为学

liǎo（动）了断　了解

兴—xìng（名）兴趣　兴致

xīng（动）兴奋　兴旺　时兴　兴起

种—zhǒng（名）种子

zhòng（动）种地

钻—zuàn（名）钻石　钻头

zuān（动）钻研　钻孔

（2）不同读音表示事物在程序、性状、关系上的差异。例如：

当—dāng 当时　当天　当年（从前那一时候）

dàng 当时　当天　当月　当年（在同一时间里）

肚—dù 肚子（腹部）

dǔ 猪肚　鱼肚（动物的内脏器官、胃）

供—gōng 供销　提供（准备东西给用）

gòng 供品　上供（祭祀用语）　招供　口供（回答审问）

吐—tǔ 吞吐　吐痰（自我能控制的排出）

tù 呕吐　吐血（不能控制的喷出）

应—yīng 应当　应该　应届　应名儿（该、当）　应声　应许　应允（答应、同意）

yìng 应酬　应付　应邀　应用　应声（回声、反馈、接受等）

转—zhuǎn 转身　转移　旋转　好转　转动（改变方向或情执）

zhuàn 转轴　转椅　转动（围绕物体或圆心作圆周运动）

二、形近字的正音规范

许多汉字字形复杂、形体相像。有偏旁相同的，有偏旁近似的，也有整体相似个别笔画有差异的。我们把这些统称形近字。辨别形近字的正确读音要注意以下几点：

第一，许多形声字的声旁已不能准确表音，要避免因“一字读半边”而造成的误读。现将常用的这类字列举如下（以声母表为序，括号内是容易误读的音）：

稗 bài（bēi）	迸 bèng（bìng）	婢 bì（bēi）
愎 bì（fù）	濒 bīn（pín）	湃 pài（bài）
畔 pàn（bàn）	脬 pāo（fú）	庖 páo（bāo）
疱 pào（bāo）	怦砰 pēng（píng）	瞥 piē（bì）

霾 mái（lí） 懑 mèn（mǎn） 沸 fèi（fù）
鞑 dá（dàn） 玷 diàn（zhàn） 淀 diàn（dìng）
恫 dòng（tóng） 挞 tà（dà） 獭 tǎ（lài、lǎn）
傥 tǎng（dǎng） 绦 tāo（tiáo） 倜 tì（zhōu）
汀 tīng（dīng） 彤 tóng（dān） 臀 tún（diàn）
唾 tuò（chuí） 呶 náo（nú） 拟 nǐ（yǐ）
昵 nì（ní） 蔫 niān（yān） 岚 lán（fēng）
凛 lǐn（bǐn） 缕 lǚ（lǒu） 履 lǚ（fù）
忾 kài（qì） 瞰 kàn（gǎn） 恪 kè（gè）
铿 kēng（jiān） 酷 kù（gào） 脍 kuài（huì）
岿 kuī（guī） 酣 hān（gān） 徊 huái（huí）
涸 hé（gù） 麾 huī（máo） 畸 jī（qí）
歼 jiān（qiān） 锩 juān（jùn） 镌 juān（jùn）
掮 qián（jiān） 锵 qiāng（jiāng） 楔 xiē（qì）
酗 xù（xiōng） 绚 xuàn（xún） 衅 xìn（bàn）
绽 zhàn（dìng） 砧 zhēn（zhān） 臻 zhēn（qín）
滞 zhì（dài） 拯 zhěng（chéng） 掣 chè（zhì）
瞠 chēng（táng） 笞 chī（tái） 憧 chōng（tóng）
摄 shè（niè） 枢 shū（qū） 墅 shù（yě）
涮 shuàn（shuā） 吮 shǔn（yǔn） 滓 zǐ（zǎi）
糙 cāo（zào） 淙 cóng（zōng） 簇 cù（zú）
蹙 cù（qī） 蹴 cù（jiù） 瘁 cuì（zù）
缫 sāo（cháo） 瑟 sè（bì） 蛳 sī（shī）
塑溯 sù（shuò） 悚 sǒng（shù） 隘 ài（yì）
莠 yǒu（xiù） 贻 yí（tái） 屹 yì（jì）
诣 yì（zhǐ）

第二，有些形声字虽然偏旁相同，但读音并不一样，不能一概用熟字的读音来类推有相同偏旁的生字的读音，要避免因“盲目类推”而造成的误读。常用的这类字列举如下（以声母为序，括号内为易被类推的字和读音）：

胞 bāo（pào 泡） 砭 biān（biǎn 贬）
跛 bǒ（pō 坡） 捕哺 bǔ（pǔ 浦）
咆 páo（bào 抱） 袂 mèi（jué 决）
娩 miǎn（wǎn 晚） 蓦 mò（mù 幕）
拂 fú（fó 佛） 殆 dài（yí 贻）
谛蒂缔 dì（tí 蹄） 滇 diān（tián 填）

咄 duō（zhuō 拙）
恬 tián（guā 刮）
湍 tuān（chuǎn 喘）
匿 nì（nuò 诺）
砾 lì（shuò 烁）
裸 luǒ（kē 棵）
犷 guǎng（kuàng 矿）
舸 gě（kē 柯）
吭 kēngháng（kàng 炕）
劾阂 hé（hái 孩）
踝 huái（hé 核）
汲 jí（xī 吸）
矫 jiǎojiáo（qiáo 桥）
粳 jīng（gěng 梗）
堑 qiàn（zàn 暂）
绮 qǐ（yǐ 倚）
阕 què（kuí 葵）
骁 xiāo（ráo 饶）
陉 xíng（jìng 径）
湛 zhàn（kān 堪）
圳 zhèn（xùn 训）
伥 chàng（zhàng 帐）
嗔 chēn（tián 填）
惆 chóu（diāo 碉）
辍 chuò（zhuì 缀）
擅 shàn（tán 檀）
谆 zhūn（chún 淳）
嘈 cáo（zāo 糟）
唆 suō（jùn 俊）
韦 wéi（wěi 伟）
垣 yuán（héng 恒）
愉 yú（yù 愈）
皑 ái（kǎi 凯）
蕴 yùn（wēn 温）
踱 duó（dù 度）
迢 tiáo（chāo 超）
挠 náo（ráo 娆）
懦糯 nuò（rú 儒）
赂 lù（luò 洛）
掠 lüè（liàng 谅）
诡 guǐ（wéi 桅）
觥 gōng（huǎng 恍）
骸 gái（hé 核）
怙 hù（kū 枯）
讳 huì（wěi 伟）
浃 jiā（jiá 荚）
厩 jiù（gài 溉）
浸 jìn（qīn 侵）
畦 qí（wā 洼）
悛 quān（jùn 俊）
呷 xiā（yā 押）
檄 xí（jī 激）
沼 zhǎo（shào 绍）
箴 zhēn（jiān 缄）
阐 chǎn（shànchán 禅）
怅 chàng（zhàng 胀）
炽 chì（zhī 织）
椽 chuán（yuán 缘）
歃 shà（chā 插）
冗 róng（chén 沉）
噪燥躁 zào（cāo 操）
怂 sǒng（zòng 纵）
嗾 sǒu（cù 簇）
侮 wǔ（huǐ 悔）
谒 yè（jiē 揭）
龈 yín（gēn 根）
遏 è（jié 竭）

第三，许多汉字在形体上差别很小，要避免“按形定音”而造成的误读。

例如：

拨 bō　拔 bá

响 xiǎng　晌垧 shǎng

勺 sháo　匀 yún　勾 gōu　句 jù　旬 xún　甸 diàn

己 jǐ　已 yǐ　巳 sì

允 yǔn　兄 xiōng　兑 duì　充 chōng　免 miǎn　兔 tù

戊 wù　戍 shù　戌 xū　钺 yuè　戎 róng　戒 jiè

欠 qiàn　坎 kǎn　炊吹 chuī　欣 xīn

亘 gěn　恒 héng　桓 huán　垣 yuán

折 shézhézhē　拆 chāi　析 xī　柝 tuò　诉 sù　沂 yí　斫 zhuó　祈 qí

凌 líng　棱 lénglíng　唆梭 suō　悛 quān　浚俊竣 jùn

湍 tuān　揣 chuāichuǎichuài　惴 zhuì　瑞 ruì　端 duān　踹 chuài

喘 chuǎn

戕 qiāng　戟 jǐ　戡 kān　戳 chuō　戮 lù

灸 jiǔ　炙 zhì

盅 zhōng　盎 àng　蛊 gǔ

徒 tú　陡 dǒu　徙 xǐ

赡 shàn　瞻 zhān　檐 yán

三、异读词的正音规范

所谓异读词是指字形字义完全相同，只是读音不同的词或词素。例如“倾向”的“倾”，有人念作 qīng（青），有人念作 qǐng（请），而这两种念法并没有意义上或用法上的不同，那么“倾向”一词就是异读词。

异读词是语言规范化的消极因素，对其进行精简和整理是十分必要的。学习普通话人员，对异读词现象要注意早期审订的异读词规范、现阶段已修订的异读词规范、目前仍保留异读的字词辨读等问题。

1. 早期审订的异读词规范

国家有关部门对异读词的精简和整理十分重视，早在 20 世纪 50 年代，中国科学院就成立了专门的普通话审音委员会，开始对常用异读词进行审音，1957 年至 1962 年分三次发表了《普通话异读词审音表初稿》（下简称《初稿》）。下列原有异读的词语就是经过这三次审音而确立的正音标准（后一个音为正音，取消前一个异读音）：

傍晚 bāng→bàng	娇嫩 nùn→nèn	僻静 bèi→pì
烙饼 luò→lào	卑鄙 bì→bǐ	比较 jiǎo→jiào
波浪 pō→bō	俱乐部 jū→jù	理发 fǎ→fà
发酵 xiào→jiào	法国 fà→fǎ	侵略 qǐn→qīn

沸腾 fù→fèi　　琴弦 xuán→xián　　皮肤 fǔ→fū
号召 zhāo→zhào　　复杂 fǔ→fù　　塑料 shuò→sù
商埠 fù→bù　　亚洲 yǎ→yà　　领导 dào→dǎo
跃进 yào→yuè　　谬论 niù→miù　　友谊 yí→yì

2. 现阶段已修订的异读词规范

随着语言的发展，《初稿》中原审的一些词语的读音需要重新审订，同时，作为语言规范化的标准，《初稿》也亟需定稿。因此，1982 年 6 月，国家有关部门重新组建了普通话审音委员会，对《初稿》进行了修订工作。修订稿经国家语言文字工作委员会、国家教育委员会、广播电视部审核通过，于 1985 年 12 月以《普通话异读词审音表》（以下简称《审音表》，详见附录七）的名称予以公布。

这次修订以符合普通话语音发展规律为原则，以便利广大群众学习普通话为着眼点，采取约定俗成、承认现实的态度，对《初稿》原订的部分词条作了修改。

（1）统读字词条。“统读”是指原有异读的字，审定后无论用于任何词语中只有一个音（轻声除外），取消原有的异读音（括号内）。

猹 chá（zhā）　橙子 chéng（chén）　闯荡 chuǎng（chuàng）
从容 cóng（cōng）　呆板 dāi（ái）　幅儿 fú（fǔ）　汲取 jí（jī）
脊梁 jǐ（jí）　成绩 jì（jī）　踪迹 jì（jī）　拎 līn（līng）
麦芒 máng（wáng）　盟誓 méng（míng）　澎湃 péng（pēng）
蹼 pǔ（pú）　槭树 qì（qī）　缠绕 rào（rǎo）　啥 shá（shà）
胜任 shèng（shēng）　往东 wǎng（wàng）　唯唯诺诺 wéi（wěi）
萎缩 wěi（wēi）　霰 xiàn（sǎn）　咆哮 xiāo（xiáo）
寻思 xún（xín）　驯服 xùn（xún）　河沿 yán（yàn）
荫蔽 yìn（yīn）[“树阴”、“林阴道”等念 yīn 的字，写作“阴”]
穿凿 záo（zuòzuó）　装帧 zhēn（zhēng）　指甲 zhǐ（zhī、zhí）
掷色子 zhì（zhī）　筑 zhù（zhū）　卓越 zhuó（zhuō）

（2）仍保留异读的词条（加点的字在其他词条中仍有异读，举例词条的读音有修改）。

曝光 bào（如为“日晒”义，应读 pù，如“一曝十寒”）
诸葛 gě（原订音 gé，现修改为作姓氏都读 gě）
骨头 gǔ（取消 gú 音，除“滑朵、骨碌”念 gū 外，都读 gǔ）
苤蓝 lan（取消原订音 la）
擂鼓 léi（除“擂台、打擂”读 lèi 外，都读 léi）
潦草 liáo（取消原订音 liǎo）
落魄 pò（bó、tuò 分别写作“落泊”，“落拓”）

苫布 shàn（原订音 shān 用于“草帘、草垫子”义，其余都读 shàn）
乳臭 xiù（原订音 chòu，现修改。此外“臭”指气味，不是香臭的臭）
铜臭 xiù（同上）
自作自受 zuò（原订音 zuō 除用于“作坊”外，其余都读 zuò）

3. 现存异读词的辨读

虽然普通话审音委员会对异读词作了审订，精简了一部分，但是异读词作为语言发展中的客观事实仍将保留下去。现存异读主要可分“文白异读”和“习惯异读”两大类。

(1) 所谓“文白异读”是指一个字有说话音和读书音的区别。读书音一般称为文读音，说话音一般称为白读音。例如“血”字，有 xuè 和 xiě 两种读音，前者一般用于书面语词，用于复音词和文言成语中，如“血液”、“血流”、“热血沸腾”、“血口喷人”用文读音；后者用于口语中的单音词，如“流了一点血”就用白读音。“文白异读”多少与语体色彩相联系，文读音一般与书面语词汇有关，白读音一般与口语词汇有关。“文白异读”的大致分工如下：

①文读音用于多少带有书面语色彩的合成词，白读音用于口语、书面语通用或多少带口语色彩的单音节词。例如：

剥（文）bō 剥削	（白）bāo 剥花生
薄（文）bó 薄膜	（白）báo 纸很薄
澄（文）chéng 澄清	（白）dèng 把水澄清了
逮（文）dài 逮捕	（白）dǎi 逮老鼠
核（文）hé 核心	（白）hú 枣核儿
吓（文）hè 恐吓	（白）xià 吓一跳
给（文）jǐ 给予　供给	（白）gěi 给我
嚼（文）jué 咀嚼	（白）jiáo 嚼碎了
勒（文）lè 勒令　勒索	（白）lēi 勒紧了
馏（文）liú 蒸馏	（白）liù 把馒头馏一下
露（文）lù 暴露　露宿	（白）lòu 露头　露底
熟（文）shú 熟悉　熟练	（白）shóu 烧熟了
削（文）xuē 剥削	（白）xiāo 削铅笔

②文读音用于一般通用词语，白读音用于个别或特殊口语词。例如：

伯（文）bó 伯父	（白）bǎi 大伯子
虹（文）hóng 彩虹	（白）jiàng 出虹了
落（文）luò 降落　落后	（白）lào 落色　落枕
络（文）luò 脉络　网络	（白）lào 络子
疟（文）nüè 疟疾	（白）yào 发疟子

荨（文）qián 荨麻　　（白）xún 荨麻疹

雀（文）què 麻雀　　（白）qiǎo 家雀儿　（白）qiāo 雀子

色（文）sè 颜色　色泽　　（白）shǎi 掉色　色子

巷（文）xiàng 街巷　　（白）hàng 巷道

③文读音用于特殊的专名或个别书面语词，白读音用于通用词语，例如：

柏（文）bó 柏林　　（白）bǎi 松柏

绿（文）lù 鸭绿江　绿林好汉　　（白）lǜ 绿色

六（文）lù 六合　六安　　（白）liù 六十

烙（文）luò 炮烙　　（白）lào 烙饼

跑（文）páo 虎跑泉　　（白）pǎo 奔跑

壳（文）qiào 地壳　甲壳　　（白）ké 花生壳　卡壳

翘（文）qiáo 翘首　连翘　　（白）qiào 翘尾巴

钥（文）yuè 锁钥　　（白）yào 钥匙

（2）所谓“习惯异读”是指异读词的两个读音既没有词义的不同，也没有语体色彩的差别，这种异读纯粹出于人们的习惯。例如：

答①dā 答应　答理　　②dá 回答　答复

大①dà 大豆　伟大　　②dài 大夫（医生）　大黄（药材）

冲①chōng 冲突　冲锋　　②chòng 冲床　冲劲儿

豁①huō 豁口　　②huò 豁亮　豁免

结①jié 结晶　结果　　②jiē 结巴　结实

尿①niào 尿素　　②suī 尿脬

片①piàn 图片　名片　　②piān 唱片儿　相片儿

亲①qīn 亲切　亲爱　　②qìng 亲家

踏①tā 踏实　　②tà 踏步

扫①sǎo 打扫　　②sào 扫帚

杉①shān 水杉　　②shā 杉木　杉蒿

似①sì 相似　似乎　　②shì 似的

轧①zhá 轧钢　　②yà 倾轧

作①zuō 作坊　　②zuò 作业　作文

【思考与练习】

1. 读准下列汉字的读音。

稗　愎　畔　疱　瞥　履　畸　滞　隘　绛　犷　悛　辍　涮　悔

龈　炙　盎　垣　荫

2. 什么是“异读词”？下面各词中加点的字，哪些是属于异读范围的，哪些不是，为什么？凡不规范的注音要改正。

校对（jiàoduì）——学校（xuéxiào）
五更（wǔjīng）——更换（gēnghuàn）
麦芒（màiwáng）——光芒（guāngmáng）
安宁（ānníng）——宁可（nìngkě）
发酵（fāxiào）——酵母（jiàomǔ）
理发（lǐfà）——奋发（fènfā）

第四章　普通话词汇与安徽方言词汇辨正

尽管普通话词汇与安徽方言词汇之间的差别没有方音和普通话语音之间的差异那么明显、突出，但仍然存在着或多或少、或大或小的差别，而且这种差别对说话人普通话的标准程度有着重要影响。所以，要想学好普通话，除了学好普通话的语音之外，还必须了解普通话词汇与安徽方言词汇之间的差别，并针对这些差别进行词汇辨正。

第一节　普通话词汇与安徽方言词汇的特点

要了解普通话词汇与安徽方言词汇之间的差别，首先应了解二者各自的特点。

一、普通话词汇的特点

第一，构词的语素以单音节为基本形式。这些单音节既可以作为语素来构成大量单音词，也可以合起来构成合成词。例如：人（人民、人口、男人、情人）、水（水平、水分、流水、海水）。

第二，词以多音节为主，特别是双音节词语所占比例最大，有明显的双音化趋势。

第三，合成词的构词法以词根复合法（不同的词根相组合，如“红旗、珠宝”）为主，此外还有派生法（词根和词缀组合，如“老虎、木头”）和重叠法（相同的词根组合在一起，如“星星、花花绿绿”）。

第四，合成词的内部构造跟短语大体一致，构造方法主要有偏正式（如“绿叶/绿色的叶子”）、述宾式（如“管家/管理家务”）、联合式（如“解释/解说和阐释”）、主谓式（如“地震/大地震动”）、述补式（如“扩大/扩得很大”）五种。

二、安徽方言词汇的特点

对于安徽方言词汇的特点，我们从皖北、皖中、皖西、皖南吴语、皖南徽语五个方面分别加以介绍。

1. 皖北中原官话

（1）有些物品和植物的名称，皖北官话习惯说成单音词，而普通话却习惯说成子缀词或复合式的双音词。例如：锯（锯子）、柜（柜子）、席（席子）、桃（桃子）、梨（梨子）、面（面粉）、花（棉花）、姜（生姜）、麦（小麦）。

（2）皖北官话中有些多音词普通话习惯说成双音词。例如：鲫鱼板子（鲫鱼）、切刀板子（砧板）、小手巾头子（手帕）、下巴壳子（下巴）、蛤蟆骨朵子（蝌蚪）。

（3）有很多具有地方特色的名词、代词、动词、形容词。

①名词：爹或达（父亲）、娘（母亲）、妗子（舅母）、额脑头子（额头）、脖梗子（脖子）、指甲盖子（指甲）、干饭（大米饭）、面（面粉）、扁食（饺子）、扁嘴子（鸭子）、蛐蟮（蚯蚓）、倭瓜（南瓜）、今（儿）个（今天）、明（儿）个（明天）、后（儿）个（后天）、夜（儿）个（昨天）、前（儿）个（前天）。

②人称代词中都有包括式的“咱们”，还有表现亲密的“俺”和“俺们”。疑问代词“什么”说成“啥”，“怎么”说成“咋”。

③动词、形容词：板（扔掉）、厚（请吃喝）、磨（借）、肉（动作慢）、尖（小气吝啬）。

（4）有一些巧妙又富有地方性的避讳说法。例如：赚头（猪舌头，避开“舌”与“折”同音）、雨淋子（雨伞，避开“伞”与“散”同音）。

皖北官话在词汇上有较强的一致性。尽管有些现象和概念在不同的地方说法不完全相同，但它们在词义上的差异不大，人们之间相互交谈不受影响。

2. 皖中江淮官话

（1）方言中有些词的语素组合顺序与普通话不同。例如：定规（规定）、得亏（亏得）、背脊（脊背）、宵夜（夜宵）、该应（应该）。

（2）方言中有些偏正式的复合词，普通话与其相应的却是单音节单纯词。例如：咸盐（盐）、黑墨（墨）、脚鱼（鳖）、香葱（葱）、大馍（馍）。

（3）方言中有些复合式构成的词，普通话与其相应的词却是附缀式的。例如：夹钳（钳子）、口条（牲畜的舌头）、舌条（人的舌头）、水饺（饺子）、板栗（栗子）。

（4）方言中有很多加“子”缀的词，普通话与其相应的却是单音词或双音复合词。例如：鞋子（鞋）、狗子（狗）、苍蝇子（苍蝇）、手捏子（手帕）、蚂蝇子（蚂蚁）、信壳子（信封）。

（5）方言中有很多单音词，普通话与其相应的是双音词。例如：面（面条儿）、饭（米饭）、屋（房屋）、嘴（嘴巴）、暴（初次）、泥（泥巴）、盘

(摆弄)、厌 (讨厌)、磨 (折磨、纠缠)、逗 (戏弄、欺骗)。

(6) 方言中有些词是多音节或短语形式的，普通话里相应的却是双音节词。例如：黑板擦子 (板擦儿)、剃头刀子 (剃刀)、枕头套子 (枕套)、家婆奶奶 (外婆)、看大门的 (门卫)。

(7) 方言中有些复合词与普通话词采用的基本词根不同，因而造成词形差异。例如：落雨 (下雨)、顺手 (右手)、上昼 (上午)、家公 (外公)、今朝 (今天)、旧年 (去年)。

(8) 有很多具有地方特色的名词、代词、动词、形容词。

①名词：爹爹 (祖父)、奶奶 (“奶”读阴平时指“祖母”；读上声时，多指“老太婆”，含山、桐城、庐江、贵池等地还可指“妻子”)、家公或家公爹爹 (外祖父)、家婆或家婆奶奶 (外祖母)、舌条 (人的舌头)、胯子 (腿)、反手 (左手)、走了 (去世的婉词)、饭 (大米饭)、饺子 (饺子或馄饨)、香油 (菜子油)、檐老鼠 (蝙蝠)、老哇子 (乌鸦)、大椒 (辣椒)、芦稷或芦秫 (高粱)。

②人称代词中的包括式说法不用“咱”或“咱们”，而用“我两个”、“我们两个”、“我们几个”等。

③动词、形容词：“肘”毛巾 (“拧”毛巾)、猴 (向上爬)、候 (等候)、生蛋 (产卵)、划水 (游泳)、厚 (稠，浓度大)、枵 (稀、浓度小)、费或皮 (顽皮)、韶 (女子爱表现)、烧包 (男子骄傲的表现)、乌漆麻黑或漆黑麻乌 (很黑或很暗)。

皖中江淮官话在词汇上的差异也不大。尽管有些现象和概念的说法在不同的地方不完全相同，但它们在词义上的差异一般来说还不算大，因而相互交谈基本上不受影响。

3. 皖西赣语

(1) 方言里有相当多的单音词，与之相对应的普通话词为双音节词。例如：稻 (稻子)、屋 (房子)、房 (屋子)、钉 (钉子)、麦 (麦子)、父 (爸爸)、嫂 (嫂嫂)、妹 (妹妹)、巧 (便宜)、客 (客人)、衣 (衣服)。

(2) 有些词在构词成分上与普通话有别。例如：树杪 (树梢)、絮鞋 (棉鞋)、男伢 (男孩)、落雪 (下雪)、家婆 (外婆)。

(3) 方言中有些表示动物雌雄的语素，习惯置于种称名词之后，与普通话相反。例如：鸡公 (公鸡)、鸡母 (母鸡)、狗娘 (母狗)、猪娘 (母猪)、鸭公 (公鸭)、鸭母 (母鸭)。

(4) 方言词与普通话词在构造方式上有所不同。例如：衫袖 (袖子)、麦麸 (麸子)、元钉 (钉子)、板栗 (栗子)、蟹子 (螃蟹)、皮子 (皮棉)、场子 (地方)。

(5) 有很多具有地方特色的名词、代词、动词、形容词。

①名词：外父（岳父）、外母（岳母）、堂客（妻子）、伢（小孩儿）、口馋（口水）、鼻脓（鼻涕）、手板（手掌）、色罗坡（膝盖）、香猪（肉猪）、鸡公（公鸡）、黄机灵（黄鼠狼）、毛狗（狐狸）、土栗子（荸荠）、簟子（竹编的席子）、索（绳子）、粑（面粉制成的饼）、顺风（猪耳朵）、水饺（馄饨）。

②代词：么事（什么事）、么处块（什么地方）、几多（多少）、我几或我搭（我们）、尔几或尔搭（你们）、渠几或渠答（他们）。

③动词、形容词：搛菜（夹菜）、戏（玩耍）、看（藏起来）、讲口（吵嘴）、作孽（可怜）、停当（女人贤惠）。

皖西赣语中的常用词语一致性比较强，只有少数词地方色彩特别突出，如太湖话把母亲称为“易”；怀宁话把蚯蚓叫“黄信”，东至话则称“汗虫”。

4. 皖南宣州吴语

（1）有些单音节方言词，普通话则是双音节的。例如：锉（锉子）、瓶（瓶子）、索（绳子）、柴（木柴）、拣（挑选）、咳（咳嗽）。

（2）有些双音节的方言词，普通话则是单音节的。例如：米醋（醋）、云张（云）、香葱（葱）、挖锹（锹）、雾露（雾）。

（3）有些多音节方言词，普通话却是单音节或双音节词。例如：时时得（蝉）、驴狗子（驴）、癞得蛄（青蛙）、四脚蛇（壁虎）、顺色家妇（伴娘）。

（4）方言词在构词方法和构词语素方面常常与普通话不同。例如：落苏（茄子）、剪刀（剪子）、荷包（衣袋）、打摆子（疟疾）、台子（桌子）、做生（做寿）、起风（刮风）。

（5）方言中少数禽畜表雌雄的语素置于种称语素之后，与普通话相反。例如：老猪婆（种母猪）、猪郎（种公猪）、鸡公（公鸡）、鸡母（母鸡）、鸡婆（孵小鸡的母鸡）。

（6）方言中有很多有地方特色的名词、代词、动词、形容词。

①名词：今朝（今天，今音跟）、明朝（明天，明音门）、后朝（后天）、勒色（垃圾）、落苏（茄子）、北瓜（南瓜）、芦稷（高粱）、面（面条儿）、饺子（饺子或馄饨）、滚水（开水）、堂前（堂屋）、物得（东西）、手颈子（手腕）、脚颈子（脚腕）、达达（父亲）、大达达（伯父）、小达达（叔父）、姑达达（姑父）、姨达达（姨父）、姆妈（妈妈，姆音 m）、娘舅或母舅（舅舅）、新妇（儿媳）。

②代词：尔（你，音 n）、阿（我）、渠（他）、么（什么）、么物事（什么东西）、格里、以里、以算（这里）、贵里、沟里、碍算（那里）。

③动词、形容词：嗅（用鼻子闻，音讧），佗（扛）、诮驳（取笑）、标致（长得漂亮）、精明（聪明）、小气巴巴（小气）、大气（大方、不小气）、厚（浓度大）、枵（浓度小）。

（7）皖南吴语里保留着很多古语词，这些词大多正被一些现代汉语词所取代，使用范围正逐渐缩小，上面已有例词（如“佗”、“渠”等），这里不再赘述。

皖南吴语中虽然保存着吴方言的很多基本词语，但是其内部词语的分歧还是较大，这主要是受徽语、赣方言等多种方言影响的缘故。

5. 皖南徽语

（1）方言中单音词很丰富，与之相应的普通话词为双音节。例如：被（被子）、裙（裙子）、枣（枣子）、虫（虫子）、哥（哥哥）、弟（弟弟）、姑（姑姑）、婆（婆婆，外婆）、静（安静）、面（面条）、饭（米饭）、忍（忍耐）、女（女孩，女人），

（2）方言中多音词也很多，与之相应的普通话词为双音节。例如：眼睛皮（眼皮）、媒人婆（媒婆）、麻布袋（麻袋）、三尾鱼（金鱼）、日子牌（日历）、自鸣钟（闹钟）、天狗吃月（月蚀）、日头下山（傍晚）、作生意格（商贩）、牵新人唉（伴娘）。

（3）方言中有些事物的名称习惯用重叠方式构成，普通话则采用其他构词方式。例如：蟋蟋（蟋蟀）、蛛蛛（蜘蛛）、虾虾（虾）、壁壁虎（壁虎）、咕咕鸟（斑鸠）、宝宝贝（宝贝）、鱼泡泡（鱼鳔）、虫蛾蛾（蚕蛹）。

（4）方言中有些常用复合词的语素组合顺序与普通话相反。例如：闹热（热闹）、道地（地道）、棒冰（冰棍儿）、欢喜（喜欢）、袖套（套袖）、鸡公（公鸡）、鸡婆（母鸡）。

（5）方言中有些偏正式复合词，普通话则是“子”缀词或单音词。例如：夹钳（钳子）、交椅（椅子）、絮被（被子）、槛窗（窗子）、衫袖（袖子）、艾蒿（蒿子）、咸盐（盐）、石碱（碱）。

（6）方言中有很多具有地方特色的名词、代词、动词、形容词。

①名词：天星（星星）、鬼（头）风（旋风）、天光（天亮、早晨）、山杠（山顶、山梁）包芦（玉米）、芦稷（高粱）、布（菩）瓜（南瓜）、雪梨（梨）、猪斗（种公猪）、癞疙宝（蟾蜍）、蟑油虫（蟑螂）、炸饭（烫饭）、夜饭（晚饭）、物事（东西）、困簟（竹席）、索（粗绳）、手杆（小臂）、手板（手掌）、手板心（手心）、脚肚（腿肚儿）、跳脚（跛足）、朝或朝奉（祖父）、相（父）、伯爷（伯父）、叔爷（叔父）、老公（丈夫）、老妪（妻子或老年妇女）、新妇（儿媳）、官客（男子）、堂客（妇女）、新人（新娘）。

②人称代词：阿（我）、尔（你，音 n）、渠（他）、阿人（我们）、尔人（你们）、渠人（他们）。

③动词、形容词：嬉（玩耍）、晏（晚、迟）、帮衬（帮助）、讲古典（讲故事）、做戏（演戏）、焙火（烤火）、阔（宽）、狭（窄）、薄（不浓、不厚）、硬（浓）、小毛或吃小米（吝啬）。

(7) 方言中保存着相当多的古语词，这里也不再多述。

此外，皖南还有一些客籍话：畲话（主要在宁国云梯乡）、湖北话（分布在宁国、广德、郎溪、泾县、宣城等地）、河南话（主要在广德）。这些方言相对来说分布地域狭小，影响也不大，还不能形成以某种方言为主的方言片，这里便不再介绍。

第二节　普通话词汇与安徽方言词汇的差异分析

安徽方言虽然被划分为五大方言片，但从分布地域和影响范围来看，基本上还是以北方话为主导，因此大部分地方的方言词汇与普通话词汇还是比较接近的。但正因为如此，安徽方言词汇与普通话词汇仍然存在着一些差异，特别是皖西赣语和皖南吴语、徽语词汇与普通话词汇的差异较明显。下面就从五个方面对这些差异进行分析，并以此作为辨正方言词汇的基础。

一、构词语素不同

安徽方言中有很多与普通话词语意义相同或相近的词语，在构词时选用的语素与普通话词语不同。例如：

普通话	安徽方言
下雨	落雨
右手	顺手
左手	反手
上午	上昼
今天	今朝
去年	旧年
桌子	台子
刮风	起风
公牛	牯牛
母牛	沙牛

二、构造方式不同

安徽方言与普通话在构词时往往选用不同的构造方式。例如：

普通话	安徽方言
锯子（附缀式合成词）	锯（单音单纯词）
生姜（偏正式合成词）	姜（单音单纯词）
下巴（双音词）	下巴壳子（多音词）

应该	该应（顺序相反）
葱（单音单纯词）	香葱（偏正式合成词）
钳子（附缀式合成词）	夹钳（偏正式合成词）
狗（单音单纯词）	狗子（附缀式合成词）
手帕（偏正式合成词）	手捏子（附缀式合成词）
米饭（偏正式合成词）	饭（单音单纯词）
虾（单音单纯词）	虾虾（重叠式合成词）

三、构词方法不同

安徽方言中有很多词语是用比喻、借代等修辞方式构成，相应的普通话词语则不是。例如：

1. 比喻：老油条（油滑的人）、半油篓子（比喻对事物一知半解的人）、月亮菜（扁豆）、骨牌凳（方凳）。

2. 借代：光棍（单身汉）、大肚子（孕妇）、红尾子（鲤鱼）、大斧（螳螂）。

3. 避讳：圆房（结婚）、登仙（成年人去世）、通菜（藕）、雨淋子（雨伞）。

4. 拟声：咕咕鸟（斑鸠）、老哇（乌鸦）、赶早发棵（布谷鸟）、呜哩哇（唢呐）。

5. 用描述性词组：三十晚上（除夕）、难为情（害羞）、胖头鲢子（鲢鱼）、鲶胡子（鲶鱼）、翘嘴白（体小鳞白的翘嘴鱼）、癞痞蛄子（蟾蜍）。

四、意义不同

安徽方言中有很多词语与普通话词语同形不同义，这又分几种情况。

1. 同形但词义上有很大差别。例如：

词语	普通话义	方言义
小米	粟米	籼米
果子	果树结的果实	糕点
四脚蛇	蜥蜴	壁虎
香油	芝麻油	菜子油

2. 同形但方言词义比普通话词义范围大。例如：

词语	普通话义	方言义
面	①面粉 ②食物纤维质少	①面粉②面条③食物纤维质少 ④形容人的性格憨慢
厚	厚度大	①厚度大②请客
排场	铺张奢侈	①铺张奢侈②大方、体面

		③长得好、穿着漂亮
茶	茶叶水	①茶叶水②白开水

3. 同形但方言词义与普通话正好相反。例如：

词语	普通话义	方言义
柳树	柳树	杨树（怀宁）
杨树	杨树	柳树（怀宁）
房	房子	房间
屋	房间	房子

4. 同形但方言词义小于普通话词义。例如皖南徽语中的“闻”（方言只用于耳听），“放”（方言只有开放的意思），“小”（方言大多只指年龄小）。

五、来源不同

安徽方言词语与普通话词语的差别有时是由来源不同造成。例如：番茄（西红柿）、番瓜（南瓜）、胡椒（辣椒）、洋芋（马铃薯），这些词是受外来事物的影响而产生的方言词。方言中有很多词是沿用古语词，如“晏”（晚、迟）、“渠”（他）、“佗”（扛）、“妪”（年老的女人）等。

通过以上分析，我们可以对安徽方言与普通话词汇的差异有一个粗略的了解，这对我们进行安徽方言词汇辨正有一定的指导作用。

第三节　普通话词语与安徽方言常用词语对照举例

为了更具体地掌握普通话词汇与安徽方言词汇的差异，我们将普通话词语与安徽方言常用词语进行对照举例。所选例词中普通话词语大部分选自《普通话水平测试实施纲要》（PSC 新大纲）中的《普通话水平测试用普通话词语表》，此表分为“表一”和“表二”两部分，“表一”里带＊的是频率在 4000 以上的最常用词。方言例词大多选自《安徽地方志·方言志》，其中部分例词对应的普通话词语没有出现在新大纲中，一并列出，以供参考。有括号的地方，括号外的部分为例词，括号内的字词起解释说明作用，如“（胡）说”。

一、皖北中原官话

普通话（选自表一）	方言
太阳＊	日头
从前＊	起先、早先
刚才＊	将将

昨天 *	夜儿个
蛇 *	长虫
玉米 *	玉秫秫、玉芦
辣椒	辣子
棉花 *	花
晚饭	黑来饭
父亲 *	爹、达
拳头	皮槌
看 *	瞧、瞅
扔	板
重 *	沉
聪明 *	精明
这里 *	这块子
什么 *	慌子
大概、大约 *	八成
怎么、怎样 *	咋

普通话（选自表二）	方言
冰雹	冷子
黄鼠狼	黄狼子
乌鸦	老鸹
泥鳅	泥狗子
螳螂	刀螂
马铃薯	土豆子、山药蛋
南瓜	倭瓜
早饭	早起饭
午饭	晌午饭
面条儿	汤
床单	盖的叶子
肥皂	胰子
梳子	毛梳
乞丐	叫花子
小偷	俩夹儿
孕妇	双身人
能干	过劲
调皮	转

二、皖中江淮官话

普通话（选自表一）	方言
今天 *	今朝
上午 *	上昼
开水	滚水
盐 *	咸盐
（盖）房子 *	（做）屋
孩子 *	伢
祖父	爹爹
右手 *	顺手
（胡）说 *	（瞎）讲
礼物	人情
哪里 *	哪块
两边 *	二面

普通话（选自表二）	方言
雷暴	打暴头
猫头鹰	夜猫子
漂（上声）	清
新郎	新郎官
胸口	胸门口
膝（盖）	膝肋波子
左面	左首
屋脊	屋头
（床）边沿	（床）舷

其他词语

普通话	方言
鸡蛋	鸡子
八哥儿	八钩子
扁豆	月亮菜
馄饨	水饺子
豆腐乳	腐耳
衣袋儿	荷包
坎肩儿	背褡子
小汤勺	挑子
单身汉	光棍、寡汉条子

三、皖西赣语

普通话（选自表一）	方言
起（风）	刮（风）
白天＊	日的
中午	中时
去年＊	旧年
衣服＊	衣
房子＊	屋
房间＊	房
丈夫＊	老板
妻子＊	堂客
头发＊	头毛
耳朵＊	耳刀
拳头	锤子
说话＊	讲话
宽＊	阔
上面＊	高头
旁边＊	边下
那里（中指代词）＊	嗯的
什么（事）＊	么（事）
多少＊	几多
我们＊	我几个
你＊	尔
他＊	渠

普通话（选自表二）	方言
除夕	三十晚
南瓜	北瓜
桂圆	枝圆
甘薯	山芋
手帕	手捏子
袖子	衫袖
米饭	饭
菜刀	牌刀
钢笔	水笔
炫耀	拉呆

笨拙	木骨
疏远	生分
姑娘	红花女

其他词语

普通话	方言
公牛	牯牛
公鸡	鸡公
豆腐干	豆干
棺材	寿材
姑父	姑爷
舅父	母舅
(妇女) 贤惠	停当

四、皖南宣州吴语

普通话（选自表一）	方言
早晨 *	早朝
从前 *	老早
玉米 *	包芦、六谷子
后天	后朝
磁铁	吸铁石
狼	豺狼
衣服	衣裳
厨房	灶屋
东西 *	物得
毛巾	手巾
胳膊	胛膀
知道 *	晓得
讨厌	讨嫌
祖父	公公
母亲 *	姆妈
看 *	望
故事 *	古典得
游泳	洗澡
我 *	阿、阿侬
这里 *	格里、以里
上面 *	上桑

村庄	村堂
反正＊	横直
向＊	问、朝

普通话（选自表二）	方言
晴（天）	好（天）
南瓜	番瓜
毛衣	毛线衣
围巾	围领
门槛	户槛
眼球	眼睛珠子
乞丐	讨饭的
小气	算小
幸亏	得亏
恰好	亢亢好

其他词语

普通话	方言
打闪	扯豁
猪肉	肉
儿媳	新妇
洗脸	洗面
买布	扯布
很大	老大地
很矮	滴滴高
很香	喷香

五、皖南徽语

普通话（选自表一）	方言
月亮＊	月光
星＊	天星
雷	天雷
中午	中饭、中昼
玉米＊	包芦
猴子	猢狲
房（顶）	屋（顶）
东西＊	物事
椅子	交椅

钥匙	锁匙
毛巾	卷巾
小伙子 *	后生
姑娘 *	妮家
祖父	朝（奉）
父亲 *	相、阿爷
鼻子 *	鼻头
舌头	舌条、口舌
睡觉 *	困觉
（用鼻子）闻	哄（去声）
拿 *	担
盛（饭） *	兜（饭）
有趣 *	好戏
游泳	划水
非常（高） *	老老（高）
热闹 *	闹热
方向 *	向指
地方 *	落地
前面 *	前头
附近 *	左近
自己 *	自家
别人 *	人家

普通话（选自表二）	方言
中秋	登秋
稻子	谷
菠菜	甜菜
羊羔	细羊
宅子	阳基
台阶	阶级
毛衣	毛绳衣裳
眼球	眼睛珠
（手）指头	（手）拇头
谦虚	客气
小气	吃小米、抠

其他词语

普通话	方言
大前年	再前年
刨子	推刨
唢呐	喇叭
结巴	急佬
很懒	懒惰惰
一朵花	一枝花
一支烟	一根烟
一支笔	一管笔

【思考与练习】

1. 词语判断。请判断并读出下列10组词语中的普通话词语，答案可能不止一个。

(1) 袄子	棉袄	絮袄	寒衣		
(2) 背脊	背心	脊背	后背		
(3) 冰棒	棒冰	冰棍儿	雪条		
(4) 炮竹	爆竹	炮仗	二踢脚		
(5) 回家	家去	赶家	家走		
(6) 不自在	不舒服	生病	不好过		
(7) 白菜	芽白	黄芽白	大白菜		
(8) 包芦	玉芦	玉秫秫	六谷	玉米	
(9) 天光	早起	早上	早晨	清早	
(10) 老婆	奶奶	堂客	妻子	烧锅的	媳妇

2. 请找出下列句子中的方言词语并说出对应的普通话词语。

(1) 咋样，我说你不粘吧，你比俺差远了！

(2) 管！你说咋比咱就咋比。

(3) 今天早上我在菜市场买了三斤包菜。

(4) 今晚上咱们包汤咋样？

(5) 冬天出门要穿絮袄戴围颈。

(6) 他母舅昨个出门的。

(7) 他姆妈一骂，他的眼睛水就掉下来了。

(8) 到河里洗澡要注意别抽筋。

(9) 这个小鬼怪好玩的，我欢喜。

(10) 这条胖头鲢子嗅起来有点臭味。

(11) 我每天早点都要吃一个茶叶蛋。

(12) 你到街上去给我买点咸盐和香油来。

(13) 夏天下昼的时候檐老鼠满天飞。

(14) 今到大太阳的，我们把被单拿出来晒晒。

(15) 现在国家不允许私人在城里做屋。

(16) 我头一次找他帮忙，他还拿翘，不睬我。

(17) 她不仅顺手剪剪刀，反手也照。

(18) 这个人憨的怕人的，三锤子也打不出一个屁来。

(19) 现在的小青年都喜欢把头毛染得黄黄的，一看就像个小痞子。

(20) 他老早就跟我讲过，我把这个事情搞忘掉了。

(21) 她还没有把婆家呀，都快成老姑娘了。

(22) 三十晚上吃年夜饭之前都要放鞭。

(23) 外头起风了，你要加点衣裳。

(24) 他家丈老头礼拜四过世的。

(25) 我要吃饭，你怎么下面给我吃呢？

(26) 年底不但小偷多，讨饭的也多。

(27) 个子滴滴高，不等于没本事。

(28) 我晓得杜牧在池州当过刺史，而且还留下好多诗。

(29) 冬天用滚水还是用冷水洗脸好，讲不清。

(30) 跟小气巴巴的人共事，真没意思。

3. 找出自己方言中10个常用方言词语，并说出与之意义相同的普通话词语，然后与同学交流一下，并谈谈使用规范词语对说好普通话的作用。

4. 我国方言的称谓词十分复杂，各地说法不一，请找出5个你所在方言的称谓词，并说出与之相对应的普通话词语。

5. 普通话的量词很丰富，不同的事物有不同的量词。例如：一辆汽车、一台拖拉机、一艘轮船、一列火车、一架飞机。方言的量词跟普通话不尽相同，试比较它们的异同（根据自己的方言）。

第五章　普通话语法与安徽方言语法辨正

普通话和安徽方言的差别除了表现在语音和词汇方面之外，还表现在语法方面。不过语法方面的差别是最小的，因为语法是语言三要素中最稳固的因素，受地域因素的干扰也最小。但同语音和词汇一样，语法是语言中必不可少的要素之一，也是衡量普通话标准程度的不可忽视的尺度之一，所以，要正确运用普通话的语法，也必须了解普通话语法和安徽方言语法各自的特点，并对它们之间的差异进行辨正。

第一节　普通话语法与安徽方言语法的特点

一、普通话语法特点

1. 语序和虚词是表达语法意义的主要手段

例如：

（1）总理爱人民/人民爱总理（因语序不同而产生不同的语法关系和意思）。

（2）北京大学/北京的大学（因有无虚词而产生不同的语法关系和意思）。

2. 词、短语和句子都有主谓、联合、偏正、述宾、述补五种基本结构，结构基本一致

例如词“海啸”，短语“夜郎自大”，句子“我们走吧”，都是主谓结构。

3. 词的多功能性

普通话中某一类词往往可以充当多种句子成分。如动词“跳舞”就有多种功能，在“他们正在跳舞”中充当谓语中心语，在“跳舞是一种娱乐活动”中充当主语，在“她跳舞的姿势很优美”中则充当定语。

4. 量词十分丰富，有语气词

数词和名词、动词结合时，一般都需要在数词的后面加个量词。不同的名词所用的量词也往往不同，如“一个人、两匹马、三顿饭、四颗星”等。语气词常出现在句末，用以表达各种语气。例如：

(1) 下雪了。(陈述语气)

(2) 今天是星期三吗?(疑问语气)

(3) 咱们快点儿走吧。(祈使语气)

(4) 景色多么美呀!(感叹语气)

二、安徽方言语法特点

与介绍方言词汇特点一样，这里也从安徽五大方言片的角度进行介绍。

1. 皖北中原官话

(1) 用“子”缀构成的名词、代词和量词很丰富，有很多词对应的普通话词语没有“子”缀。例如：名词（眼皮子、耳机子、春天子、一回子、东边子、尾巴根子)、代词（这会子、这样子、这些子、怎么子、怎样子、咋子)、量词（一本子、一点子、一摞子、几回子、一趟子)。

(2) 在某属称谓词前习惯加上“俺”这个词头。例如：俺爷、俺奶、俺娘、俺哥、俺妹、俺兄弟。

(3) 有两种特殊的单音动词重叠式。

①VV式。表示行为的持续。如“他们说说到家了”，“他们喝喝没酒了”。

②VVV式。不仅强调了动作的持续性，而且还可以表现出说话人的厌恶情绪。如“哭哭哭，看你哭到好咱”，“下下下，看你可能塌下来”。

(4) 单音动词性语素加词尾“乎”，构成新的动词。例如：摆乎（摆弄、坑害之义)、招乎（小心、留神之义)、邪乎（虚张、夸大之义)、悬乎（摸不着边际、非常危险之义)、掺乎（硬要介入之义)。

(5) 生理感觉方面的形容词加“乎”缀起强化词义的作用。例如：面乎（柔软之义)、粘乎（富有粘性之义)、忙乎（辛勤忙碌之义)、热乎（亲切热情之义)、近乎（主动亲近之义)。

(6) 形容词加后缀“不唧儿的”或“不唧歪的”，前者表示“有一些儿”的意思，后者表示的意义较重，带有很不满意的感情色彩。例如：

(脸) 黄不唧儿的：脸色有点黄。

(脸) 黄不唧歪的：脸色很黄，而且难看。

(菜) 酸不唧儿的：菜有点酸味。

(菜) 酸不唧歪的：菜味很酸，而且难吃。

(他) 傻不唧儿的：他有点傻或并不傻，只是有点傻样儿罢了。

(他) 傻不唧歪的：他傻乎乎的，叫人不喜欢。

(7) 三种形容词前加式：XA、X巴A、X巴子A，词义层层递进，而且后两种形式带有不满情绪。例如：

通红　　　通巴红　　　通巴子红

乌黑	乌巴黑	乌巴子黑
温腥	温巴腥	温巴子腥
稀烂	稀巴烂	稀巴子烂
生疼	生巴疼	生巴子疼
冰凉	冰巴凉	冰巴子凉

(8)“在”后置，表示存在或行为正在进行，普通话无此用法。例如：

孩子屋里在（小孩在屋里）

眼镜床上在（眼镜在床上）

书看着在（书正在看）

看着书在（正在看书）

(9) 连+动词（或述宾短语）+是+动词（或述宾短语）：表示某种动作行为迅速而连续地进行。例如：

他连讲是讲，还有两件事没讲完。

我连赶是赶，汽车还是开了。

我连换衣裳是换衣裳，还是没赶上他们。

你连提醒他是提醒他，他还是忘了。

(10) 多用“非+动词（动词短语）”表示“偏要”的意思。例如：

你不叫我去，我非去。

你叫我写，我非不写。

我非要混出个样子来给你们看看。

他非要来，我没让他来。

(11) 常用“可”表示疑问，普通话中一般用其他方法表示疑问。例如：

你可吃？(你吃不吃？)

他可是经理？(他是不是经理？)

你可上班？(你上班不上班？)

饭你可吃没？(饭你吃了没有？)

这部电影你可看过没？(这部电影你看过没有？)

作业你交过没？(作业你交过没有？)

(12) 疑问式和肯定式的可能补语前一般不使用“得”。例如：

你可拿动喽？(你拿得动吗？)

你能安上吗？(你安装得上吗？)

我拿动喽。(我拿得动。)

我能安上。(我安装得上。)

(13)“很”可以跟在动词和单音形容词后构成述补短语，表示程度深，普通话里的“很”则不行。例如：

别哭了，哭很了眼要瞎的。

叫很了，嗓子很难受。

天气热很。

这药苦很。

(14) 将程度补语“得很”重叠，起到程度加强作用，普通话无此用法。例如：

我头疼得很得很。

他跑得快得很得很。

我身上痒得很得很。

他俩好得很得很得很。

(15) 有“知不道”（即不知道之义）的说法。如：“他来没来俺知不道。”

2. 皖中江淮官话

(1)“子”缀名词很多。有很多词对应的普通话词没有“子”缀。例如：澡堂子（澡堂）、外孙子（外孙）、命根子（命根）、药方子（药方）、汗衫子（汗衫）、裤头子（裤头儿）、猫子（猫）、苍蝇子（苍蝇）、双胞子（双胞）、今年子（今年）、明年子（明年）、一下子（一会儿）、盐子子（盐粒）、眼子子（眼珠儿）、石头子子（小石块）。

(2) 用以增强形容程度的方式与普通话有很多不同之处。

①采用 XA 式和 XAXA 式。例如：

A（正常式）	XA（较强式）	XAXA（极强式）
高	老高的	老高老高的
长	老长的	老长老长的
满	撇满的	撇满撇满的
亮	雪亮的	雪亮雪亮的
软	猫软的	猫软猫软的
硬	铁硬的	铁硬铁硬的

②对于“短、小、低、矮、浅、细、轻”等消极形容词，通常采用在词前加“点点”（滴滴）、“丁格”（滴格）来加强意义。例如：点点大（很小）、丁格大（很小）、点点高（很低很矮）、丁格高（很低很矮）、点点重（很轻）、丁格重（很轻）。

③在形容词的后面加上描述性的叠音成分，构成“AXX 的”结构。普通话也有这种方式，但方言里的很多词语普通话中没有。例如：清丝丝的（妇女衣着整洁素雅）、孬哄哄的（傻乎乎的）、脆生生的（声音清脆悦耳）、暖呵呵的（很温暖）、空捞捞的（很空荡）、抠巴巴的（小里小气的）。

④在形容词后面加“不拉基”的结构，既可增强词义，又可表示不满情绪。例如：甜不拉基（甜得并不好吃）、酸不拉基（味酸但有点过头）、苦不

拉基（有苦味很不好吃）、粘不拉基（粘乎乎的，令人讨厌）、滑不拉基（很滑令人生厌）、瘦不拉基（很瘦而且难看）。

（3）用“我们两个”或“我两个”表示“咱们两个”或“咱俩”。例如：

你是安徽人，我也是安徽人，我两个是老乡。

你去，我也去，我们两个一道去。

（4）时态助词“着”“了”不分，并共用一个音，不过不同的地方的语音形式有别。如芜湖话说成“孜”（住孜两天/坐孜吃饭）；安庆话说成“着”（他被狗咬着/灯还亮着）；池州话说成“到”（玩到一天/好生看到）。此外，这些音还可以充当结构助词“得”，如“气（孜、着、到）要命”。

（5）动词“来”、“去”习惯直接带上处所宾语。例如：你去哪块（你到哪里去）、我去家（我回家去）、快来家（快回家）。此外，芜湖、安庆、池州等地还有一种倒装式说法，如“家来”“家去”。

（6）“在”后置，表示多种语气或意义，普通话无此用法。

①放在句尾，表示存在。例如：

钥匙挂门上在。（钥匙挂在门上。）

小明房里看电视在。（小明在房里看电视。）

②放在句尾，表示动作（状态）正在进行（持续）。例如：

小明看电视在。（小明正在看电视。）

哥哥睡觉在。（哥哥在睡觉。）

③用在句末，表示确认和肯定的语气。例如：

门锁孜在。（门锁着呢。）

路还长孜在。（路还长着呢。）

（7）“把”作动词，用法与普通话的“给”、“送”相当。例如：

把我一本书。（给我一本书。）

还没把婆家。（还没给婆家。）

把他一张邮票。（送给他一张邮票。）

（8）把可能补语中的助词“得”省略不说。例如：

我拿动，他拿不动。（我拿得动，他拿不动。）

可拿动？（拿得动拿不动？）

你能看懂吗？（你能看得懂吗？）

（9）两种通行的方言疑问句式。

①可问句。与普通话的反复问句相当。例如：

长得可好看？（长得好不好看？）

班上可哈有人？（班里还有没有人？）

②好问句。与普通话的程度问句相当。例如：

一桶水有好重?(一桶水有多重?)

你好高?(你有多高?)

(10) 用“不来”做动词否定补语，表示“不会做什么”的意思。例如：

这道题我做不来。(这道题我不会做。)

我跳不来舞。(我不会跳舞。)

3. 皖西赣语

(1) 常用“老”“头”“子”作为名词词缀，对应的普通话词有很多则没有这些词缀。例如：老娘（娘）、老母猪（母猪）、老哇（乌鸦）、日头（太阳）、哑子（哑巴）、急子（结巴）、个子（个儿）。

(2) 动词后面常用助词“到”（轻声）表示持续状态，用助词“脱”（轻声）表示动作的结果。例如：

坐到看电视。(坐着看电视。)

困到想心思。(躺着想心事。)

饭碗打脱着。(饭碗打碎了。)

衣也穿脱着。(衣服也穿破了。)

(3) 人称代词在形式和用法上与普通话有不同的地方。

①第一人称复数“我几（个）”相当于普通话的“我们、咱们”。没有“咱们”的说法，当“咱们”的数量为两人时，大都说成“我两个”。

②第二人称有“尔（音n）、尔几（个）”等，没有敬词“您”的说法。

(4) 指示代词都有三指，即近指、中指、远指。近指用“得”（这），中指用“嗯”（那），远指用“喂或兀”（那），其中“喂或兀”比“嗯”所指更远。普通话只有近指（这）和远指（那）。例如：

得个大，嗯个小，喂个更小。

不在得的，也不在嗯的，是在喂的。

(5) 有多种多样的增强形容词意义和感情色彩的方式，很多都是普通话中所没有的。例如：老高（很高）、老高老高（很高很高）、老深（很深）、老深老深（很深很深）、红呵呵（很红）、黑漆漆（很黑）、干巴巴（很干燥）、齐扎扎（很齐整）、滚烫（很烫）、生疼（很疼）、喷香（很香）、焦干（很干燥）。

(6) 常用“把”、“落”、“佗”等介词或主动句表示被动。例如：

蛇把老王咬着。(老王被蛇咬了。)

我落小李讲。(我被小李批评。)

小明佗到老师骂。(小明被老师批评了。)

地上的水晒干着。(地上的水被晒干了。)

酒我喝掉着。(酒被我喝完了。)

(7) 双宾语句指物、指人的两个宾语的位置与普通话相反。例如：

把点钱我。(给我点钱。)

借一本书我。(借给我一本书。)

(8) 常用“……得死(或得古怪)”表示程度很深。例如：

小明丑得死。(小明丑得很。)

小王憨得古怪。(小王做事非常慢。)

(9) 不等式比较句的说法与普通话不同。

①甲+形容词+似+乙。例如：

今年好似旧年。(今年比去年好。)

瘦死的骆驼大似马。(瘦死的骆驼比马大。)

②甲+形容词+乙+数量。例如：

我小老王两岁。(我比老王小两岁。)

我高小明一年级。(我比小明高一年级。)

4. 皖南宣州吴语

(1) 常用“得”做名词后缀，普通话里无此后缀。例如：燕得(燕子)、鸭得(鸭子)、帽得(帽子)、花得(花儿)、手套得(手套儿)、蚂蚁得(蚂蚁)。

(2) 人称代词与普通话有较大差别。

①常用的单数三称代词：第一人称是“阿、阿侬”、第二人称是“尔、尔侬”、第三人称是“渠、渠侬”。

②常用的复数三称代词：第一人称是“我拉、我低、我答”，第二人称是“尔拉、尔低、你答”，第三人称是“渠拉、他低、渠低、他答”。

③普通话中用“咱们”的说法，方言大都说成“我们”。两个人时一般说成“我两个”。

(3) 指示代词与普通话相差也较大，而且各地说法不一。以太平话为例，常用的近指代词有“以里、以些、以样”等，远指代词有“碍算儿(那里)、碍些、碍样儿”等。

(4) 加强形容词的意义，基本上不用前加程度副词“很”、“非常”，而是采用附加描写性语素的办法。例如：猫软(很软)、猫软猫软、透湿(很湿)、透湿透湿、老远(很远)、老远老远、稀化(很烂)、稀化稀化。

(5) 常见形容词前缀有“滴滴”(或“点点”)，后缀有“西西”和“不拉基”。例如：滴滴粗(很细)、滴滴重(很轻)、甜西西(有点甜)、痒西西(有点痒)、酸不拉基(酸味不正，不好吃)、瘦不拉基(很瘦的样子，不好看)。

(6) 用“咯”表示普通话的动态助词“着、了、过”。例如：

电灯还亮咯。(电灯还亮着。)

我吃咯饭就走。(我吃了饭就走。)

饭煮好咯。(饭煮好了。)

电影我看咯了。(电影我看过了。)

(7) 用“把”表示“给、送”的意思，普通话里无此用法。例如:

把我两件衣。(给我两件衣服。)

我就不把渠。(我就不给他。)

(8) 双宾句的格式为：把+宾（物）+把+宾（人)。例如:

把两张纸把我。(给我两张纸。)

把格个书把我。(把那本书拿给我。)

(9) 被动句式大都以主动式表述。例如:

他打掉一个杯子。(杯子被他打破一个。)

蚊得把我咬咯一下。(我被蚊子咬了一下。)

(10) 正反式疑问句的格式为：可（或“格”、“果”）+X。例如:

我去打篮球，你格去?(我去打篮球，你去不去?)

格个菜格好吃?(这道菜好吃不好吃?)

(11) 动词“来”和“去”习惯直接连带处所宾语。例如:

你来我家我就不走。(你到我家来我就不走。)

小王去家里担东西。(小王回家去拿东西。)

此外，太平等地还有“家去”（回家）的说法，可看作是“去家”的反说式。

5. 皖南徽语

(1) 名词常用的前缀有“阿”和“老”，后缀有“头”、“佬”、“鬼”，与这些名词对应的普通话词或者没有词缀，或者改用其他词缀。例如：阿爷（面称父亲)、阿姨（面称母亲)、老朝（面称祖父)、老婺（面称祖母)、鼻头（鼻子)、针头（针尖)、驼背佬（驼子)、乡巴佬（乡下人)、邋遢鬼（不讲卫生的人)、消拨鬼（诙谐且好开玩笑者)。

(2) 名词有两种重叠形式与普通话不同。

①AA式：大都是小物品和小动物的名称。例如：瓶瓶（瓶子)、馍馍（馒头)、虾虾（虾子)、蟹蟹（螃蟹)。

②AAB式：一般是表示事物、时间和方位的名词。例如：壁壁虎（壁虎)、宝宝贝（宝贝)、绵绵雨（连绵小雨)、日日朝（天天)、外外后年（未来的第四年)、大大前年（已过的第四年)、前前头（顶前面)、中中间（正中间)、后后头（顶后面)。

(3) 有些单音动词可以重叠，重叠后在用法上有三种与普通话不同。

①重叠后带补语。例如:

听听明白再讲话。(听明白了再说。)

手洗洗干净再吃饭。(手洗干净了再吃饭。)

②有些及物动词重叠后可以连带宾语，并带有动作完成的意义。例如：

洗洗面嘴再吃饭。（洗了脸再吃饭。）

尔梳梳头就来。（你梳了头就来。）

③重叠之后加“看”，表示“试一试”的附加意义。例如：

尔去试试看！（你去试一试。）

让渠来做做看。（让他来做一做。）

（4）用趋向动词“下来”表示“分离”的意思。例如：

尔担槛窗开下来。（你把窗子打开。）

担钮解下来。（把扣子解开。）

（5）用趋向动词“的去”表示“过去”、“下去”的意思。例如：

汽车朝学堂开的去。（汽车向学校开过去。）

像嗯样做的去，明朝都做不完。（像这样做下去，明天都做不完。）

（6）形容词有多种多样的重叠式。

①AAB 式。它既可以强化词义，又可以附加不同的感情色彩。例如：雪雪亮（非常明亮）、漆漆乌（非常黑）、净净光（一点儿也不剩）、死死重（重得像个死尸，令人讨厌）。

②ABB 式。形式上与普通话相同，但有很多词是普通话里所没有的。例如：矮垛垛（很矮）、乌溜溜（很黑）、许多多（很多）、痴呆呆（很傻）。

③ABAB 式。这也是一种形容词加强式，普通话没有这种形式。例如：屁轻屁轻（很轻）、粉嫩粉嫩（非常嫩）、透潮透潮（很潮湿）、老重老重（很重）。

（7）用“老 A”、“顶老 A”、“顶顶老 A”这些格式构成形容词的三级加强式。例如：

正常级	一级加强式	二级加强式	三级加强式
高	老高	顶老高	顶顶老高
重	老重	顶老重	顶顶老重
便宜		顶便宜	顶顶便宜

（8）不少物量词和名词搭配的关系与普通话不同，有些物量词在普通话里很少见或没有。例如：一只牛（一头牛）、一只马（一匹马）、一只猪（一口猪）、一个鱼（一条鱼）、一个船（一艘船）、一个树叶（一片树叶）、一洞桥（一座桥）、一堂屋（一幢房子）、一支山（一座山）。

（9）人称代词与普通话差别较大，如常用的第一人称代词单数有“我伪、我伲”，复数有“我人、我哀、我侬、洒大家”；常用的第二人称代词单数有“尔、尔伪、尔伲”，复数有“尔人、尔哀、尔侬、尔大家”；常用的第三人称代词单数有“渠、渠伪”，复数有“渠人、渠哀、渠侬、渠大家”。

（10）指示代词有近指、中指和远指三种说法。常用的近指代词有“嗯哪、嗯哆”等，常用中指代词有“那哪、那哆”等，常用远指代词有“拿哪、面哆”等。普通话只有近指（这）、远指（那）两种。

（11）用“定语+量+中心语”的结构式表领属关系。例如：

我支钢笔不好写。（我的钢笔不好写。）

尔双鞋袜真漂亮。（你的袜子真漂亮。）

（12）趋向动词“来”、“去”习惯直接连带方位词和处所词构成的宾语。例如：

尔么儿时候来安徽？（你什么时候到安徽来？）

我要去学堂。（我要到学校去。）

（13）用“添”表示行为动作再次重复，相当于普通话的副词“再”，但位置在句末。例如：

跳个舞添。（再跳一个舞。）

尔讲一遍添。（你再讲一遍。）

（14）正反问句有两种不同于普通话的说法。

①谓语+不。例如：

今朝开会不？（今天开会不开会？）

尔人打球不？（你们打球不打球？）

②谓语+不曾。例如：

渠人吃饭不曾？（他们吃没吃饭？）

尔去过北京不曾？（你到没到过北京？）

第二节　普通话语法与安徽方言语法的差异分析

总的来说，皖北、皖中方言都属于北方话，与普通话在语法上的差异较小，但也存在一些差异；皖西、皖南方言与普通话在语法方面的差异相对较大，有的方言语法甚至会造成外地人无法理解的情况。方言与普通话在语法上的差别表现在词法和句法两方面，下面就从这两方面对两者的主要差异作些简要的分析。

一、词法

1. 词缀的使用方面与普通话不同

如皖北、皖中等地的方言“子”缀名词很丰富，其中一部分与普通话相同，如“桌子、儿子、嫂子、袜子、蚊子”等；但还有很多与普通话不同，如“耳机子（耳机）、豆芽子（豆芽）、汗衫子（汗衫儿）、裤头子（裤头儿）、老鼠子（老鼠）、双胞子（双胞胎）”等。还有一些量词、代词也能加

“子”缀，如“一本子、一点子、一根子、几回子、一趟子、这样子、那些子”等。再如皖南宣州吴语有些词缀是普通话所没有的，如“鸭得（鸭子）、帽得（帽子）、滴滴高（很矮）、苦西西（有点苦）、瘦不拉基（很瘦的样子，不好看）”。

2. 人称代词的说法上与普通话有差异

如皖北、皖中等方言第一人称代词都有“俺、俺们”等说法，普通话则没有这类说法。皖西方言里的三称代词都有与普通话不同之处，如第一人称有“我几（个）”，相当于普通话的“我们、咱们”；第二人称有“尔、尔几（个）”，相当于普通话里的“你、你们”；第三人称有“渠、渠几（个）”，相当于普通话里的“他、他们”。皖南吴语、徽语在人称代词方面与普通话的差别更大，详细情况参见前面方言词汇特点的相关内容。

3. 指示代词的说法和用法上与普通话不同

皖北、皖中方言与普通话基本一致，皖西、皖南方言与普通话区别较大。普通话只有近指和远指两种，而皖西、皖南方言都有近指、中指、远指三种，而且说法复杂。如皖西赣语的近指代词用“得”（这）、中指用“嗯”（那）、远指用“喂或兀”（那），其中“喂或兀”比“嗯”所指更远。

4. 动词的动态表示法与普通话不同

淮北方言用单音动词重叠表示动作的持续，如“他唱唱笑起来了”的意思是“他唱着唱着忽然笑起来了”。皖中方言时态助词“着”“了”不分，并共用一个音。如池州话用“到”，“他在操场上跑到”的意思是“他正在操场上跑着”，“看到一遍”意为“看了一遍”。皖西赣语的“到”也有动态助词“着”的作用，如“坐到吃饭”意为“坐着吃饭”。皖南吴语则用“咯”表示动态助词“着、了、过”。如“衣在晾咯”（衣服正在晾着），“拎咯就走”（拿了就走），“书阿侬看咯了”（这本书我看过了）。

5. 形容词的形容程度表示法与普通话不同

皖北方言用“通红”、“通巴红”（很红）、“通巴子红”（极红）这样的格式表示形容词的形容程度逐步增强。皖中、皖西、皖南吴语方言相应的表示法为“软”、“猫软”（很软）、“猫软猫软”（极软）。皖南徽语的形容词加强式比上述三种方言还要丰富，如“高”、“老高”（较高）、“顶老高”（很高）、“顶顶老高”（极高）。方言中还有其他显示形容强度的方式，如皖南吴语中的“滴滴重”（很轻）、“痒西西”（有点痒）、“瘦不拉基”（很瘦）等。

二、句法

1. 正反疑问句的格式与普通话不同

皖北官话、皖中江淮官话、皖南吴语方言都有“副词+谓语”的格式。例如：

皖北官话：你可是学生？（你是不是学生？）

皖中官话：长得可好看？（长得好不好看？）

皖南吴语：借我一支笔，格中？（借给我一支笔，行不行？）

皖南徽语的正反问句格式为“谓语+不（或不曾）”，例如：今朝开会不？（今天开会不开会？）小王去过杭州不曾？（小王到没到过杭州？）

皖西赣语也有“今朝可开会？”“尔是学生不？”这样的正反问句。

2. 双宾语的次序与普通话不同

这主要表现在皖西赣语和皖南吴语中。例如：

皖西赣语：

把一本书我。（给我一本书。）

借几块钱我。（借给我几块钱。）

皖南吴语：

把一本书把我。（给我一本书。）

借几块钱把我。（借给我几块钱。）

3. 可能补语的说法与普通话不同

可能补语前一般不需要结构助词“得”。这主要体现在皖北、皖中方言中。例如：

箱子你可拿动？（箱子你拿得动吗？）

这个题目你可看懂？（这道题你看得懂吗？）

箱子我拿动。（箱子我拿得动。）

这个题目我看懂。（这道题我看得懂。）

4. 在皖中方言中趋向动词“来”、“去”习惯直接带上处所宾语

相当于普通话中的“回（上或到）+处所名词+去（或来）”格式。例如：

你来家里拿样东西。（你回家来拿件东西。）

我去超市买点奶粉。（我到超市去买点奶粉。）

他去学校上课。（他到学校去上课。）

渠去安庆进点货。（他上安庆去买点货物。）

通过上述分析可见，尽管安徽方言语法与普通话语法整体上的差别不大，但皖西、皖南方言与普通话语法差异还是较大。了解这些差异对我们辨正方言语法，准确而熟练地运用普通话语法组词造句都是有好处的。

【思考与练习】

1. 判断并读出下列30组句子中符合普通话语法规范的句子。

（1）我买了一个耳机子。

　　我买了一个耳机。

（2）他个子很高。

他个儿很高。

(3) 这个馍馍真香。

这个馒头真香。

(4) 你去，我也去，咱们一起去。

你去，我也去，我们两个一起去。

(5) 他说着说着就哭起来了。

他说说哭起来了。

(6) 泰山老高老高的。

泰山很高很高。

(7) 学校的食堂有好大?

学校的食堂有多大?

(8) 看电影的人可多?

看电影的人多不多?

(9) 明天上课不?

明天上不上课?

(10) 把一点汤我。

给我一点汤。

(11) 拉住就拉，不要勉强。

拉得住就拉，不要勉强。

(12) 欢迎你到九华山来游玩。

欢迎你来九华山游玩。

(13) 现在的比分是二比三。

现在的比分是两比三。

(14) 这个项目要两三年才能完成。

这个项目要二三年才能完成。

(15) 借几块钱把我。

借给我几块钱。

(16) 这条裤子你能穿。

这条裤子你穿得。

(17) 我们去问他来。

我们问他去。

(18) 天黑漆漆的怪怕人的。

天非常黑挺吓人的。

(19) 衣服晒得焦干的。

衣服晒得很干。

(20) 这花儿多好看啊!

这花儿好好看啊！

(21) 我太紧张了。
我太过紧张了。

(22) 别让他跑了。
别被他跑了。

(23) 今天走了五十里路。
今天走得有五十里路。

(24) 我们走到走到就到了。
我们走着走着就到了。

(25) 天津麻花我有吃过。
天津麻花我吃过。

(26) 这种舞你跳得来跳不来？
这种舞你会跳不会跳？

(27) 我想看他下子。
我想看一下他。

(28) 衣服送一件给我。
送一件衣服给我。

(29) 我一定要弄清楚。
我一定要弄弄清楚。

(30) 菜老很了，吃不得了。
菜太老了，不能吃了。

2. 请按照普通话规范搭配并读出下列数（以“一”为例）量名短语。

量词：把　张　棵　支　扇　辆　条　间　头　所

名词：汽车　钥匙　桌子　钞票　树　笔　牛　学校　门　草

3. 造句练习。请根据题中要求造出符合普通话语法规范的句子。

(1) 三个“把”字句。

(2) 三个“被”字句。

(3) 三个双宾句。

(4) 三个正反问句。

(5) 三个比较句（分别包含大于、等于、小于三种关系）。

(6) 三个分别包含动态助词“着、了、过”的句子。

(7) 五个分别包含不同数量短语的句子。

第六章 作品朗读

朗读有广义和狭义之分。广义的朗读就是把书面文字变为有声语言，就是清晰响亮地把文字念出来。它包括一般化的念读、规范化的朗读和艺术化的有声朗诵三种形式。狭义的朗读就是用规范化的有声语言把文章念出来。朗读者在朗读过程中，应注意自己的声音、语调、停连、节奏、语气和语速等方面的内容。

朗读不是简单的“照字读音”，而是对书面作品的再创作。朗读者要通过自己的声音，准确、完整地传达出书面作品的内容，所要表达的思想感情，要把书面语言变为有生命的诉诸人的听觉的活生生的有声语言，这就需要朗读者具有较深厚的文化素质和较强的思维能力，还必须具有一定的驾驭有声语言的能力。一个人一旦掌握“从无声语言到有声语言”的转换能力，经常朗读，可以培养人们对于语言敏锐、细致的感受能力和鉴赏能力，有助于深入、具体地理解文章的内容、体会作者的思想感情，使朗读者与作者的思想感情产生共鸣，潜移默化地受到思想教育和审美教育。

第一节 朗读的特点

一、朗读的规范性

朗读是由念读发展而来。朗读从本质上说还是一种“念读”，一种应用型的朗声阅读。但从总体上说，朗读要注重于通过语言的规范、语句的完整和语意的精确，将原文字的主旨明晰准确地转换为相应的有声语言传给听众，它呼唤的是听者的理智思考，使听者能够全面、准确地理解。

二、朗读的再创性

鲁迅说过，文章有三美：“意美以感心，一也；音美以感耳，二也；形美以感目，三也。”作品是供人阅读的。而默读作品是很难体会出文章的音美，只有放声读才能对文章的整体，包括语音方面的特色，有较深入的理解。朗读就是从字句抓住声音节奏，从声音节奏中抓住作品的情趣、气势或神韵。

朗读首先需要读者理解作品，然后根据自己的理解在尊重原作的基础上，既要与作者心灵相通，又要与听众神情交流；要把自己的感情倾注于作品中。这就要用停连、重音、节奏、语气、句调、基调等这些声音技巧来表情达意，再现作品的形象，传达作者的思想感情。朗读中使用的各种声音技巧就是朗读者的一种再创造。

三、朗读的针对性

朗读者需要根据不同的内容、目的、对象、场合、运用不同的声音技巧来进行朗读。比如，朗读学术论文和朗读新闻报道语气不同；朗读一篇优美的散文和朗读一篇政论文、说明文所用的语言技巧不同；班主任给学生读一则通知和部队首长给战士宣读一个命令所用的基调、节奏、气势完全不同。朗读要因文而异、因人而宜、因地制宜。这也是对朗读者应变能力和朗读技巧的检验。

第二节　朗读的基本要求

规范化朗读的一般要求是：语音标准规范；语意内涵明确；语气轻重适宜；语调变化有致；速度快慢得体；节奏和谐协调；停顿长短恰当；情感鲜明有度。就普通话水平测试中的朗读而言，朗读一篇作品，大体要做到以下几点：

一、疏通语句，正确地读出字音

普通话水平测试朗读材料有60篇作品，面对陌生的材料，如果不做好充分而细致的准备工作，朗读时就难免会出错。因此，在朗读前一定要疏通语句，解决每个字、每个词的声母、韵母、声调、语流音变、儿化、轻重格式等问题，特别要注意按照《普通话异读词审音表》校正容易误读的字音。没有把握的字一定要查工具书，不能想当然的进行草率处理。发音上力求做到吐字清晰、响亮，声母成阻、持阻部位准确，韵母读得完整、响亮，调值要到位。再者，正确的朗读还包括要做到不落字、不添字、不颠倒、不回读。要多听朗读磁带，训练自己的朗读语感。另外，对一篇作品的朗读要针对自己的方言与普通话的差异，将难点音在字头上做出标记。标记符号以自己明确为准则，自行设计。

二、分析作品，准确地把握感情基调

全面、准确、深入的理解作品的内容，体会其中蕴涵的思想感情，是朗读取得成功的首要前提和基础。朗读中各种声音技巧是重要的，但是，如果对作品没有全面的、透彻的把握，甚至理解出现偏误，那么声音技巧就失去了存在的基础，就无法起到表情达意的作用。

在朗读作品时，首先要弄清作品中的生词和语句的意思。其次要疏理作品的脉络，分析作品的层次，理清作者的思路。只有朗读前做到对作品层次结构心中有数，用声音表达时才能做到层次分明。

三、具体细致，真切地感受作品

作品是由语言文字组成的，而语言文字从本质上说是一种有意义的符号，是反映客观事物的。朗读者要通过对语言文字的分析、理解“感受”到作品所写的客观事物。

朗读者对作品的感受首先表现为形象感受。这种形象感受是由作品在人们心中引起的各种感觉和知觉体验。在日常的学习、工作和生活中，我们常常见到这样一种现象，某人的普通话语音非常准确，但朗读作品不能给听众留下深刻的印象。其中一个主要原因是朗读者本人在朗读时对作品内容形象的感受和体验不够。就视觉感受而言，朗读者有没有感受，感受的程度如何，直接影响他的朗读效果。例如峻青的《第一场雪》中有一段雪景描写：

大雪整整下了一夜。今天早晨，天放晴了，太阳出来了。推开门一看，嗬！好大的雪啊！山川、河流、树木、房屋，全都罩上了一层厚厚的雪，万里江山，变成了粉妆玉砌的世界。落光了叶子的柳树上挂满了毛茸茸亮晶晶的银条儿；而那些冬夏常青的松树和柏树上，则挂满了蓬松松沉甸甸的雪球儿。一阵风吹来，树枝轻轻地摇晃，美丽的银条儿和雪球儿簌簌地落下来，玉屑似的雪末儿随风飘扬，映着清晨的阳光，显出一道道五光十色的彩虹。

在朗读这段文字时，朗读者应该“看到”大雪过后自然界那雪白的世界。视觉形象感受越清晰越强烈，朗读时声音的形象性就越强，朗读效果就越好。

朗读时一定要再现作品的情景，尤其是记叙文体的朗读，朗读者要在头脑中展现出作品描绘的特定情境、场景，把作品中叙述、描写的一切都作为亲眼所见、亲耳所闻、亲身经历，进行设身处地的感受。

朗读者对作品的感受还表现为逻辑感受。这主要是作品逻辑关系的感受。朗读者既要善于从总体上把握文章的内在联系，又要能具体细微地理解句子之间、词语之间连缀的逻辑关系。在朗读说明文体和议论文体时对作品的逻辑感受就非常重要。

四、充满自信，有感情地朗读作品

朗读者在真正领会到作者思想感情之后，要再现作者的思想感情，就只有朗读。首先要求朗读者要充满自信。充满自信就是要敢于大声地读，流利地读。读得流畅，不顿读，不读破句子，不中断朗读，并能根据作品内容确定合适的朗读速度。要流利的朗读，必须在朗读过程中练习视觉扫描的准确性，不能似是而非，丢三落四，要注意扩大视知觉单元，做到“一目十行”，才能减少直至避免朗读不流利的现象。另外，还要注意克服朗读时的有口无心、两字或三字一拍的“唱读”等固定腔调。

第三节　朗读的基本技巧

朗读作为一种再创作，要在分析、理解和具体感受作品的基础上，把书面文字转化为表情达意的有声语言，就需要熟练恰当地运用各种朗读技巧。张颂先生认为：“我们主张技巧的实用性和能动性，朗读技巧包括停连、重音、语气、节奏四个方面。它们各有侧重，互相区别，又具有共性，互相沟通。它们成为朗读声音形式的四大支柱。任何朗读者，朗读任何作品，都不能没有它们的支持，朗读过程中，正是它们‘赖以柱其间’，失去它们，就会如大厦之必倾。”结合普通话水平测试，我们谈谈停连、重音、语气、节奏这些技巧在朗读中的运用。

一、停连

停，指的是停顿；连，指的是连接。朗读一篇作品，作品段落之间、层次之间、句子之间、词组及词之间都存在着声音的停顿和连接。停顿和连接是有声语言表情达意的重要方法。朗读中停顿和连接处理得好，可以有效地控制朗读的速度，更明确地传达作品的内涵。这里我们重点介绍朗读中的停顿。朗读作品需要停顿是由朗读者的生理和心理决定的。从生理上来说，停顿是被动的。一个人不可能一口气读完一个很长的句子，更不能一口气读完一个段落，否则，会造成上气不接下气。朗读者必须要调节气息，要自然换气，要使声带、唇舌等发音器官稍作休息。从心理上说，停顿是主动的。停顿是为了更好地表现作品的内容、结构和作者的思想感情，这是由朗读者主观设定的。否则由于句子被破坏，容易给听众带来理解上的困难，有时还容易造成误解。

停顿设计，大体上可以从以下几个方面来进行：

1. 区分性停顿

区分性停顿是用有声语言将书面语言中的词与词之间、词组与词组之间的关系区分开来。区分性停顿的作用使语意表达清楚、明白，便于听者理解。

下面我们举例说明什么是区分性停顿。（说明：“/”是停顿号，表示句中语意间的短暂停顿；“∧”表示停顿时间稍长一些，如用于标点符号处，表示

停顿时间再长些。“⌒”只用于有标点符号的地方，表示缩短停顿时间连起来读）

在一篇介绍漫画家张乐平的文章中，读到他在解放前为救济贫苦儿童举行义卖画展时，有这样一句：“最贵的一张值八百美元。”

最贵的一张值八百美元。

最贵的/一张/值/八百/美元。

最贵的一张/值八百美元。

最贵的/一张值八百美元。

由以上例子可看出，第一句没有停顿，语意不明确。第二句停顿过多，语意仍然不明确。第三和第四句语意不同，但停顿后语意明确。第三句是说一张画最贵，卖到八百美元；第四句是说最贵的有好几张，每一张都可以卖八百美元。这就是因为停连的位置不同，产生不同的语意。由此可见，区分性停顿在朗读时不可忽视。再如：

我常想/读书人是世间幸福人，因为/他除了拥有/现实的世界之外，还拥有/另一个更为浩瀚/也更为丰富的世界。（谢冕《读书人是幸福人》）

天空的霞光/渐渐地淡下去了，深红的颜色/变成了绯红，绯红/又变为浅红。最后，当这一切红光都消失了的时候，那突然显得高而远了的天空，则呈现出一片肃穆的神色。（峻青《海滨仲夏夜》）

从以上例子可以看出，不能机械地理解区分性停顿。区分性停顿并不是简单的一词一停顿或一词组一停顿。

2. 呼应性停顿

写作讲究呼应，朗读也必须讲究。在朗读中，“呼”和“应”是语意的一种内在联系。因此，呼应性停顿是为显现语句前后语意间的呼应关系而安排的停顿。确定呼应性停顿，在朗读前，首先必须弄清何为“呼”，何为“应”。例如：

下面请何校长介绍^红旗小学/开展城乡少年“手拉手”活动的^具体做法。

这句话中，“介绍”一词是“呼”，在它后面要有停顿；“具体做法”是“应”，在它前面也有停顿。在呼应之间的部分，可以运用区分性停顿，如“红旗小学”之后可稍作短暂停顿。再如：

开始还伴着一阵儿小雨，不久/就只见^大片大片的雪花，⌒从彤云密布的天空中/飘落下来。（峻青《第一场雪》）

这句话中，“只见”是“呼”，“大片大片的雪花，从彤云密布的天空中飘落下来”这个主谓词组是“应”，所以在“只见”后面的停顿时间要稍长些。同时，为了突出这一呼应关系，“从彤云密布的天空中”前面是逗号，朗读时也要缩短停顿时间，连起来读。

呼应性停顿还有逐层呼应，有大呼应套小呼应；也有一呼多应、几呼一应等情况。例如：

学生们一致认为，王芳的口语表达^准确、流畅、生动。

这是一呼三应的关系。在“王芳的口语表达”之后要做较大的停顿，而“准确、流畅、生动”中间的两个停顿要缩短。否则，后面的两个短语容易脱节，有应无呼，一呼三应的语意就模糊不清了。

3. 并列性停顿

并列性停顿是指对作品中有并列关系的句子，朗读时在其位置同等、样式相同的词语间要做时间大致相同的停顿，以显示其并列关系。例如：

我看了一会儿，有人/投一两元，有人/投几百元，还有人/掏出支票填好后投进木箱。（青白《捐城》）

人们/从《论语》中/学得智慧的思考，从《史记》中/学得严肃的历史精神，从《正气歌》中/学得人格的刚烈，从马克思/学得人世的激情，从鲁迅/学得批判精神，从托尔斯泰/学得道德的执着。（谢冕《读书人是幸福人》）

前一句表示并列关系的词语是相同的。而后一句“人们”是后面并列句的主语应视为区分性停顿。为更清晰地显示并列关系，朗读后面的“从《论语》中”“从《史记》中”“从《正气歌》中”“从马克思”“从鲁迅”“从托尔斯泰”这些介词结构时，将字数多的介词结构读得稍紧凑一些。

有些作品的并列成分较多，朗读时为了显示并列成分都一样停顿，就显得机械、呆板了。为了避免这种情况，可以把内容相关的词语并为一组，一组内部词语之间的停顿要相应缩短。例如：

大的，⌒小的，花的，⌒黑的，有的/站在树枝上叫，有的/飞起来，在扑翅膀。（巴金《小鸟的天堂》）

这句话中“大的”“小的”是说鸟的形状，将之并为一组；“花的”“黑的”是写鸟的颜色，将之并为一组。组与组之间停顿时间比组内词语停顿时间稍长一些。而后面两个“有的”是另一类型的并列成分。

4. 强调性停顿

朗读作品时，有时为突出强调某个句子、词组或词，可以在这个句子、词组或词的前面或后面停顿，也可以前后同时停顿。这就是强调性停顿。例如：

花生做的食品都吃完了，^父亲的话/却深深地/印在/我的心上。（许地山《落花生》）

中国的牛，没有成群奔跑的习惯，永远/沉沉实实的，默默地工作，平心静气。这/就是中国的牛！（小思《中国的牛》）

第一句话通过强调性停顿说明了父亲的话对“我”的影响之深。第二句话有两处强调性停顿，表达了作者对“中国的牛”深深的敬意。

5. 转换性停顿

朗读时为了表达语意、情感、态度的转变，就要运用转换性停顿。转换性停顿通常用书面语言中表示转折关系的关联词语（如“可是”“然而”“但是”“却”等）来确定。一般来说，表示转折关系的关联词语前面的停顿时间稍长，而后面的词语中的停顿时间要相对缩短。例如：

现在，无论是这条被悬崖峭壁的阴影笼罩的漆黑的河流，还是那一星明亮的火光，都经常浮现在我的脑际，在这以前和在这以后，曾有许多火光，似乎近在咫尺，不止使我一人心驰神往。^可是/生活之河/却仍在那阴森森的两岸之间流着，而火光/也依旧非常遥远。因此，必须加劲划桨……（［俄］柯罗连科《火光》，张铁夫译）

自然，在热带的地方，日光是永远那么毒，响亮的天气，反有点叫人害怕。^可是，在北中国的冬天，而能有温情的天气，济南真得算个宝地。（老舍《济南的冬天》）

这两句在转折关联词“可是”前停顿的时间要长一些。后一句“在北中国的冬天”和“而能有温情的天气”可连起来读。

6. 生理性停顿

作品中的人物在说话时因生理原因（如语噎、哽咽、生命垂危时的叮咛、气喘嘘嘘的报告、个别人物的口吃等）造成的语流不流畅、断断续续等，朗读时必须学会运用生理性停顿。但这种停顿只给以必要的、象征性的表现，不强调夸张，以免做作。例如：

青年人手持酒杯一下子愣住了，既尴尬又非常遗憾地说：“可是，我……我……还没向您/请教呢……”（纪广洋《一分钟》）

王友感动极了，他流着眼泪后悔地喊道：“陶……陶校长/你打我两下吧！我砸的/不是坏人，而是自己的同学啊……”（《教师博览·百期精华》中《陶行知的“四块糖果”》）

前一句“请教呢”前面的停顿，是为了表现青年人在被下逐客令时的尴尬而遗憾的情景。后一句的停顿是王友后悔时因激动而哽咽的情态。

以上六种停顿不是孤立的，而是相互配合的。但在实际朗读中停顿不止这六种。如何使停顿在朗读中恰当的运用，使之丰富、完美，还要与其他朗读技巧配合使用。

朗读的停顿，我们一方面要遵循以上所谈的停顿的几个方面，另一方面要遵循按标点符号要求予以适当停顿的习惯。因为标点符号也是我们确定停顿的重要依据。有人概括出各种标点符号停顿时间长短的一般规律：顿号<逗号<分号、冒号<句号、问号、叹号

但在朗读时，也不是见到标点符号就停顿。标点符号只有有限的几种，而朗读的作品是非常复杂的，因此实际朗读中停顿的处理应该比标点符号更

细致、更灵活。例如：

每一个人的人生，都是这诗篇中的一个词、一个句子或者一个标点。你可能没有成为一个美丽的词，一个引人注目的句子，一个惊叹号，但你依然是这生命的立体诗篇中的/一个音节、一个停顿、一个必不可少的组成部分。（［美］本杰明·拉升《站在历史的枝头微笑》）

教练/把小男孩儿/从树坑里拉上来，⌒说，我今天/得到了世界上最好的礼物。明天/你就到我的训练场去吧。（刘燕敏《天才的造就》）

［朗读训练］（停连）

材料一：

盼望着，盼望着，东风来了，春天的脚步/近了。

一切/都像刚睡醒的样子，欣欣然/张开了眼。山^朗润起来了，水^涨起来了。太阳的脸^红起来了。

小草^偷偷地/从土里钻出来，嫩嫩的，绿绿的。园子里，田野里，瞧去，一大片/一大片/满是的。坐着，躺着，打两个滚，踢几脚球，赛几趟跑，捉几回迷藏。风/轻悄悄的，草/软绵绵的。

……

“吹面不寒/杨柳风”，不错的，像母亲的手/抚摸着你。风里带来些/新翻的泥土的气息，混着青草味儿，还有各种花的香，都在微微湿润的空气里/酝酿。鸟儿将巢/安在繁花绿叶当中，高兴起来了，呼朋引伴地卖弄清脆的喉咙，唱出/婉转的曲子，跟轻风流水/应和着。牛背上/牧童的短笛，这时候/也成天嘹亮的/响着。

雨/是最寻常的，一下/就是三两天。可别恼。看，像牛毛，像花针，像细丝，密密地斜织着，人家屋顶上/全笼着一层薄烟。树叶儿/却绿得发亮，小草儿/也青得/逼你的眼。傍晚时候上灯了，一点点/黄晕的光，烘托出一片/安静而和平的夜。在乡下，小路上，石桥边，有撑起伞/慢慢走着的人，地里/还有工作的农民，披着蓑/戴着笠，他们的房屋，稀稀疏疏的，在雨里/静默着。

天上^风筝/渐渐多了，地上孩子/也多了。城里乡下，家家户户老老小小，也赶趟儿似的，一个个都出来了，舒活舒活筋骨，抖擞抖擞精神，各做各的一份儿事去。“一年之际/在于春”，刚起头，有的是/工夫，有的是/希望。

春天^像刚落地的娃娃，从头到脚/都是新的，它生长着。

春天^像小姑娘，花枝招展的，笑着，走着。

春天^像健壮的青年，有铁一般的胳膊/和腰脚，领着我们^上前去。（朱自清《春》）

材料二：

它没有婆娑的姿态，没有屈曲盘旋的虬枝，也许你要说/它不美丽，——

如果美/是专指“婆娑”或“横斜逸出”之类而言，那么，白杨树/算不得树中的好女子；但是/它却是伟岸，正直，朴质，严肃，也不缺乏温和，更不用提它的坚强不屈与挺拔，它是树中的伟丈夫！当你在积雪初融的高原上走过，看见平坦的大地上/傲然挺立这么一株/或一排白杨树，难道^你就只觉得/树只是树，难道^你就不想到/它的朴质，严肃，坚强不屈，至少/也象征了北方的农民；难道^你竟一点儿也不联想到，在敌后的广大土地上，到处有坚强不屈，就像这白杨树一样/傲然挺立的/守卫他们家乡的哨兵！难道^你又不更远一点想到/这样枝枝叶叶靠紧团结，力求上进的白杨树，宛然象征了/今天/在华北平原纵横决荡/用血/写出新中国历史的那种精神和意志。（茅盾《白杨礼赞》选段）

二、重音

1. 重音的主要类型

在朗读作品时，有些音节或词语往往需要突出强调，在不改变这些音节和词语的原有声调的情况下，运用加大音量、拖长字音等方法予以强调，这就是重音。朗读时是否恰当地运用重音，关系到是否准确生动的表现作品。

重音主要有以下几种：

（1）并列性重音

作品中常有并列语句，词、词组呈现并列关系。最主要的并列成分便成为并列重音。例如：

落光了叶子的柳树上挂满了毛茸茸亮晶晶的银条儿；而那些冬夏常青的松树和柏树上，则挂满了蓬松松沉甸甸的雪球儿。（峻青《第一场雪》）

哦，雄浑的大桥敞开胸怀，汽车的呼啸、摩托的笛音、自行车的叮铃，合奏着进行交响乐；南来的钢筋、花布，北往的柑橙、三鸟，绘出交流欢跃图——（郑莹《家乡的桥》）

一般来说，并列性语句，都会有并列性重音。并列性重音在并列语句中大体处于相似的位置。并列性重音显示并列关系中的区别性，那些重复出现的相同词语一般不作重音。

例如：

古时候有一个人，一手拿着矛，一手拿着盾，在街上叫卖。

（2）对比性重音

对比重音是为了突出语意重点，但采用的是对比句式，往往更明显地突现两个语意相反、相对的词或词组，起到强化对比观点、深化对比感情态度、渲染对比气氛等作用。例如：

比起在大平原上、浩瀚的海边，或峰峦的顶巅观望日出，心中竟有完全不同的感受，那儿是寂寞的、孤独的、忧郁的，这儿却是热闹的、昂扬的、欢快

的。（《高楼远眺》）

世界上的任何东西，不管是大是小，是多是少，是贵是贱，都各有各的用处，不要随便就浪费了。（《珍视自己的存在价值》）

他们的被褥是单薄的，他们的书籍是丰富的。（谌容《人到中年》）

有时侯，对比性重音在语句中难以找到相应的词或词组，而是可能在一个句子里包含着或隐藏着与另一个与之相对比的关系，这就要求我们认真分析探究。例如：

要从我这里得到有价值的东西，你们想错了。

（3）呼应性重音

呼应性重音一般有三种形式。

①问答式呼应性重音，在朗读作品时问答式呼应重音较为常见。所问所答，要抓住它们的内在联系，即呼应重点。问话包含着要求回答的方向、内容和重点，答话的重点更需要准确、恰当，要有呼有应。例如：

“什么是永远不会回来呢？”我问着。

“所有时间里的事物，都永远不会回来。”（《和时间赛跑》）

②线索式呼应性重音，一般是相同或相近的语句在作品中的反复出现，成为贯穿全文的线索。例如：

白杨树实在是不平凡的，我赞美白杨树！（茅盾《白杨礼赞》）

③分合式呼应性重音。它包括领起和并列重音、总括重音。例如：

葡萄灰、梨黄、茄子紫，这些颜色天空都有，还有些说也说不出来，见也未见过的颜色。（萧红《火烧云》）

这句话中的“这些”是总括重音，与前面三个表示不同颜色的词的重音构成呼应关系。

（4）递进性重音

递进性重音一般有两种形式。

①连续性重音。为了揭示出作品中人物、事件、行为、空间等的变化顺序，显示某种连续递进性的语意。有时，前一个句子出现的人、事物、概念等在后一个句子中再次出现并引出新的人、事物、概念时，要用连续递进性重音区分。例如：

英国威尔斯有个谷口村，村外有座小山。山下有一家酒店、两家快餐店、两个咖啡馆和一个书店。（《锁山艺术》）

“谷口村—小山，酒店—快餐店—咖啡馆—书店”，很清楚的表现了空间顺序的变化。

在茂密的森林里，有一只老虎正在寻找食物。一只狐狸从老虎身边窜过。老虎扑过去，把狐狸逮住了。

“老虎—狐狸—扑—逮”，很明确地表现了一件事的连续发展。连续性的重音简要地显示了事物的进程。

②联珠性重音。也叫顶针续麻句式，是一种修辞手法。这种句式上句和下句开头的词语完全相同，重音的位置常在句末。例如：

竹叶烧了，还有竹枝；竹枝断了，还有竹鞭；竹鞭砍了，还有深埋在地下的竹根。（《井冈翠竹》）

联珠性重音给人一种顺水推舟的感觉，更有利于步步递进，一气呵成。

递进性重音还常常表现在一些关联词语上，如“不但……而且”“也”“还”等。例如：

天上的风筝渐渐的多了，地上的孩子也多了。城里乡下，家家户户，老老小小，也赶趟似的，一个个都出来了。（朱自清《春》）

他除了寄支票外，还寄过一封短柬给我，——（《父亲的爱》）

递进性重音具有顺序性、新鲜性、链条直进性，抓住这一点，有利于朗读者准确的确定重音位置。

（5）转折性重音

转折性重音，常用在表示前后语意发生转折的词语上。朗读时，可以借助表示转折关系的词语确定转折性重音。例如：

我决定不占为己有，而把它送给博物馆，让更多的人来欣赏。（《一言既出》）

所以你们要像花生，它虽然不好看，可是很有用，不是外表好看而没有实用的东西。（许地山《落花生》）

这就是白杨树，西北极普通的一种树，然而决不是平凡的树！（茅盾《白杨礼赞》）

地球上的人都会有国家的概念，但未必时时都有国家的感情。（冯骥才《国家的荣誉》）

转折性重音有时也会落在表示转折关系的词语上，如“然而”“但是”“可是”“却”等。

朗读时，一定要先获得转折的感受，然后再确定转折性重音；转折性重音又加强了这种感受。

（6）强调性重音

朗读作品时，为了突出作品中的重要的、关键性的词语，要运用强调性重音。强调性重音的位置是不固定的，随需要强调的意思而移动。强调性重音落在不同的词语上，表示的语意也随之发生变化。例如：

我非常喜欢启功先生的书法。（表示不是喜欢他的画或诗）

我非常喜欢启功先生的书法。（突出喜欢的对象）

我非常喜欢启功先生的书法。（表明喜欢的程度）

我非常喜欢启功先生的书法。（突出强调喜欢的主体是谁）

强调性重音不是每句话中都有，朗读时要根据具体的语境和表情达意的需要灵活确定。例如：

可是，在北中国的冬天，而能有温晴的天气，济南真得算个宝地。（老舍《济南的冬天》）

30 多年过去，我戴着满头霜花回到故乡，第一紧要的便是去看望小桥。（《家乡的桥》）

（7）比喻性重音

朗读作品时，如果有比喻句，重音常常落在用来比喻的词语（喻体）上。例如：

家乡村边有一条河，曲曲弯弯，河中架一弯石桥，弓样的小桥横跨两岸。（《家乡的桥》）

玉屑似的雪末儿随风飘扬，映着清晨的阳光，显出一道道五光十色的彩虹。（峻青《第一场雪》）

比喻的范围很广，有明喻、暗喻、隐喻等，因此在朗读时不要只看文字上有没有"像"、"似"、"犹如"、"……似的"等字样。要注意分析辨别。

（8）拟声性重音

拟声是对声音的模拟。如许多象声词可充当拟声性重音。象声词在句中能否作为拟声性重音，要看它在句中是否起"传神"作用，其他词或处于必然如此的地位，或只起补充、辅助作用。例如：

雨，哗哗地下着。

雨，哗哗地下个不停。

第一句，"下着"是雨的必然如此的的动态，"哗哗"是传神之语。第二句，强调的是雨长时间的下，重音应在"不停"上。"哗哗"就不能作为拟声性重音。

确定拟声性重音，必须把握象声词与中心词的内在联系，必须把握包含象声词的语句成分与同这成分搭配的语句成分之间的内在联系。不能把所有的象声词都作为拟声性重音。

2. 重音的表示方法

领会了作品的思想感情，找准了语句的重音，在朗读时就要用恰当的方式表现出来。下面我们就谈谈重音的表示方法。

重音不仅仅是加大音量，把要强调的词语读得重一些。加大音量是表示重音最常用、最简单的方法，但不是唯一的方法。朗读时要根据思想感情表达的需要，结合具体语境采用灵活多样的表示方法。

（1）加大音量

音量是声音的强弱，它由音波振幅大小来决定。发音时，气流越强，振幅越大，发出的声音就越响。朗读作品时，要把突出强调的字、词语读得重一些、响亮一些，这是表现重音最常见的方法。例如：

在乌云和大海之间，海燕像黑色的闪电高傲地飞翔。（高尔基《海燕》）

那欢乐的叫喊声，把树枝上的雪都震落下来了。（峻青《第一场雪》）

（2）增加音长

朗读时通过增加音长来达到强调的目的。例如：

大雪整整下了一夜。（《第一场雪》）

正是这些老人们的流血牺牲换来了包括他们信仰自由在内的许许多多。（青白《捐城》）

（3）重音轻读

朗读中读音的轻重是相对的，有时有意轻读某些音节，更能起到突出强调的作用。重音轻读常用来表示深沉、含蓄、细腻的思想感情和轻巧的动作、轻微的声音、幽静的环境等。例如：

冬天的山村，到了夜里就万籁俱寂，只听得雪花簌簌地不断往下落，树木的枯枝被雪压断了，偶尔咯吱一声响。（《第一场雪》）

这句话中的"万籁俱寂"、"簌簌"、"咯吱"要轻读，以显示山村雪夜之寂静。

有时重音轻读与拖长字音同时运用，例如：

我仰望一碧蓝天，心底轻声呼喊：家乡的桥啊，我梦中的桥！（《家乡的桥》）

重音轻读与重音重读经常配合使用。例如：

比起在大平原上、浩瀚的海边，或峰峦的顶巅观望日出，心中竟有完全不同的感受，那儿是寂寞的，孤独的，忧郁的，这儿却是热闹的、昂扬的、欢快的。（《高楼远眺》）

朗读时，"寂寞"、"孤独"、"忧郁"轻读，"热闹"、"昂扬"、"欢快"重读，更能突出感受的差异。

（4）提高音高

提高音高是朗读时把要强调的音节的调值增强、夸张一些，以收到引人注意、渲染气氛的效果。例如：

这是胜利的预言家在叫喊：

——让暴风雨来得更猛烈些吧！（高尔基《海燕》）

有时侯在要强调的音节前后做适当的停顿来表示重音，用一字一顿的方式来表现。例如：

但在和平时代，唯有这种国家之间大规模对抗性的大赛，才可以唤起那种遥远而神圣的情感，那就是：^为祖国/而战！（冯骥才《国家荣誉感》）

朗读这句话时，"为祖国"之前停顿时间稍长，然后一字一顿地加重读出

“为祖国而战”几个字，表明此时作者那种炽热的爱国之情已经达到了顶峰。

朗读作品时，如何恰到好处的表示重音，还要以作品所表达的思想感情需要为依据。不仅要把握好语句的重音，还要把握好全篇的音量、音长、音高和语速。要注意一篇文章的开头发音不能太高，否则就会破坏整篇作品抑扬顿挫的语调，该到高潮处，声音上不去；该一口气读完的，不能一气呵成，听来断断续续，朗读起不到应有的效果。

［朗读训练］（重音）

材料一（参考）：

这是入冬以来，胶东半岛上/第一场雪。

雪/纷纷扬扬，下得很大。开始还伴着一阵儿小雨，不久句只见/大片大片的雪花，从彤云密布的天空中/飘落下来。地面上/一会儿就白了。冬天的山村，到了夜里/就万籁俱寂，只听得雪花/簌簌地不断往下落，树木的枯枝/被雪压断了，偶尔/咯吱一声响。

大雪/整整下了一夜。今天早晨，天/放晴了，太阳/出来了。推开门一看，嗬!好大的雪啊！山川、河流、树木、房屋,全都罩上了一层/厚厚的雪，万里江山，变成了/粉妆玉砌的世界。落光了叶子的柳树上/挂满了毛茸茸亮晶晶的银条儿；而那些/冬夏常青的松树和柏树上，则挂满了蓬松松沉甸甸的雪球儿。一阵风吹来，树枝/轻轻的摇晃，美丽的银条儿和雪球儿/簌簌地落下来,玉屑似的雪末儿/随风飘扬，映着清晨的阳光，显出一道道/五光十色的彩虹。

大街上的积雪/足有一尺多深，人踩上去，脚底下发出/咯吱咯吱的响声。一群群孩子/在雪地里/堆雪人,掷雪球。那欢乐的叫喊声，把树枝上的雪/都震落下来了。

俗话说，“瑞雪/兆丰年”。这个话/有充分的科学根据，并不是一句/迷信的成语。寒冬大雪，可以冻死一部分/越冬的害虫；融化了的水/渗进土层深处，又能供应庄稼生长的需要。我相信这一场十分及时的大雪，一定会促进/明年春季作物，尤其是小麦的丰收。有经验的老农/把雪比做是“麦子的棉被”。冬天“面被”/盖得越厚，明年麦子/就长得越好，所以又有/这样一句谚语“冬天麦盖/三层被，来年枕着/馒头睡。”

我想，这就是人们为什么/把及时的大雪/称为“瑞雪”的/道理吧。（峻青《第一场雪》

材料二：

乔治·华盛顿/是美利坚合众国的第一任总统。就是他/领导美国人民/为了自由、为了独立，浴血奋战，赶走了统治者。

乔治·华盛顿/是个伟人，但并非后来人所想象的，他专做伟大的事，把不伟大的事都留给/不伟大的人去做。实际上，他若在你面前：你会觉得/他普通得就和你一样，一样的诚实、一样的热情、一样的与人为善。

有一天，他身穿没膝的大衣，独自一人/走出营房。他所遇到的士兵，没一个认出他。在一处，他看到一个下士/领着手下的士兵/筑街垒。

"加把劲！"那个下士/对抬着巨大水泥块的士兵们喊道："一、二，加把劲！"但是，那下士自己的双手/连石块都不碰一下。因为石块很重，士兵们一直没能把它/放到位置上。下士又喊："一、二，加把劲！"但是/士兵们还是不能把石快放到位置上。他们的力气几乎用尽，石块/就要滚落下来。

这时，华盛顿已经疾步跑到跟前，用他强劲的臂膀/顶住石块。这一援助/很及时，石块/终于放到了位置上。士兵们转过身，拥抱华盛顿，表示感谢。

"你为什么光喊加把劲/而让自己的手放在衣袋里呢？"华盛顿问那个下士。

"你问我？难道/你看不出我是这里的下士吗？"

"哦，这倒是真的！"华盛顿说着/解开大衣纽扣，向这位鼻孔朝天，背绞双手的下士/露出他的军服。"按衣服看，我就是上将。不过，下次再抬重东西时，你就叫上我！"

你可以想象，那位下士/看到站在自己面前的是华盛顿本人，是多么羞愧。但至此，他也才真正懂得：伟大的人/之所以伟大，就在于/他决不做逼人尊重的人/所做出的那种/倒人胃口的/蠢事。（刘云喜译《上将与下士》，原载《青年文摘》1993 年第 2 期）

三、语气

朗读作品是通过有声语言将语句的思想感情准确的表达出来。朗读中语气的构成包括两个方面：既有内在的思想感情，又有某种特定的具体的语音形式（声音的高低、强弱、快慢、虚实），两者综合起来称为语气。语气，从字面上看，包括"语"和"气"两个方面。"语"指有声语言；"气"指支撑有声语言的气息状态。语气是以气托声，以声、气传情，是朗读语句中的"神"与"形"的结合体。

作品的语句总是表达某种特定的思想感情的，总是带有某种思想感情色彩的：或赞扬，或反对；或活泼；或悲伤，或高兴等等。朗读作品时，对特定语句的感情色彩的处理，既受全篇作品总体感情基调的制约，同时又要体现不同于其他语句的差异性，从而形成朗读整篇作品时语气的丰富多变。

朗读的思想感情是通过声音气息表现出来的。在朗读中，作品总体感情色彩体现在基调中，语句感情的色彩体现在语气中，即体现在声音气息的变化中。

喜爱的感情一般要读得"气徐声柔"。语气有温和感，气息深长，轻快流畅。例如：

哟，正是这小家伙。（冯骥才《珍珠鸟》）

憎恨的感情一般要读得“气足声硬”。语气有挤压感，气息阻塞，凝重不畅。例如：

反动派，你们的日子不多了。

悲伤的感情一般读得“气沉声缓”，有种迟滞感。例如：

可万万没有想到，这么一位在艺术上日趋辉煌、前途不可估量的小“猴娃”，竟然被白血病这个病魔无情的夺走了生命，年仅16岁。他的英年早逝，着实令人痛惜不已。（《生命在于奉献——电视连续剧（猴娃）观后》）

愤怒的感情一般要读得“气粗声重”。语速稍快。例如：

猫一下全明白了，瞪圆双眼大声说：“是你给吃见底了？”（《“猫”和“老鼠”》“容升杯”全国普通话广播大赛规定）

恐惧的感情一般要读得“气提声凝”。有紧缩感，气息像倒流。例如：

千万别——别——杀我！

希望的感情一般要读得“气多声放”，有伸张感，气息力求畅达。例如：

我相信这一场十分及时的大雪，一定会促进明年春季作物，尤其是小麦的丰收。（峻青《第一场雪》）

冷漠的感情一般读得“气少声平”，有冷寂感，气息微弱。例如：

该来的人不来，不该来的倒来了。

怀疑的感情一般读得“气细声黏”，有踯躅感，气息欲连还断。例如：

你说的是真的吗？

在朗读过程中，这些语气经常综合运用。但语句中的主要感情色彩，朗读时要注意感受，并且鲜明的表现出来。

语气的具体语音表现形式，叫语势。语势表明有声语言在发展行进中的趋向和态势。语势主要有以下几种形态：

（1）波峰类。全句如水波，波峰在句腰。例如：起初四周非常清静。

（2）波谷类。全句如水波，波谷在句腰。例如：我是太阳底下最幸福的人。

（3）起潮类。全句如同起潮时海水层层拍打海岸，逐渐升高。例如：让暴风雨来得更猛烈些吧！

（4）落潮类。全句语势逐步下行，犹如落潮时水位逐渐下落。例如：我就是这样学会游泳的。

（5）半起类。语势在中途停止行进，气提声止。例如：你猜他是谁？

（6）平缓类。全句语势保持平直，没有较大的变化。例如：生命在海洋里诞生绝不是偶然的，海洋的物理和化学性质，使它成为孕育原始生命的摇篮。

[朗读训练]（语气、停连、重音）（注：“/”停顿，“·”重音，“㈧”

拖长字调，“→”平缓语势，“↗”起潮语势，“↘”落潮语势。）

材料一：

对于一个/在北平[viii]住惯的人，→像我，→冬天要是不刮风，↗便觉得是奇迹；↘济南的冬天/是没有风声的。→对于一个刚由/伦敦[viii]回来的人，→像我，→冬天/要能看得见日光，↗便觉得是怪事；↘济南的冬天/是响晴的。→自然，在热带的地方，↗日光/是永远那么毒，↗响亮的天气，↘反有点儿叫人害怕。↘可是，在北方的冬天，↗而能有温情的天气，↘济南/真得算个宝地。→

设若单单是有阳光，↘那也算不了出奇。↗请闭上眼睛想：↘一个老城，↗有山有水，↗全在天底下晒着阳光，↘暖和的安适地睡着，↘只等春风/来把它们唤醒，↗这[viii]是不是理想的境界？↘小山[viii]整把济南/围了个圈儿，↗只在北边/缺着点口儿。↘这一圈小山[viii]在冬天特别可爱，↘好像是把济南放在一个小摇篮里，↗它们安静不动地/低声地说：“你们放心吧，↘这儿准保暖和。”真的，↘济南的人们/在冬天[viii]是面上含笑[viii]的。他们一看那些小山，↗心中便觉得有了着落，↘有了依靠。↘他们由天上看到山上，↗便不知不觉地想起：↘明天/也许就是春天了吧？↗这样的温暖，今天夜里/山草[viii]也许就绿起来了吧？↗就是这点幻想/不能一时实现，↘他们也并不着急，↘因为这样慈善的冬天，↗干什么还希望/别的呢！↗

最妙的/是下点儿小雪[viii]呀。看吧，↘山上的矮松/越发的青黑，树尖儿上顶着一髻儿白花，↗好像日本的看护妇。↘山尖儿全白了，给蓝天镶上一道银边。山坡上，有的地方/雪厚点儿，有的地方/草色还露着；这样，一道白，↗一道暗黄，↗给山们/穿上一件带水纹儿的花衣；↘看着看着，这件花衣/好像被风儿吹动，叫你希望/看见一点儿/更美的山的肌肤。→等到快日落的时候，微黄的阳光/斜射在山腰上，↗那点儿薄雪好像忽然害羞，↘微微露出点儿粉色。↘就是下小雪吧，↘济南[viii]是受不住大雪的，↘那些小山[viii]太秀气。↘（老舍《济南的冬天》）

材料二：

马路旁的人行道/比马路要整整[viii]高出一个台阶，↘而他/简直还没满一周岁。↘

他长着两条细弱的小腿，↘此刻/这两条小腿/却怎么也不听使唤，↘老是哆哆嗦嗦地↘——但两条腿的主人——小男孩↗/想登上人行道的愿望↗/却十分强烈，↘而且信心十足。↘

瞧，↗那只穿着好看袜子的小脚/已经抬了起来，↗踩在了人行道的边沿上。↗但孩子还没有下定决心/登上第二只脚，↘有那么一会儿/他就那么站着：一只脚/在人行道上，↗而另一只脚/还在原处没动。↘

然而/小孩又收回了跨出去的那一步，↘他似乎在积蓄力量，↘小男孩就

这么站着，既不前进/也不后退，↗只是固执地注视着自己的前方。↘

“还小呢，↘刚刚能走路，就能跨台阶？”↗路旁一位头发花白的老奶奶/啧了啧嘴说，“做大人的要帮他一把。”↘

而孩子的妈妈/并没有伸出手去，只是微笑着鼓励说：↗

“自己上，↘小乖乖，↗自己上。”↘

小脚[viii]又一次地踏上了人行道，↘另一只脚[viii]也费力地提到了空中，↗这回可真是憋足了劲。↘

“加油！↗加油！”↘旁边的小姑娘喊着。

终于/两只脚[viii]都站到了人行道上去了。↘这也许是孩子一生中拿下的/第一个高地，↘小胖脸[viii]同时绽开了笑容——了不起的胜利！↘

“好一个登山者！”↘胡子老爷爷幽默地说，↘他摸摸孩子的头，“一开头总是困难的，↘但现在总算对付过去了。↘乖孩子，祝你永远向新的高度进军！”↘

人生[viii]会有多少个/第一次啊！↘

四、节奏

朗读中如果呈现出优美的节奏，就会给人以美的享受。那么，究竟什么是朗读的节奏呢？

在一定的思想的支配下，朗读时显示的抑扬顿挫、轻重缓急的语音形式，这种语音形式在朗读中回环往复。节奏在朗读中是就一篇作品的整体而言，是贯穿作品的始终的。只有立足全篇，朗读中那高低、强弱、快慢、顿挫、转换等，才能够处于相互映照、前后对比的整体配置中。

一个句子划分不出节奏，因为句子本身不存在回环往复的问题。但全篇作品朗读的节奏又离不开语节的划分，全篇是由部分组成的。那么如何确定节奏呢？确定节奏要依据作品内容和表达思想感情，同时要根据作品大多数句子的感情色彩、语势，并注意作品语意之间是如何转换的。

节奏的类型主要有以下几种：

（1）轻快型。语速稍快，语调轻快，语势多上升。扬多抑少，轻多重少。重点语句、段落表现明显。例如：《济南的冬天》。

（2）凝重型。语速适中，语调凝重，语势较平稳。抑多扬少。重点语句、段落表现明显。例如：《最后一课》。

（3）低沉型。语速较慢，语调沉缓，语势多下降。声音偏暗。重点语句、段落表现明显。例如：《卖火柴的小女孩》。

（4）高亢型。语速快，语调高昂，语势多为起潮类。声音激昂爽朗。重点语句、段落表现明显。例如：《白杨礼赞》、《海燕》。

（5）舒缓型。语速适中，语调舒缓，语势多扬。声音较高但不着力。重点语句、段落表现突出。例如：《高楼远眺》、《小鸟的天堂》。

（6）紧张型。语速较快，语调紧促，语势多起潮类。扬多抑少，重多轻少。声音教为急促、紧张。重点语句、段落表现突出。例如：《最后一次讲演》。

以上几个节奏类型的划分是相对的。在实际朗读中它们往往会不同程度的互相渗透；有时一篇作品的整体节奏是高亢的，但也不排除其中某一部分的节奏是低沉或舒缓的。因此在朗读作品时注意节奏的自然转换。

五、停连、重音、语气和节奏之间的关系

在朗读中经常使用的四种基本技巧并不是孤立存在的，它们是既相互区别又互相联系的。表达作品的思想感情是四种技巧的共同任务。停连的主要作用是解决词、词组、句子、段落、层次之间的疏密关系，使语意表达层次清晰，重音的主要作用是解决句子、段落中的主次问题，使句子中的重点字词、词组突出出来，停连和重音是两种最基本的朗读技巧。语气处于四种基本技巧的中心位置，它可以决定停连、重音，对形成作品不同的节奏也具有重要作用。停连、重音和语气的综合运用又形成了作品的不同节奏。而节奏在回环往复的转换中，使语气更丰富多彩。

［朗读训练］（停连、重音、语气、节奏）

材料一：

没有一片绿叶，→没有一缕炊烟，→没有一粒泥土，→没有一丝花香，只有水的世界[viii]，云的海洋。↗

一阵台风袭过，一只孤单的小鸟[viii]无家可归，↘落到/被卷到洋里的木板上，乘流而下[viii]，姗姗而来，↗近了，近了！↗……

忽然，小鸟[viii]张开翅膀，↗在人们头顶[viii]盘旋了几圈儿，↗“噗啦”一声/落到了船上。↘许是累了？还是发现了“新大陆”？↘水手撵它它不走，抓它，它乖乖地落在掌心。可爱的小鸟和善良的水手/结成了朋友。↘

瞧，它多美丽，↗娇巧的小嘴，啄理着绿色的羽毛，↗鸭子样的扁脚，呈现出春草的鹅黄。↗水手们把它带到舱里，给它“搭铺”，让它在船上/安家落户，↘每天，把分到的一塑料筒淡水/匀给它喝，↘把从祖国带来的鲜美的鱼肉/分给它吃，↘天长日久，小鸟和水手的感情/日趋笃厚。↗清晨，当第一束阳光射进舷窗时，↗它便敞开美丽的歌吼，↗唱啊唱，嘤嘤有韵，宛如春水淙淙。↘人类给它以生命，它毫不悭吝地把自己的艺术青春/奉献给了哺育它的人。可能都是这样？↗艺术家们的青春/只会献给尊敬他们的人。↗

小鸟[viii]给远航生活/蒙上了一层/浪漫色调。↘返航时，人们爱不释手，恋恋不舍地/想把它带到异乡。↘可小鸟[viii]憔悴了，↘给水，不喝！↘喂肉，不吃！↘油亮的羽毛失去了光泽。↘是啊，我们有自己的祖国，↗小鸟[viii]也有它的归

宿，↗人和动物/都是一样啊，哪儿也不如/故乡好！↗

慈爱的水手们/决定放开它，↘让它回到大海的摇篮去，↗回到蓝色的故乡去。↗离别前，这个大自然的朋友/与水手们留影纪念。↘它站在许多人的头上，↗肩上，↗掌上，↗胳膊上，↗与喂养过它的人们，↘一起融进/那蓝色的画面。——（节选自王文杰《可爱的小鸟》）

材料二：

我常想/读书人是世间幸福人，↘因为/他除了拥有现实的世界之外，↘还拥有另一个/更为浩瀚也更为丰富的世界。↗现实的世界是人人都有的，而后一个世界/却为读书人所拥有。↘由此我想，那些失去或不能阅读的人/是多么的不幸，↘他们的丧失/是不可补偿的。↘世间有诸多的不平等，财富的不平等，权力的不平等，而阅读能力的拥有或丧失/却体现为精神的不平等。↘

一个人的一生，只能经历自己拥有的/那一份欣悦，那一份苦难，↘也许再加上/他亲自闻知的那一些/关于自身以外的经历和经验。↘然而，人们通过阅读，却能进入不同时空的/诸多他人的世界。↗这样，具有阅读能力的人，无形间/获得了超越有限生命的无限可能性。↗阅读/不仅使他多识了草木虫鱼之名，而且可以上溯远古下及未来，饱览存在的与非存在的奇风异俗。↗

更为重要的是，→读书加惠于人们的/不仅是知识的增广，而且还在于/精神的感化与陶冶。人们从读书/学做人，↗从那些往哲先贤以及当代才俊的著述中/学得他们的人格。↗人们从《论语》中/学得智慧的思考，↗从《史记》中/学得严肃的历史精神，↗从《正气歌》中/学得人格的刚烈，↘从马克思/学得人世的激情，↗从鲁迅/学得批判精神，→从托尔斯泰/学得道德的执着。↗歌德的诗句/刻写着睿智的人生，→拜伦的诗句/呼唤着奋斗的热情。↗一个读书人，一个有机会拥有超乎个人生命体验的/幸运人。↘（节选自谢冕《读书人是幸福人》）

第四节　不同类型作品的朗读

一、记叙性作品的朗读

记叙类作品常常是通过对人物、事件的具体叙述，或赞扬某种品质，或肯定某种行为，或表达某种认识等等。

很多记叙类作品往往是以一个事件的经过贯穿全文的，而人物又是事件的主体，所以要注意通过各种朗读技巧，表现出不同人物的个性，尤其要读好人物的语言。例如《二十美金的价值》中出现的人是父亲和孩子，人物的年龄、身份、性格等不同，在朗读父亲的话时，前半部分因为父亲劳动了一天，身心都很疲惫，在回答儿子的问话时，非常不耐烦，朗读时，语气较硬，语速较快。后半部分因父亲已经平静下来了，所以在与儿子的对话中，语气应该亲切些，柔和些。再如《落花生》中出现的人物有母亲、父亲和孩子们。在朗读母亲的话时，声音可以低些，语速慢一些，语气柔和，表现出母亲对子女态度的亲切、和蔼。在朗读姐姐、哥哥和“我”的话时，要表现出孩子说话的特点：音调高，语速快。父亲的生活阅历丰富，他的话蕴涵着深刻的人生哲理。读父亲的话时，语速应该慢一些，停顿适当多一些，给人以理解、回味的时间，语气亲切并略带庄重、严肃。

朗读记叙类作品，还要注意把人物的语言和叙述、描写等区别开来。一般情况是，叙述、描写的部分声音可以低一些，而人物对话部分声音要高一些，突出一些。

朗读叙述、描写部分时，既不要喧宾夺主，同时也要避免过于平淡。例如《落花生》第一自然段中有这样一句：“我们姐弟几个都很高兴，买种，翻地，播种，浇水，没过几个月居然收获了。”这句话概括叙述了孩子们种花生的经过，其中“都很高兴”要读得重一些；“买种，翻地，播种，浇水”，中间的停顿应缩短，语速略快，表现孩子们种花生的天真、愉快的心情；“居然收获了”之前的停顿稍长，区分出种花生与收花生的界限，读“居然”字音拖长，“收获”重读，表现出孩子们喜出望外的兴奋心情。

此外，朗读时要体现事件发展的阶段性，注意内容层次之间的转换要自然。

二、抒情性作品的朗读

这里所说的抒情性作品，主要是指抒情性散文。有时作者在作品中用直接抒情的方法表达自己的感情。朗读这样的语句需要特别注意强调。例如《小河》最后一句话是：“如今我离去了，小河被我远远地抛在故乡，可我永远地思念着你，小河。”作者在这里直接表达了对小河、对故乡、对母亲的怀念、思念和眷恋。

更多的情况是，作者在作品中通过叙事、写景、状物或议论，表达思想感情。这就需要我们在深入理解、感受作品的基础上，体会和表现字里行间蕴涵的思想感情。例如朱自清《绿》中有这样的一段话：

那醉人的绿呀！我若能裁你以为带，我将赠给那轻盈的舞女，她必能临风飘举了。我若能挹你以为眼，我将赠给那善歌的盲妹，她必明眸善睐了。我舍不得你，我怎舍得你呢？我用手拍着你，抚摸着你，如同一个十二三岁的小姑娘。我又掬你入口，便是吻着她了。我送你一个名字，我从此叫你

“女儿绿”好吗？

在这段文字中，没有“爱”字，但字里行间透露出作者对梅雨潭的深厚感情。读者在朗读中也会深受感染的。

朗读抒情性散文，还要注意散文“形散神聚”的特点，把握住全篇起领作用的主要感情的基调。

三、说明性作品的朗读

说明性作品，有的是介绍客观事物的形状、性质、特征、成因、功用的，有的是说明客观事理的关系、规律的。它要求用准确、简明的语言按照一定条理对事物进行直接的说明。朗读说明性作品，要突出其说明性、知识性、科学性、准确性。对作品中关键性的词语、句子主要运用停连、重音加以突出强调。但语气不要有太大的变化。例如：

我们知道，水是生物的重要组成部分，许多动物组织的含水量在百分之八十以上，而一些海洋生物的含水量高达百分之九十五。水是新陈代谢的重要媒介，没有它，体内的一系列生理化学反应就无法进行，生命也就停止。因此，在短时期内动物缺水要比缺少食物更加危险。水对今天的生命是如此重要，它对脆弱的原始生命，更是举足轻重了。生命在海洋里诞生，就不会有缺水之忧。（节选自童裳亮《海洋与生命》）

四、议论性作品的朗读

议论性作品，主要由论点、论据和论证三要素构成。论点是作者的观点、见解或主张，朗读时一般采用重读、拖长音节的方法来突出，同时语气要肯定，态度要鲜明。

虽然有时作品中也夹有叙述、描写、说明的文字，但这些或是为了引出论点，或是为了证明论点提供事实依据，或是作为议论的补充，与论证的部分相比，显然是次要的，朗读时要注意区分。议论性作品的一个突出特点是句与句、段与段之间有着严密的逻辑关系。朗读时要对这种逻辑关系有较深刻的认识、感受，并通过恰当运用停连、重音等技巧予以表现。例如：

人站得高些，不但能有幸早些领略到希望的曙光，还能有幸发现生命的立体的诗篇。每一个人的人生，都是这诗篇中的一个词、一个句子或者一个标点。你可能没有成为一个美丽的词，一个引人注目的句子，一个惊叹号，但你依然是这生命的立体诗篇中的一个音节、一个停顿、一个必不可少的组成部分。这足以使你放弃前嫌，萌生为人类孕育新的歌声的兴致，为世界带来更多的诗意。（节选自［美］本杰明·拉什《站在历史的枝头微笑》）

[朗读训练]

材料一（记叙类）：

我们家的后园有半亩空地，母亲说："让它荒着怪可惜的，你们那么爱吃花生，就开辟出来种花生吧，"我们姐弟几个都很高兴，买种，翻地，播种，浇水，没过几个月，居然收获了。

母亲说："今晚我们过一个收获节，请你们父亲也来尝尝我们的新花生，好不好?"我们都说好。母亲把花生做成了好几样食品，还吩咐就在后园的茅亭里过这个节。

晚上天色不太好，可是父亲也来了，实在很难得。

父亲说："你们爱吃花生吗?"

我们争着答应："爱!"

"谁能把花生的好处说出来?"

姐姐说："花生的味美。"

哥哥说："花生可以榨油。"

我说："花生的好处很多，有一样最可贵：它的果实埋在地里，不像桃子、石榴、苹果那样，把鲜红嫩绿的果实高高地挂在枝头上，使人一见就生爱慕之心。你们看它矮矮地长在地上，等到成熟了，也不能立刻分辨出来它有没有果实，必须挖出来才知道。"

我们都说是，母亲也点点头。

父亲接下去说："所以你们要像花生，它虽然不好看，可是很有用，不是外表好看而没有实用的东西。"

我说："那么，人要做只讲体面，而对别人没有好处的人了。"

父亲说："对。这是我对你们的希望。"

我们谈到夜深才散。花生做的食品都吃完了，父亲的话却深深地印在我的心上。（节选自许地山《落花生》）

材料二（抒情类）：

那是力争上游的一种树，笔直的干，笔直的枝。它的干呢，通常是丈把高，像是加以人工似的，一丈以内，绝无旁枝；它所有的桠枝呢，一律向上，而且紧紧靠拢，也像是加以人工似的，成为一束，绝无横斜逸出；它的宽大的叶子也是片片向上，几乎没有斜生的，更不用说倒垂了；它的皮，光滑而有银色的晕圈，微微泛出淡青色。这是虽在北方的风雪的压迫下却保持着倔强挺立的一种树！哪怕只有碗来粗细罢，它却努力向上发展，高到丈许，两丈，参天耸立，不折不挠，对抗着西北风。

这就是白杨树，西北极普通的一种树，然而决不是平凡的树！

它没有婆娑的姿态，没有屈曲盘旋的虬枝，也许你要说它不美丽，——如果美是专指"婆娑"或"横斜逸出"之类而言，那么，白扬树算不得树中的好女子；但是它却是伟岸，朴质，严肃，也不缺乏温和，更不用提它的坚强不屈与挺拔，它是树中的伟丈夫！当你在积雪初融的高原上走过，看见平坦的大道上傲然挺立这么一株或一排白杨树，难道你就只觉得树只是树，难道你就不想到它的朴质，严肃，坚强不屈，至少也象征了北方的农民；难道你竟一点儿也不联想到，在敌后的广大土地上，到处有坚强不屈，就像这白杨树一样傲然挺立的守卫他们家乡的哨兵！难道你又不更远一点想到这样枝枝叶叶靠紧团结，力求上进的白杨树，宛然象征了今天在华北平原纵横决荡用血写出新中国历史的那种精神和意志。（节选自茅盾《白杨礼赞》）

材料三（说明文）：

我国的建筑，从古代的宫殿到近代的一般住房，绝大部分是对称的，左边怎么样，右边怎么样。苏州园林可绝不讲究对称，好像故意避免似的。东边有一个亭子或者一道回廊，西边决不会来一个同样的亭子或者一道同样的回廊。这是为什么？我想，用图画来比方，对称的建筑是图案画，不是美术画，而园林是美术画，美术画要求自然之趣，是不讲究对称的。

苏州园林里都有假山和池沼。

假山的堆叠，可以说是一项艺术而不仅是技术。或者是重峦叠嶂，或者是几座小山配合着竹子花木，全在乎设计者和匠师们生平多阅历，胸中有丘壑，才能使游览者攀登的时候忘却苏州城市，只觉得身在山间。

至于池沼，大多引用活水。有些园林池沼宽敞，就把池沼作为全园的中心，其他景物配合着布置。水面假如成河道模样，往往安排桥梁。假如安排两座以上的桥梁，那就一座一个样，决不雷同。

池沼或河道的边沿很少砌齐整的石岸，总是高低屈曲任其自然。还在那儿布置几块玲珑的石头，或者种些花草。这也是为了取得从各个角度看都成一幅画的效果。池沼里养着金鱼或各色鲤鱼，夏秋季节荷花或睡莲开放，游览者看“鱼戏莲叶间”，又是入画的一景。（节选自叶圣陶《苏州园林》）

材料四（议论文）：

前些天，我参加了一个人才问题的讨论会。有人私下给给毛遂提了条意见：“好表现自己。”

我大吃一惊。这不是冤枉好人吗？过细一想，毛遂也是在表现自己。倘不表现自己，怎么能自荐呢！

原来，毛遂自荐并不避嫌疑。他本来就认为：有才能的人，就象放在布袋里的锥子，一定会冒出来。不冒尖，你怎么晓得他有才！千里马之所以能被伯乐发现，还不是因为千里马长啸一声地表现自己吗？

我们赞扬毛遂，说到底，就是赞扬毛遂敢于表现自己。这点，是过去所有赞扬毛遂的文章不曾点穿的。我敢说。

近些年来，自荐之风盛行。这是改革之举。然而，“好表现自己”的帽子，还畅销于市场。要不，怎么会把这顶帽子戴在毛遂头上？

跟“好表现自己”相反，“不表现自己”，从来都是作为一种谦逊的美德加以肯定。众目睽睽之下，谁能说不要这种美德？

于是乎，明明是错误不能顶，明明是好事不能做，明明有意见不能提，明明有主意不能讲。怕啊，怕背“好表现自己”之名啊。

“不表现自己”的“美德”误了多少事？如果有可能做个统计，误事的总数，平均分配到每个中国人头上，怕是谁都不会有一张笑脸的。

“不表现自己”，不是美德。

“表现自己”，是表现自己的才能，表现自己的智慧，表现自己的价值，表现自己对人类的贡献。试想，每个中国人都这样去“表现自己”，毛遂何其多也，中国堪称“毛遂之国了”。

“表现自己”，是要有气魄的。

在某些人的眼里，“表现自己”跟“野心”、“风头主义”是同义语，犹如洪水猛兽般的吓人。有志于干事业的人，全然不考虑这些。他们象毛遂一样不避嫌疑。他们明智地感到自己的社会责任。“世事我曾抗争，成败不必在我”。“表现自己”，表现的就是做人的那么一点精神。

改革的今天，应当受到指责的，倒不是“好表现自己”，而是那种害怕困难，得过且过，唯唯诺诺，相互推诿，不负责任，不求有功，但求无过——不敢表现自己的人。

不敢表现自己，就不会有民族的朝气，事业的创造，历史的开拓。

“不表现自己”，是表现了自己的落后。

“表现自己”，是表现了自己的进取。

“风头主义”、“野心”，跟“表现自己”无缘。优秀运动员李宁，把在奥运会上“表现自己”夺得的三枚金牌，都送给了他的老师、教练和保健医生，自己只留下了银牌。他说：银牌才能说明自己的不足。这是“表现”中的不表现，或者说，是“表现”中的另一种表现：在荣誉面前的表现。

我们能不为表现者的表现喝彩么？（选自赵金禾《毛遂不避嫌疑》，载《人民文学》1985 年第 4 期）

第五节　朗读与朗诵

一、朗读与朗诵的关系

朗读与朗诵密切相关，两者都是综合地运用各种语言手段，准确、完善地传达出书面材料的思想内容的口语交际形式，但两者又有着明显的区别。

首先，从本质上看，朗读是一种应用性的阅读活动，其主要功能是讲解、介绍，即使人正确地领会书面材料的内容。而朗诵则属于一种表演艺术，其主要目的是用声音塑造出一种表演形象和意境，给人一种美的享受。

其次，从表达方式看，尽管朗读和朗诵都要求吐字清晰、重音得当、停顿合理、语调自然、语速适当，但比较而言，朗读对声音的总体要求是自然、本色、口语化。而朗诵则要求对声音进行艺术化处理，在音色、音量、语速、节奏等语音造型手法上有明显的艺术夸张，甚至还可以追求戏剧化的效果。另外，朗读是持稿进行的，对朗读者的动作、表情等均无特殊要求，而朗诵一般是脱稿进行的，并要求有体态、手势、表情、眼神等与有声相配合，以便达到最佳的艺术效果。

最后，从应用的范围看，朗读材料十分广泛，文学作品、社论、新闻、广告、通知、书信等，几乎无所不包。而朗诵的材料则有一定的限制，一般仅限于情真意切、语言优美流畅的诗歌散文等文学作品。

二、朗诵的技巧处理

鉴于散文的朗读与朗诵区别不是太大，这里我们主要讨论诗歌朗诵的技巧处理。

诗歌是以精练、形象、具体有节奏韵律的语言，饱含着强烈的感情，高度集中地反映社会生活的一种文学体裁。我国的诗歌，就其内容而言，可分为叙事诗和抒情诗两大类，就其形式而言，可分为旧体诗和新体诗两大类。叙事诗以叙事为主，抒情诗以抒情为主。但叙事诗中往往有浓厚的抒情成分，而抒情诗中也往往杂有一些有关人和事的描写。旧体诗也叫旧诗，是以古代汉语即文言为其语言表现形式的；新体诗也叫新诗，是以现代汉语即白话为其语言表现形式的。

1. 诗歌的特点

朗诵诗歌，一定要了解诗歌的特点。那么诗歌与其他文学形式相比较，有哪些特点呢?

（1）语言凝练、准确。由于诗歌要高度集中地反映社会生活，受篇幅的限制，必须用最少的语言表现丰富的内容。如古典诗歌中的五言绝句只有4句共20字。

（2）形象鲜明、感人。诗人在创作时不是用抽象的语言来表现主题，而是用生动的形象来表现，这是诗歌艺术最主要的特点。

（3）感情强烈浓厚。诗歌与其他文学体裁比起来感情色彩更浓厚。优秀的诗篇，总是饱含着真挚而浓烈的感情。抒情诗不必说，就是叙事诗的感情色彩也是浓郁的。

（4）韵律节奏和谐。诗歌的音乐美就是通过和谐的韵律，鲜明的节奏表现的。如格律诗和词，用韵有严格的规定。自由诗虽然无一定的押韵格式，但也要大体押韵，读起来上口。诗歌不仅要求押韵，而且讲究节奏，讲究音调的高低、轻重、长短、停顿和间歇，这种节律使诗句抑扬顿挫，富有音乐美。和谐的韵律、鲜明的节奏，成为诗歌与其他文学体裁相区别的一个显著特征。

诗歌的这些特点，在一首诗中是互相关联、有机统一的。掌握这些特点，便于我们朗诵。

2. 诗歌的朗诵

无论是格律诗还是自由体诗歌，我们在朗诵时都要从以下几个方面入手。

（1）熟悉作品，确定朗读的基调

熟悉作品是指朗诵前要了解诗人的经历和写作这首诗的背景。诗人的经历直接影响着诗人的思想、性格和创作风格。基调是一篇作品的“总的感情色彩和分量”。朗诵时是深沉坚定还是悲愤凝重，是喜悦明快，还是豪放舒展，都应该在这时候确定，这对于音色的调制、语气的变化等等都有一定的制约作用。

（2）划分节律，处理好诗歌的停连

节律是指一句诗中运用停顿等方法划分出来的段落。由于音律的存在，朗诵中抑扬顿挫的效果更为明显，有助于节奏的产生。格律诗有一个共同的特点，即字数相同，讲究对仗，平仄相间，双句压韵。这些共性决定了朗诵格律诗有些规律可循。一般来说，五言诗每句两顿，分三个音步。具体划分方法为“二二一”和“二一二”。七言诗每句三顿，分四个节律。具体划分方法有两种，即“二二一二”和“二二二一”。其中，每句诗的前四个字一般都划分为“二二”，后三个字划分为“一二”或“二一”。但从朗诵的角度出发，五言诗歌的两顿三步和七言诗歌的三顿四步的划分方法有时显得机械。将每句诗的后三个字放在一个节律里，朗诵时根据具体的内容和表达的需要采取或停顿、或延长字音的方式灵活处理，既自然流畅，又表现丰富，避免了完全按节律划分进行处理的刻板形式。

自由体诗歌有时候会根据要求而重新编排诗行，这就使我们在原有作品的一个诗行中有可能看不到完整的句子，而需要上下句重新组合，以便形成一个完整的单位；另外标点符号所在位置也需要根据情况来考虑是处理成停顿还是连接起来；在没有标点符号的地方有时则根据语意安排停顿；有了以上这些情况，安排停连就成了自由体诗歌朗诵中重要的一环了。

另外，在朗诵诗歌时，还要根据情感的需要适当加重、延长字音，从语音上体现诗歌的抑扬顿挫及音乐美。

3. 朗诵示例（注：“—”表示一个节律，连读、不唤气，“～”表示拖长字音，“↘”表示降抑调，“↗”表示昂扬调）

材料一：

相　思

王　维

红豆/生南国˜，
春来/发几枝？
原君/多采撷˜，
此物/最˜相˜思˜。

朗诵提示：

此诗托物言情，言近意远；语言朴素，情感深挚。

朗诵时要有较强的交流感。第四句的处理要慢于前几句，“此物”之后可以稍作停顿，“最相思”三个字可以一字一顿沉吟而出，给人以言辞恳切、语多深意之感。

材料二：

春　望

杜　甫

国破/˜山河˜在˜，
城春/草木深˜。
感时/花溅泪˜，
恨别/鸟惊心。
烽火/连三月˜，
家书/抵万˜金。
白头/搔更短˜，
浑˜欲/不胜簪˜。

朗诵提示：

此诗写于安史之乱期间，反映了沦陷区的景象和诗人的所思所感。

首联两句写了长安城破败的景象：山河虽在，草木虽深，但国家被掠，物是人非，充满了无尽的凄凉。朗诵时咬字要有一定的力度，但音量不必大，可以适当地加入虚声成分。

颔联两句用拟人的手法，以“花溅泪”和“鸟惊心”来衬托诗人的伤感的程度。视觉较小，重点强调“花溅泪”和“鸟惊心”这几个字，但各句语势不同，前句采用波峰类的语势，后句可用波谷类的语势，“花”和“鸟”高低相间又互相映衬，在对比中有着更加强烈的感情的感情色彩。

颈联两句自身就有着大小视觉的对比，前句要朗诵出战火绵延之长，可采用波峰类的语势，“三”字处在最高点；后句朗诵出家书之珍贵，可采用波谷类的语势，“抵”字处在最低点，而“万”字要将音高提起，并加大音量。

尾联两句视角更小，通过诗人自己的形象变化反映了战乱给人们造成的痛苦。“搔”字适当加大音量，“浑”字按阳平调型将时值拉开，以此加大尾联的分量。

材料三：

九月九日忆山东兄弟

王　维

独˜在/异乡/为异客˜，
每逢/佳节/倍˜思亲。
遥知/兄弟/登高处˜，
遍插/茱萸/少一人。

朗诵提示：

此诗前两句正面叙写自己对亲人的怀念，后两句写家乡亲人重阳登高的情景，以此更加烘托出自己对家乡亲人的思念。

朗诵时注意这样一些字的处理：“独”、“异”、“倍”都须着力。其中，“独”字可以适当延长，以示强调；“倍”字加强吐字力度，延长后再稍加停顿，进一步突出思乡情切。“少一人”以低沉音出，可以适当地加入虚声成分。

材料四：

再别康桥

徐志摩

轻轻的我˜走了，↘
正如我˜轻轻的来；↗
我轻轻的招手，↗
作别西天的云˜彩˜。↘
那河畔的金柳˜，↘
是夕阳中的新娘；↗
波光里的艳影˜，↗
在我的心头荡˜漾˜。↘
软泥上的青荇，↘
油油的在水里招摇；↗
在康河的柔波里，↗
我甘愿做一条水草！↘
那榆荫下的一潭，↗
不是清泉，是天上虹，↗
揉碎在水草间，↘
沉淀着彩虹似的梦。⌒
寻梦？撑一支长篙，↗

向青草更清处漫溯，⌒
满载一船星辉，↗
在星辉斑斓里放歌。↘
↓但我不能˘放歌，↗
悄悄˘是别离的笙箫；↗
夏虫也为我沉默，↘
沉默是今晚的康桥！↘
悄悄的我˘走了，↘
正如我悄悄的来；↘
我挥一挥衣袖，↘
不带走↓一片˘云˘彩˘。⌒

朗诵提示：

这首诗是诗人在欧游归国途中写成的，表达了诗人对母校的深深的眷恋。全诗幽静柔美别绪绵绵，令人心驰神往，遐思无限。

朗诵时，前五节在描绘康桥柔美景色的同时蕴涵着诗人无尽的眷恋之情。第六节要表现出转折的意味，情绪随之低落下来。结尾与篇首遥相呼应，在似幻似真中结束，声音渐隐渐消。

雨　巷

戴望舒

撑着油纸伞，独自
彷徨在˘悠长˘悠长˘
又寂寥的雨巷，↘
我希望逢着˘
一个丁香一样的
结着愁怨的姑˘娘˘。⁽
她是有˘⌒
丁香一样的颜色˘，↘
丁香一样的芬芳˘，↗
丁香一样的忧愁˘，⁽
在雨中˘哀怨，
哀怨˘又彷徨˘，⌒
她彷徨在˘这寂寥的雨˘巷˘，⁽
撑着油纸伞˘，
像我一样˘，↗
像我一样地↗
默默˘彳亍着

冷漠˜，凄清˜，又惆怅˜。⌒
她静默地走近˜
走近˜，又投出˜
太息一般的眼˜光˜，⌒
她飘过
像梦一般的，(
像梦一般的凄˜婉˜迷˜茫˜。⌒
像梦中飘过(
一枝丁香的，
我身旁飘过这女郎；→
她静默地远˜了，远˜了，
到了颓圮的篱˜墙˜，
走尽˜这雨˜巷˜。↘
在雨的哀˜曲里，(
消了她的颜˜色˜，↘
散了她的芬˜芳˜，↘
消散了，甚至她的
太息般的眼˜光˜，(
丁香般的惆˜怅˜。⌒
撑着油纸伞˜，独˜自˜
彷徨在悠长˜悠长˜
又寂寥的雨˜巷˜↘
我希望逢着
一个丁香一样的
结着愁怨的姑˜娘˜。(

朗诵提示：

这首诗具有一种悲剧感和孤独感。这个丁香一样的姑娘既是一个实体，同时又象征了诗人心中的理想。诗人通过对雨巷、篱墙、细雨等环境的渲染和对丁香一样姑娘的期待的描绘，表现出了自己的彷徨不安和孤独怅惘。

朗诵时要打破诗行和标点符号的限制，有时又要在没有标点符号的地方安排停顿。整体色彩深沉凄婉，要表达出低回迷茫的感觉。

乡　愁

［台湾］余光中

小时候↘
乡愁˜是一枚小小的邮票˜↗
我在这头↘

母亲˘在那头↘
长大后↗
乡愁˘是一张窄窄的船票˘↗
我在这头↘
新娘˘在那˘头↘
后来啊↗
乡愁˘是一方矮矮的坟墓˘↘
我在外头↘
母亲˘在里头↘
↓而现在(
乡愁˘是一湾浅浅的海峡˘↗
我在这头↘
大陆˘在那头˘(

朗诵提示:

这首诗以乡愁为主题，情深意长，音韵动人，具有深厚的历史感和民族感。

朗诵时要突出代表乡愁的四个意象:“邮票”、“船票”、“坟墓”和“海峡”，四个意象单纯而丰富，令人能清晰地感觉到，又能令人产生丰富的联想。

前三节的情感越来越浓烈，体现在有声语言中可以使音高越来越高；而第四节可以突然转低声音，但却反衬出情感愈加深厚，将一种不可派遣的乡愁引向更绵长的思绪中。

致橡树

舒　婷

我如果ˈ爱你——⌒
绝不像攀援的凌霄花˘，↗
借你的高枝ˈ炫耀˘自己；⌒
我˘如果ˈ爱˘你——⌒
绝不学痴情的鸟儿˘，↗
为绿荫重复单纯的歌曲˘；↘
也不止像泉源˘，↗
常年送来清˘凉的慰藉；↘
也不止像险峰˘，↗
ˈ增加你的高度，↘衬托你的威仪。↗
甚至˘日光˘。↗
甚至˘春雨˘。↘

不，这些都还不够！
我必须是你近旁的一株木棉，
作为树的形象和你站在一起
根，紧握在地下，
叶，相触在云里。
每一阵风吹过，
我们都互相致意，
但没有人
听懂我们的言语。
你有你的铜枝铁杆
像刀，像剑，
也像戟；
我有我红硕的花朵，
像沉重的叹息，
又像英勇的火炬。
我们分担寒潮、风雷、霹雳，
我们共享雾霭、流岚、虹霓；
仿佛永远分离，
却又终身相依
这才是伟大的爱情，
坚贞就在这里：
爱——
不仅爱你伟岸的身躯，
也爱你坚持的位置，足下的土地。

朗诵提示：

这是一首爱情诗，诗人借树的形象，表达了一种诚挚、坚贞、炽热的爱，更表明了一种自立的态度和平等独立的价值观。

朗诵时，篇首不必太着力，语流平缓，流畅自如，蓄势待发。从“我必须是你近旁的一株木棉，作为树的形象和你站在一起”开始使用坚定的语气将自信的形象展现出来，有理性的述说，也有热烈的抒情。

【思考与练习】

1. 规范化的朗读与一般的念读、艺术化的朗诵有何区别？
2. 从普通话水平测试用朗读材料中抽取材料，做朗读练习。
3. 自选材料，做朗诵练习。

第七章　话题说话

说话，是社会生活中人们互相传递信息、沟通感情的一种最简便、最常用的交际方式。而在普通话水平测试中，话题说话的目的是："测查应试人在无文字凭借的情况下说普通话的水平，重点测查语音标准程度，词汇、语法规范程度和自然流畅程度。"(《普通话水平测试实施纲要》，商务印书馆2004年版）这项测试是为了促使应试人提高用普通话进行交际的规范水平。

第一节　话题说话的特点

话题说话与读单音节字词、读多音节词语不同。读单音节字词要求读准每个音节的声、韵、调，音节与音节之间的间隔时间一般是固定的；读多音节词语要求以词语为单位进行朗读，在读准每个音节声、韵、调的同时，还要读准轻声、儿化、变调等，词语与词语相隔的时间一般也是固定的。而在话题说话时，处在语流中的每个音节的声、韵、调不可能像读单音节字词、多音节词语时读得完全"到位"，而且音节之间、词语之间停顿时间的长短也没有统一的模式，是要根据表情达意的需要灵活掌握的。

话题说话与朗读作品也有较大的区别。首先，朗读是既定的文字材料做凭借的，而话题说话时应试人只能根据抽定的话题临时组织内部语言，不可能也不允许照着事先写好的稿子或提纲来说。其次，朗读的作品大多是书面语言，它与话题说话中大量运用的口头语言的差别也是很大的。

除此之外，话题说话还有以下几个特点：

一、综合性

从抽到话题开始构思到口语表达出来这一过程，实际上是对应试人各种能力、综合素质的全面测查，如思维能力、认识能力、组织内部语言的能力、运用各种语音技巧的能力以及社会生活经验、心理素质、语文修养等等。

因此，我们平时要注意从上述各个方面不断地提高、充实、完善自己。

二、口语化

口语化首先表现为说话中使用的词汇上，如在书面语言中使用"夜晚"、

“头颅”、“父亲”，而在说话中则常说成“晚上”、“脑袋”、“爸爸”。

口语化还表现在说话时句子形态的简约和松散。简约，是指说话时间短句多，省略句多（省略主语、谓语、宾语或介词、连词等），修饰语少，尤其是层次、较长的修饰语很少见。例如：

昨天，小王买了一件蓝色的特别合身的绒衣。（书面语）

昨天，买了件蓝颜色绒衣，特别合身。（口语）

如果你去看电影，那么我也陪你去。（书面语）

你去看电影，我陪你去。（口头语）

三、即时性

在抽到话题后，应试人都有一定的时间打“腹稿”，但由于时间比较短，这个“腹稿”往往是粗线条的，不太完整的。在口语表达的时候，常常是边想边说，边说边想，灵活性较强，这就是口语表达的即时性。

第二节　话题说话的一般要求

普通话水平测试对说话的总的要求是：语音要清晰，词汇语法要规范，语句要完整，语速要自然适中。

一、普通话水平测试中的说话与其他言语形式的区别

1. 不同于朗读

朗读一般是在课堂上进行，它是用有声语言把书面文字再现出来。开会时学习文件或报纸上的文章，也常用朗读的方式。普通话水平测试中的朗读是有文字凭借的，而说话是没有文字凭借的，需要根据交际的目的、对象和环境，临时组织语言，现想现说。

2. 不同于朗诵

朗诵是在朗读的基础上背诵，在讲台和舞台上表演，是一种艺术表演形式。而说话是一种言语交际活动。朗诵的声音一般都比较大，传得比较远，还可以对声音进行美化和夸张，节奏和语速时快时慢，声音的高低变化因内容的推进也比较明显。而说话一般是双向交流，距离较近，话语的声音相对较小，只要对方能听清就行；说话的声音一般比较平缓，高低变化不明显，更不需要进行夸张和美化；语速节奏偏快。

3. 不同于演讲

演讲有命题演讲和即兴演讲。命题演讲一般先写好演讲稿，是有文字凭借的；即兴演讲是临时确定的讲题，没有文字凭借。但命题演讲和即兴演讲

有一个共同的特点，即为了说明事理，抒发感情，具有较多成分的演的性质。说话虽然也有辅助性的态势语，但并不具有表演性。

4. 不完全等同于生活中的说话

生活中的说话与普通话水平测试中的说话大体是一致的，但同中有异。相同点是，口头言语活动，无文字凭借，现想现说，句式简短，口语化，语速自然；不同点是，生活说话是完成交际任务，可以使用方言，话题自由，双向或多向，有打断、重复、有语病。测试说话是检测普通话水平，必须用普通话说，话题有中心，以单向为主，连贯自然，词汇语法规范。

二、话题说话的一般要求

1. 准确审查说话题目

说话审题与作文审题没有什么两样，只是表达的形式不同，审题是说话的第一步，说话首先要确定说什么，围绕什么主题和中心来说。

（1）审题要抓住关键词语：比如“我的业余生活”这个题目，中心词是“生活”。“生活”的内容是丰富的。但“生活”是“业余”的，是工作学习之外的，这就限定了“生活”的范围。

（2）审题立意要高：任何一个话题都可以从正面或侧面说明一个道理，给人以启示，让人从中得到教益。比如“我尊敬的人”。这个“人”即使是一个平凡的人，但在思想、品德或者性格等方面一定有什么闪光点值得你尊敬。因此这个话题就要围绕这些闪光点去说。

2. 分类审查说话题目

在普通话测试中，《新大纲》要求应试人从30个话题中抽签确定说话题目。这些说话题目从述说的方式看，无外乎记叙和论说两大类。这里不作赘述，第三节专门介绍。

3. 精心选材，切题恰当

审题和立意之后，应当迅速选取能够说明题旨的材料。选材应该选自己熟悉的材料，有话可说的材料，有的是自己亲身经过的，有的是自己耳闻目睹的，有的是自己合情合理的想象的。总之都应该是自己有话可说的材料。选取的材料应该是真实可信、具体实在，并富有真情实感的。不能给人以假大空的感觉，不能给人以胡编乱造的印象。

对话题找准恰当的切入点，将生疏的题目化为熟悉的题目，设法将大题化小题，比如说“谈谈卫生与健康”，这个题目比较大，我们在构思的时候可以选取某一点阐述。比如个人饮食卫生与健康的关系，或者公共环境卫生与人们健康的关系。从某一点切入，把大题目化为小题目，把抽象的题目化为具体的题目，就有话可说了。

4. 迅速构思话题的结构

话题结构是指安排先说什么，后说什么，哪些多说，哪些少说，与文章的开头结尾和详略相似。比如“难忘的旅行”这个话题，可以从以下几个方面来说：

（1）旅行的内容是什么：游览、参观、访问等。

（2）旅行的时间、地点、随同的人员。

（3）旅行的见闻。（这是话题的中心）

（4）旅行的感想。

5. 灵活多样的组织话题语言

说话是口语化的，说话的语言具有它自身的特点。

（1）多用简单句，少用长句：说话由于是现想现说，大多句式简短，一般没有长句子，即使有比较复杂的意思要表达，也分成几个短句子来说，这样可以保持思维的连贯性，减少语误。尤其没有很长的修饰语，话语比较平实。

（2）多用口语词，避免使用书面词语：口语一般通俗易懂，书面语比较文雅，比较以下词语：

口语词	书面语词
后退	退缩
金贵	珍贵
没法儿	无奈
想办法	设法
周围	方圆

说话多使用口语词，这是口语语言自身的特点。明白了这个特点，就不必故意去追求文绉绉的语言，要尽量说得清楚明白、通俗易懂。

注意：多用口语词并不是可以随便使用方言词语，仍然要注意词语的规范。口语词不等于方言词，要使用普通话的口语词，不使用方言口语词。说话要注意避免使用反映日常生活和事物的方言词语。

①说话使用了方言口语词。如：

湖水看上去碧清的。

这样蛮好的。

汤里放点香葱会很香。

②语句中出现方言语气词或方言词缀。如：

他不去行不行哟！

通过这样子一个活动把大家联合起来。

这个人满脸胡子拉叉的。

③语流中出现方言词语搭配。如：

我们两家就隔一个河。

你来合肥要先给我写个信。

小英把婆家了。

④说话时出现方言语序。如：

你大学已经被录取了。

放假我就家去。

小明看电视在。

(3) 避免出现语法错误：话题说话由于“即时性”这一特征，说话是边想边讲，边讲边想，很容易出现下列语法错误。

①用词不当造成了语病。如：

湖面上倒影着点点白帆。

这座城市对他是陌生的。

②词语搭配不当造成语病。如：

我和同事一起浏览合肥的夜晚。

大家把教室打扫得干干净净、整整齐齐。

③由于成分残缺造成的语法错误。如：

我现在的职业是幼儿园。

就拿我的工资，现在也不够养活一家人。

④由于句子成分多造成的语法错误。如：

国庆前夜，到处张灯结彩，人来人往也特别多。

大家的关心使我感到一点也不想家。

⑤因结构杂乱而造成的语病。如：

你不认真学习，那怎么会有好的成绩是可想而知的。

这届学术研讨会是由中文系为主持单位召开的。

⑥因语序不当造成的语病。如：

驰名中外的我国万里长城不是最近的事。

每天早晨，图书馆一开门，就有人陆续来借书了。

(4) 避免啰嗦、重复，不要说口头禅。无论是日常生活交往、还是普通话水平测试，都要求说话内容丰富，信息量大，说得有血有肉，生动活泼，让人爱听。如果一句话能表达的简单意思，说成了很长的一段话，或一句话重复几遍，就给人以多余、繁琐、啰嗦的感觉，让人听来生厌。还有的人说话喜欢带口头禅，比如只要开口说话就有“这个”或“那么”，这都是应该避免的。要尽快把话题向前推进，让每一句话都有较大的信息量，富有新意，引人思考。

(5) 不要用读书腔、背书腔来说话：说话不是朗读，不是朗诵。怎么想就怎么说。朗读是培养普通话语调语感的好形式，有助于说好普通话。但说话并不是要用朗读和背书腔调去说，而要用一种生活化的交谈语气去说。就像我们用方言说话的时候也不用背书腔去说一样。

要避免说话出现读书腔、背书腔，关键在平时要坚持讲普通话，养成讲普通话的习惯，让习惯成自然，以平时讲普通话的心态去进行测试，就一定会取得很好的效果。

第三节　话题说话题目及分析

《新大纲》规定的普通话水平测试用的话题是30题，这30道题目仅是对话题范围的规定，并不规定话题的具体内容。话题说话题目及分析如下：

话题1　我的愿望（或理想）

每个人都会有很多愿望，有的愿望宏大，有的愿望微小，有的愿望美好，有的愿望偏狭，有的愿望不久就会实现，有的愿望通过努力才会变成现实，有的愿望只是一个美好的幻想，永远难成现实。

这个话题可按以下思路进行：可按时间顺序进行，不同的年龄阶段有不同的愿望。可按逻辑顺序进行，先说明我的愿望是什么，接着叙说围绕产生愿望的原因，为之付出的种种努力以及最后结果等。也可选择其中的一个内容作重点说明。

话题2　我的学习生活

这个话题的内容太多太杂，不容易理出头绪。要说好这个话题可以从以下几个方面进行：首先要分析题意。“学习”一词有广义和狭义之分，狭义的“学习”与“读书”意义相同；广义的学习则是指从阅读、听讲、研究、实践中获得知识和技能。“生活”一词在这个话题中的含义应该是为了获得知识和技能而进行的各种活动。将“学习生活”联系起来推敲，这里的“学习”还是取广义为恰当。

其次是要合理安排内容，正确理解了题意，思路也就开阔了，话题外延就更广了，可以说的内容也就多了。内容一多，就得考虑层次、比重，不能平均使用力量。可以选择一两项你感受较深的活动来详细说明，但其他的活动也应该有所顾及，不能置之不理。至于说话主题，可以谈自己在学习生活中所获得的知识，自己的成长历程，自己的人生感悟，谈教训，谈经验，谈得失，谈荣誉，把自己的学习生活同自己的社会生活紧密联系起来，才能丰富谈话的意蕴，才能反映出自己的学习生活在自己的人生道路上所具有的重要意义。这样，主题才能得到升华。

话题3　我尊敬的人

本话题没有限定说话的对象的数量。因此在说话时可以说一类人，也可以说某一个人。也许是对历史有重大影响的著名人物，有重大成就的学者、科学家、艺术家，各行各业的先进模范，艺术作品中塑造的艺术形象；也许是“我”身边生活着的普通人；可以是现实中的人，也可以是理想中的某类人。

既然是“值得我尊敬”，那么这类人或某个人一定在某一方面或某几方面有非凡之处，或是品质高尚，或是技艺超群，或是成果斐然……可供选择的范围很广，而说话时间只有三四分钟，在说这个话题时，最好选择自己非常熟悉、非常了解的人物，重点说出其令人尊敬的个性和品格。为了使说话的内容具体、丰满、要力避只说一些抽象概括、评价性的话，而是通过对这个人的言行举止的具体叙述来说明。

材料的组织很重要，要选择最典型最能表现人物性格品行的事例。叙述的顺序或按时间的先后，也可按照事情的内部联系、或按自己的认识过程。说话要条理清楚，语言流畅，以记叙为主要表达方式，可适当加以议论抒情。

话题 4　我喜爱的动物（或植物）

本话题意在阐述“我”与小动物之间难忘、有趣的相处经历和情景，“我”对动物的爱护。一定要选择自己十分熟悉、十分喜爱的动物。要说出与这只小动物的交往和相处经历，尤其要突出它的外形、性情及与“我”的亲密关系的有意义的故事，最后可以加以评论。将主旨归在人与动物应和谐相处。

以记叙、描写或议论为主。

话题 5　童年的记忆

童年是难忘的，人们最爱回忆的是自己的童年。但由于社会、时代的不同，使不同年龄层次的人童年色彩各异。居住环境、家庭经济、父母受教育程度等因素形成的生活的环境的差异，又使同龄人的童年生活各具特色。童年的经历对人的个性特征有很大的影响。本话题的中心词是“记忆”，因此我们在说话时围绕自己的童年记忆，可以有以下两种结构、选材方式：

一是总体描述：全面回顾记忆中童年的经历。这种全景式的描述应该简洁地勾勒，概况地叙说，全面铺叙中点缀着重点渲染，让这幅童年画卷完整、均衡，不能把话题说成陈年流水帐。

二是片断描绘：选取童年时一段有趣的经历。一些记忆深刻的往事，回顾它们对当时的生活、幼小心灵的影响。这种特写式的描绘应做到中心突出，选材集中，不枝不蔓。

本话题综合运用记叙、说明、议论、抒情等表达方式。

话题6　我喜爱的职业

这个话题可供选取的内容很宽泛。“我喜爱的职业”，既可以是“我”现在所从事的职业，也可以是“我”心目中向往的某种职业。因此在说话时，可根据实际情况自由表述。可以把自己的愿望，自己追求的目标以及对某个职业的态度充分表达出来。

可以按以下的思路去考虑话题：我喜爱的职业是什么，我为什么喜爱这个职业，从事这个职业应具备哪些素质和能力，“我”若从事这个职业还要做哪些努力。

选材和组材应根据说话人的认识水平和切身体验选取自己最熟悉的材料，以便说话时思路清晰，语言流畅。

话题7　难忘的旅行

人们即使不是纯粹旅游，也有出门的经历。或者到过繁华的城市；或者游览过名胜古迹；或者常在自然山水间流连忘返。对于这个话题应该有话可说。但要扣住“难忘”二字。说话时可以按照“游踪”为线索，按空间顺序说出自己的所见所闻；还要注意把旅行的时间、地点、随同的人物、事件的经过等要素说清楚，详略要得当，过渡要自然。

可综合运用叙述、描写、议论、抒情等多种表达方式。说到精彩的地方可插入几句议论或抒情，使主题更鲜明。语言要口语化，已短句为宜。

话题8　我的朋友

这里的“朋友”概念的外延很广，除了有交情的人外，生活中与我们建立了深厚感情的动物、植物都可以作为“我的朋友”，甚至无生命的物品（如书籍、日记、玩具等）都可以是自己的朋友。

说话思路：如果你的朋友很多，可按以下几方面选择材料：首先总说自己喜欢交友，因此有很多朋友，并把这些朋友分类。接着具体描述不同类型的朋友与自己的交往给自己心灵带来的慰藉。如果你的朋友不多，选择材料可按以下思路进行：首先总说你是一个性格内向不善交际的人，因此朋友不多，但有几个很要好的朋友（其中最要好的是谁）。接着具体描述彼此交往、了解的过程；成为最要好朋友的原因；好朋友的个性特征；彼此间的互相帮助、心灵慰藉；相处中的矛盾、波折（如起因、经过、结果、启示等）等等。最好是确定一两个讲述中心，然后围绕这些要点组织材料，安排层次，因为缺乏重点地铺陈容易造成零乱，缺少条理。

可以引用一些关于朋友的名言警句以增加说话的深度、广度和情趣。

话题 9　我喜爱的文学（或其他）艺术形式

（1）话题没有限定介绍的对象，艺术形式是多种多样的，比如文学艺术、舞蹈艺术、书法艺术、演讲艺术、雕塑艺术、绘画艺术等话题宽泛，说话者可以根据自己的喜爱来确定说什么艺术形式。

（2）假如说话人确定了文学艺术，还要说明文学艺术中的哪一类艺术。如是小说、诗歌、还是散文、戏剧。若确定了喜爱小说，则简明介绍小说的作者和主要内容。比较详细地说明小说中哪位人物、哪个情节或哪个观点等给你留下的印象最深。还要说说这部小说给你的教益、影响，要突出重点，切忌面面俱到。

话题 10　谈谈卫生与健康

卫生与健康的关系非常密切。本话题可以从两者密不可分的关系谈起，可从个人卫生与自己的身体健康的关系来谈，也可从公共场合的环境卫生与人们的身体健康的关系的角度来说。

基本思路可这样安排：先谈两者之间的关系，再举例说明，最后提出建议和希望。

话题 11　我的业余生活

所谓业余，就是指工作或课堂学习以外的时间。话题中“业余生活”，限定了说话的范围和主题——必须是在工作（学习）以外的时间里自己的生活情况。如喜欢读书、喜欢写作、钟情绘画、下棋交友、唱歌跳舞、养花养鱼、集邮练琴、打球游泳、野游垂钓、摄影摄像、看电视录像等都是自己的业余生活。

由于个人的偏好、性格以至于所处的环境、条件的不同，人们的业余生活也就不一样。有的人可能只有一两项业余活动，有的人却是兴趣广泛，活动很多。因而，在谈这个问题时，每个人可根据自己业余生活的实际实事求是地说，不可勉强而为之。如果自己的业余生活确实单调，就如实地把自己所从事的活动较为详细地说出来。如果自己的业余生活很丰富，当然话题就容易展开，可以是泛泛而谈，但要突出业余生活的丰富和精彩；也可以在宽泛叙述的基础上突出一两项你最感兴趣的活动。这视每个人的不同情况决定。

话题 12　我喜欢的季节（或天气）

季节是指一年里的某个有特点的时期。根据个人对季节的感受，一年中一定有“我喜欢的季节”。例如同一个人对春夏秋冬四季就有不同的偏爱，不同的人就更有不同的感受了。

本话题的思路可以作如下安排：我喜欢什么样的季节。我为什么喜欢这样的季节，这是话题的重点，可以从视觉、听觉、嗅觉、触觉等各种感觉器官出发阐述这个季节给“我”带来的美的享受；还可以从这个季节的特征出发，阐述这个季节给人们的生活和农业生产带来哪些有利的影响。

要选择自己非常熟悉的材料，在描述时尽量运用口语化的语言，句子结构简短，表达自然、流畅。

话题 13　学习普通话的体会

普通话是教师的职业语言，推广普通话是我国的基本语言政策。当今社会人际交往频繁，加强普通话的学习是社会发展的需要。学习普通话，每个人都可能有很多体验，但要说好不是太容易。

首先要紧扣“体会”二字，说出自己在学习普通话过程中的酸甜苦辣，感受要真切。其次，要用口语化的语言，客观的介绍自己的学习经历和切身体验。

以介绍说明为主，兼用叙述、议论等表达方式。

话题 14　谈谈服饰

俗话说，人要衣装，马要鞍。三分长相，七分打扮。服饰与人们的生活密不可分的。随着人们物质生活水平的提高，开始追求生活的品位。其中就包含对服饰美的追求。

本话题可以按总—分—总的思路进行构思：先总括服饰的得体与否对于一个人外表气质风度的影响。再举例说明不同性别、不同类型、不同职业、不同年龄的人在不同的时间、不同的场合对服饰有哪些要求。或者以某个人为例，阐述因性别、职业、年龄、相貌、体型等因素的制约在不同的时间、不同的场合适合哪些服饰。最后建议人们在社交场合要注意服饰穿戴得体，这不仅是对别人的一种尊重，同时也展现自己的审美品位。

话题 15　我的假日生活

人们可根据自己的爱好安排自己的假日生活。假日生活应该是丰富多彩的。这个话题可按总—分—总的思路进行：先总说自己有无假日，假日生活一般如何安排。再举例说说自己或自己所在的集体度过某个假日的经历和事件。这些经历和事件可以是快乐的、有意义的，可以是有趣的，也可以是痛苦的。举例时要说明与谁、什么时间在一起过的假日。最后总说对度假的感受，突出假日对于“我”的深刻印象和影响。

以记叙和描述为主要表达方式，适当议论和抒情。

话题 16　我的成长之路

由于生活环境和背景的不同，每个人的成长之路都不会一样。但在成长的道路上都会留下一串串的脚印，而每一个脚印都有一个故事。有故事必有人物。这个话题一打开，内容非常繁杂，在三四分钟的说话中就应该注意选材和组材。要选典型材料，选在“我”成长的路上，给我影响最深的事，帮助最大的人。要把事情发生的经过说出来，并阐述给“我”的成长带来什么样的影响。可按照故事发生的时间顺序，也可按照总—分—总的逻辑顺序进行。

话题 17　谈谈科技发展与社会生活

当今社会，人们越来越感受到生活节奏加快了，生活条件改善了，工作效率提高了。这都是科技发展带来的。

本话题可按总—分—总的思路进行：先总述科技发展与人们生活的关系；接着举例说明科技发展对人们生活的影响（如信息技术给人们生活带来的便捷）；最后可提出展望。

本话题还可按时间顺序（过去—现在）安排材料：科技发展给人们生活带来的变化，从人们过去和现在生活的情况分别加以论说。最后谈感想。

以议论为主，兼记叙与说明。

话题 18　我知道的风俗

这个题目“风俗”前有一个限定成分“知道的”，即不管这个风俗是何处的，是自己知道的即可。因此在阐述“风俗”时可以谈自己从书本上读到的其他地方的风俗，也可以是自己亲眼目睹的家乡的风俗。这个风俗包含婚丧礼仪、重要的节日活动、衣食文化等方面的内容。在这个范围之内选择自己最为熟悉的，也是最有特色的方面去说。这样既能做到有话可说，又能突出风俗的独特之处。

比如，婚丧礼仪，可分别讲婚或丧的礼仪，具体把一些礼仪表述出来。要注意把“风俗”的独特之处体现出来。

重要的节日活动，也是可以选择的内容。中国的外国的都可以说。如我国传统的节日有元宵节、端午节、中秋节、春节等，每个节日都有一些各具特色的庆祝方式，而且每个节日可说的内容也很多，应从不同的方面分类加以表述，让听者听出你知道的重要节日的风俗。

话题 19　我和体育

这个话题很宽泛，没有限制成分，应该有话可说。“我”若是一个体育运动爱好者，拿到这个话题说话的素材很多。但要注意选材，选自己最熟悉、最了解的体育项目。说话时或介绍这项运动的起源、发展、规则等有关知识；或叙述我喜爱这项运动的理由和过程；或说出自己参与这项运动的经历、收获、遗憾；或预测、分析此项运动的前景；历数此项运动史上产生的明星。这些内容有的侧重记叙，有的偏重说明，有的适合评论，说话人可根据需要综合运用。

说话人若很少参加体育活动，但随着体育运动的日益兴盛、群众性体育运动的深入开展，舆论媒体的广泛宣传，“我”也许是某些竞技项目的热心观众。根据自己对这项竞技项目的了解程度来谈。

话题 20　我的家乡（或熟悉的地方）

本话题说家乡，应该有话说，但题目很宽泛。要说好这个题目可以从以下几方面考虑：

从自然条件来说：家乡的地理位置。包括家乡地理位置的优劣；家乡的山水、河流或某项独特的建筑等。家乡的气候。说出气候对各方面的影响。

从社会因素来说：可说说家乡的工农业生产情况。家乡父老乡亲的生活情况。可以运用对比的方法阐述，从家乡在改革开放春风的吹拂下，人们的精神面貌、生活水平发生的巨大变化等方面来说。可将重点放在某一方面。如衣、食、住、行任选一项阐述。

话题 21　谈谈美食

民以食为天。随着人们物质生活水平的提高，人们在饮食方面有新的追求。但每个人的口味、饮食习惯是不一样的，对“美食”的见解也就不同。

本话题可以按以下的思路进行思考：什么是美食（可列举别人的美食观后再确定我的观点）；我的美食观的由来（理论阐述与举例相结合。举例可将某种“我”称之为“美食”的食品或菜肴的制作过程简述一下）。最后总结。

话题 22　我喜欢的节日

一年中有很多节日，既有纪念日，如“三八”国际劳动妇女节、“五一”国际劳动节，“六一”国际儿童节、国庆节等；也有传统的庆祝和祭祀的日子，如端午节、中秋节、春节、重阳节及清明节等。

“我喜欢的节日”这个话题要突出“喜欢”二字。因此在说话时，可以按以下的思路进行思考：我“喜欢”的节日有哪些或哪一个；我为什么“喜欢”这些或这个节日（举例说说这个节日给我带来的收获或快乐）；提出自己的愿望。

本话题以记叙、描述为主要表达方式，兼用说明和议论。

话题 23　我所在的集体（学校、机关、公司等）

本话题的题旨是：说明自己所在的集体成员（包括“我”在内）如何以实际行动互助友爱、团结奋进的。可采用记叙、议论、抒情结合的方式讲述。

先介绍自己所在的是什么集体，“我”对这个集体的总体看法。再简述某些成员的典型事例，并加以恰当议论，来证明自己的看法，要注意点面结合。最后可适当抒发一下自己对这个集体的情感。

话题 24　谈谈社会公德（或职业道德）

社会公德，是人们在社会生活中应共同遵循的社会的准则，也就是社会的公共的道德。

本话题可以从以下几个方面来表述：

（1）每个社会成员都应遵守社会公德，这是做人的起码标准。可从自身的岗位、自身的职业、自己的周围说起，通过具体的事例来说明社会公德的重要。

（2）不讲社会公德的危害，这也是从反面说明社会公德的重要。在物质文明高度民主发展的今天，确有少部分人不讲社会公德，他们只讲享乐、不讲贡献，只想自己、不想他人，这种情形各行各业都有表现。这里可列举本行业内的一些不讲社会公德的具体事例来加以表率。还可以更深一点讲一些人破坏社会公德的丑恶行为。

最后，应从自身说起，应怎样遵守社会公德，努力为社会作更多的贡献。

话题 25　谈谈个人修养

拿到这个话题首先要明白“修养”的内涵。修养的含义在现代汉语词典中有两种解释：一是指理论、知识、艺术、思想等方面的一定水平；一是指养成的正确的待人处事的态度。

本话题让我们“谈谈个人修养”可以按以下思路思考：先谈什么是修养；再说明人们为什么要具备这些修养，提高个人修养有什么作用；再述说如何提高个人修养。要有理有据，要选择能为内容服务的典型材料。选材时要注意选熟悉的清晰的材料，能有利于语言思维的进行，有利于语言表达的流畅。

可采用对比、事例、引用等论证方法来阐述自己的观点。

话题 26　我喜欢的明星（或其他知名人士）

这个话题对说话人来讲应该有话可说。我们从舆论媒体报道中了解了很多明星或知名人士的事迹。“明星”有很多类，有影视明星，有体坛明星、歌坛明星，还有棋坛明星等等。其他领域的知名人士在这个话题中也可以是表述的对象。

本话题的内容宽泛，但要讲得主题突出，表述清晰还要经过一番考虑的。其基本思路可以这样安排：我喜欢的明星或知名人士是谁。我为什么喜欢他（她），这部分是重点，要通过事例讲明这个明星或知名人士身上的闪光点，是“明星”要突出他（她）的艺德双馨；是知名人士要突出他（她）在某一领域方面的成就，尤其要讲述他（她）的高尚的人格。最后可以表达一下愿望。

话题 27　我喜爱的书刊

这是一个叙述内容较为丰富的话题。“书刊”包括“书籍”和“刊物”。拿到这个话题时，要想清楚平时自己喜欢读哪类书籍，其中哪一本书给自己留下了深刻的印象。喜欢看哪些杂志，这些杂志给你带来什么样的收获。思路可以从以下几方面入手：

就书籍来讲：从大处着想，可以将自己爱读的书进行归类（如小说、散文、诗歌、戏剧、人物传记、科普读物等等）。就小说类别而言，可以具体说明自己喜爱哪一类小说，这类小说有什么样的特点。如中国古典小说、外国小说，包括言情小说、武侠小说等。就作家而言，可分析自己喜爱的是哪一位作家的作品，此作家作品又有哪些特点。这样，说话人选择的余地就大了。从小处入手，具体指出自己在某一类小说或某一位作家作品中最喜爱的小说是哪一部，而这一部分的叙述应当作为重点。首先可以复述小说的故事梗概，其次可以通过对小说写作技巧、人物塑造、主题意义等方面的具体分析，说明自己喜爱这部书的理由。

就刊物来说，先阐述自己喜欢看哪类刊物，其中哪一本杂志是自己爱不释手，每期必读的。“我”为什么喜欢这本杂志（包括对栏目的内容、语言的评价，这本杂志给予“我”学习及做人方面的帮助等），这是说话的重点。在测试时只要我们在思路上认真准备，话匣一打开，就避免出现“卡壳”现象。

话题 28　谈谈对环境保护的认识

谈论本话题首先要明确什么是环境，什么是环境保护。现代汉语词典将“环境”解释为：一是指周围的地方；二是指周围的情况和条件。将“环境保护”解释为：有关防止自然恶化，改善环境使之适于人类劳动和生活的工作。

本话题可围绕下面的要点构思：什么是“环境保护”？为什么要进行环境保护（因为自然环境与我们人类关系非常密切。它不仅为我们提供了诸如阳光、空气、水、食物等赖以生存、发展的必要资源，也为我们提供了能愉悦身心的生活乐园。举例我们在青山绿水或阳光沙滩和花圃公园生活或游玩的感受。简述现代自然环境的恶化及对我们的影响，如植被破坏导致水土流失；

大气污染、噪音污染、白色污染等对人们身体的危害）；最后谈谈我们应该如何保护环境。

话题 29　我向往的地方

本话题要抓住“向往”二字发挥。“向往的地方”是“我”还没有去过但非常吸引“我”的地方。谈论这个话题时一定要有思路，否则东扯西拉，在测试中可能会出现语义不清，表述不流畅。

思路可以这样考虑：我向往的地方是哪里。我什么时候对这个地方产生向往之情的。我为什么向往这个地方（这是话题的重点）。现在要实现自己的愿望到达这个地方有没有困难，如果通过努力能实现自己的愿望，我现在还要付出哪些努力；如果是经过努力也不能到达的，那就在平时注意收集这个地方的资料，让这个地方永远成为自己向往的地方。

话题 30　购物（消费）新感受

本话题要抓住“新”字展开述说。因此谈论购物感受的时候可运用对比的方法。先简述过去我们购物时所见所闻所感，再重点阐述今天购物时面对市场上琳琅满目的商品心里的感受，这种感受是过去没有的。如因为现在物质生活水平提高了，购物时不再是囊中羞涩，想买什么就有钱买，买到称心如意的商品时那种兴奋的感情；当今社会一些不法分子利欲熏心，制假、售假现象时有发生，对于一个辨别能力不强的消费者来说还可以谈自己购物时担心买假货的心理体验。总之，一定要具体细致的述说自己在购物时的感受，并且要突出“新”字。

事例要求是自己经历过的，印象深刻的。这样说起来语言就会自然流畅。

【思考与练习】

1. 普通话水平测试中的话题说话与日常生活中的说话有何差异？
2. 从普通话水平测试用话题中抽取话题，做 3 分钟说话训练。

第八章　普通话水平测试

第一节　普通话水平测试内容范围、等级标准、测试方式、试卷构成和评分

普通话水平测试是对以汉语为母语的人员普通话口语水所进行的检测，是对应试人的普通话规范程度、熟练程度所进行的标准化、规范化的考试，它属于标准参照性考试。

一、测试内容和范围

普通话水平测试的内容包括普通话语音、词汇和语法。

普通话水平测试的范围是国家测试机构编制的《普通话水平测试用普通话词语表》、《普通话水平测试用普通话与方言词语对照表》、《普通话水平测试用普通话与方言常见语法差异对照表》、《普通话水平测试用朗读作品》、《普通话水平测试用话题》。

二、等级标准

国家语言文字工作委员会、国家教育委员会、广播电影电视部制定颁布的《普通话水平测试等级标准》是评定普通话水平等级的依据。它把普通话等级划分为“三级”，每一级又分为甲等和乙等，故有“三级六等”之说。

一级

甲等：一级甲等是标准纯正的普通话，即“标准级”。要求在朗读和自由交谈时，语音标准；词汇、语法正确无误；语调自然，表达流畅。不允许有系统性的语音错误和系统性的语音缺陷，只允许偶然出现的语音错误，测试总失分率在3%以内。得分在97分及其以上，满分为100分。

乙等：一级乙等也是标准的普通话。要求在朗读和自由交谈时，语音标准；词汇、语法正确无误；语调自然，表达流畅。不允许有系统性的语音错误和系统性的语音缺陷，允许偶有字音、字调的失误。测试总失分率在8%以内。得分在92分及其以上，但不足97分。

二级

甲等：一级甲等是比较标准的普通话。要求在朗读和自由交谈时，声韵

调发音基本标准，语调自然，表达流畅。少数难点音（平翘舌音、边鼻音、前后鼻尾音等）有时出现失误。词汇、语法极少有误。测试总失分率在13%以内。得分在87分及其以上，但不足92分。

乙等：二级乙等是在朗读和自由交谈时，个别调值不准，声韵调发音有不到位现象。难点音较多（如分不清平翘舌、前后鼻尾间、边鼻音、送气不送气，保留浊塞音、浊塞擦音，丢掉介音，复韵母单音化，fu-hu、i-ü不分等），失误较多。方言语调不明显。有使用方言词、方言语法的情况。测试失分率在20%以内，得分在80分及其以上，但不足87分。

三级

是学习和使用普通话的初级阶段。

甲等：三级甲等是指在朗读和自由交谈时，难点音超出常见范围，声韵调发音失误多，方言语调明显。词汇、语法有失误。测试总失分率在30%以内，得分在70分以及其以上，但不足80分。

乙等：三级乙等是指在朗读和自由交谈时，声韵调发音失误多；方言特征突出；方言语调明显；词汇、语法失误较多。外地人听其谈话有听不懂的情况。测试总失分率在40%以内，得分在60分及其以上，但不足70分。

三、测试方式

普通话水平测试一律以口试方式进行。

四、试卷构成和评分

普通话水平测试试卷包括五个部分，即：（1）读单音节字词（100个音节，不含轻声、儿化音节）；（2）读多音节词语（100个音节）；（3）选择判断；（4）朗读短文（一篇，400个音节）；（5）命题说话。

1. 读单音节字词100个（限时3.5分钟，共10分）

读单音节字词是普通话水平测试中的基础检测，是测查应试人声母、韵母、声调的读音的标准程度。100个单音字词都选自《普通话水平测试用普通话词语表》，这些音节的字词包括了普通话语音系统里的所有的声母、韵母和声调。其中每个声母的出现次数一般不少于3次，每个韵母的出现次数一般不少于2次，四个声调出现的次数大致均衡。本项测试评分标准是：

（1）错误：语音错误，每个音节扣0.1分。

（2）缺陷：语音缺陷，每个音节扣0.05。

（3）超时：超时1分钟以内，扣0.5分；超时1分钟以上（含1分钟），扣1分。

一个音节的声母、韵母、声调是一个完整的整体，任何一项错了，这个音节就错了；如果读得不到位、不完整，就是缺陷或欠缺。因此，单音节字词朗读的总体要求是声、韵、调到位。具体来说，单音节字词朗读需要注意下列几个方面的问题：

（1）读字要从左向右横读。

（2）声、韵、调要标准。郎读单音节字词时，声母要发准，发音时找准发音部位，用正确的发音方法发音；韵母发音到位，即单韵母发音要单纯，复韵母和鼻韵母发音要有动程，有变化；声调要完整，特别是上声字要发完整。

（3）对多音字可以选读一音。如果字前或后用括号注明了某个词语，则须按词读音。

（4）不要将形近字误读，如：拨—拔，响—晌。

（5）速度要适中，单音节字词朗读的时限是 3.5 分钟，因此朗读时语速既不能太快，也不能太慢。太快了容易出现发音不到位的现象，太慢了则会超时。读时速度不要过快，以免发音不准确或不到位；也不要过慢，以免超时扣分。

（6）读错了要及时纠正。单音节字词朗读允许读两遍。以第二遍计分。

2. 读多音节词语（包括双音节、三音节和四音节词语，共 100 个音节，限时 2.5 分钟，共 20 分）

本题除了考查应试人声韵调的发音以外，还要考查变调、轻声、儿化等读音的标准程度。这些多音节词语都选自《普通话水平测试用普通话词语表》。声母、韵母、声调出现的次数与读单音节字词的要求相同。上声与上声相连的词语不少于 3 个，上声和非上声相连的词语不少于 4 个，轻声不少于 3 个，儿化词语不少于 4 个（应为不同的儿化韵）。

多音节词语测试的评分标准为：

（1）错误：语音错误，每个音节扣 0.2 分。

（2）缺陷：语音缺陷，每个音节扣 0.1 分。

（3）超时：超时 1 分钟以内，扣 0.5 分；超时 1 分钟以上（含 1 分钟），扣 1 分。

读多音节词语朗读需要注意下列几个方面的问题：

①按照从左到右，然后再从上到下的自然阅读顺序朗读。

②语音要连贯，一个词不能读破成几个音节。

③多音节词语的末尾音节是上声的读全上。如：领导　美好

④轻声词要准确判断。

⑤读儿化韵不能将“儿”自成音节。

⑥读错了要及时纠正，每个词允许读两遍，以第二遍记评。

⑦语速要适中，过快会影响测试效果，过慢则耽误测试时间。

3. 选择判断（限时 3 分钟，共 10 分）

这一题内容包括：①词语判断。根据《普通话水平测试用普通话与方言

词语对照表》，列举 10 组普通话与方言意义相对应但说法不同的词语，由应试人判断并读出普通话的词语，每组 0. 25 分。②量词、名词搭配。根据《普通话水平测试用普通话与方言常见语法差异对照表》，列举 10 个名词和若干量词，由应试人搭配并读出符合普通话规范的 10 组名量短语。每组 0. 5 分。①②两题是为了测查应试人掌握普通话词语的规范程度。③语序或表达形式判断。根据《普通话水平测试用普通话与方言常见语法差异对照表》，列举 5 组普通话和方言意义相对应，但语序或表达习惯不同的短语或短句，由应试人判断并读出符合普通话语法规范的表达形式。这一小题是为了测试应试人掌握普通话语法的规范程度。每组 0. 5 分。

4. 朗读短文（1 篇，400 个音节，限时 4 分钟，共 30 分）

本题要测查应试人使用普通话朗读书面作品的水平。测试用短文从《普通话水平测试用朗读作品》中选取。本题除了继续考查应试人声韵调读音的标准程度以外，还重点测查连读音变、停连、语调、语速和朗读的自然流畅程度。测试评分标准如下：

（1）错、漏、增：每个音节扣 0. 1 分。

（2）声母或韵母的系统性语音缺陷语音缺陷，视程度扣 0. 5 分、1 分。

（3）语调偏误，视程度扣 0. 5 分、1 分、2 分。

（4）停连不当，视程度扣 0. 5 分、1 分、2 分。

（5）朗读不流畅（包括回读），视程度扣 0. 5 分、1 分、2 分。

（6）超时扣 1 分（限时 4 分钟）。

朗读基本要求：

（1）发音准确、清晰

朗读短文时仍然是把语音的准确性放在主要的地位。吐字要清晰，既不能含糊不清，也不能把字咬得太死。因为朗读短文不同于认读字词，在语流中，有些字音受前后音节的影响总会产生一些变化，在朗读中，要准确地反映这些变化。

（2）语调自然、流畅

朗读和朗诵相比，它更贴近生活中的口语，但又有别于日常说话，是口语的艺术加工。测试中的朗读，语调不要过于夸张，应力求自然。但也应注意朗读技巧，提高朗读水平。朗读应忠实于原文，做到不颠倒、不重复、不添字、不漏字。应试人应熟读作品，准备充分。应试人要避免在朗读中流露出方言色彩。方言色彩是方言的语音现象在语流中的综合性反映，它涉及声韵调、轻重音、音变、语气等方面，应试人在朗读时必须将这些方面把握好。

（3）语速快慢适中

朗读的语速从总体上来说应是中速。语速过快容易发生发音含混、“吃字”的现象；而语速过慢，则给人不流畅的感觉。朗读中语速的快慢不是随意的，而是由文章内容和思想表达的需要所决定的。

（4）表达真情实感

朗读要求正确作品的思想内容，准确把握思想感情，表达真情实感。

5. 命题说话（限时3分钟，共30分）

说话话题从《普通话水平测试用话题》中选取，由应试人从给定的两个话题中选定1个话题，连续说一段话。这个题目是测查应试人在无字凭借的情况下说普通话的水平，重点测查语音标准程度，词汇、语法规范程度和自然程度。在评分方面，语音标准程度占20分，词汇、语法规范程度占5分，说话自然流畅程度占5分。

安徽省普通话水平测试试卷省略了选择判断部分，该项10分记入命题说话。因此命题说话在评分方面，语音标准程度占25分，词汇语法规范程度占10分，说话自然流畅程度占5分。具体测试评分标准如下：

（一）语音标准程度（25分）

一档：语音标准，或极少有失误。扣0分、1分、2分。

二档：语音错误在10次以下，有方音但不明显。扣3分、4分。

三档：语音错误在10次以下，但方音比较明显；或语音错误在10次—15次，有方音但不明显。扣5分、6分。

四档：语音错误在10次—15次，方音比较明显。扣7分、8分。

五档：语音错误超过15次，方音明显。扣9分、10分、11分。

六档：语音错误多，方音重。扣12分、13分、14分。

（二）词汇语法规范程度（10分）

一档：词汇、语法规范。扣0分。

二档：词汇、语法偶有不规范的情况。扣1分、2分。

三档：词汇、语法屡有不规范的情况。扣3分、4分。

（三）自然流畅程度（5分）

一档：语言自然流畅。扣0分。

二档：语言基本流畅，口语化较差，有背稿子的表现。扣0.5分、1分。

三档：语言不连贯，语调生硬。扣2分、3分。

（四）缺时扣分

说话不足3分钟，酌情扣分：缺时1分钟以内（含1分钟），扣1分、2分、3分；缺时1分钟以上，扣4分、5分、6分；说话不满30秒（含30秒），计0分。

本项语音规范的标准与前几项的标准相同，只是它不同于朗读。它的根本特点是“说”，就是按照日常的语音语调来说话，不能一个字一个字地“念”出来；也不能像朗读那样一句一句地“读”出来，说话讲究语音自然，语流顺畅。说话还要注意用词的规范，不使用方言词、生僻词；多用口语词，少用书面词语；语法要规范，多用短句、单句，少用结构复杂的长句、复句；句式、句型要符合汉语语法的特点和习惯，不能使用方言语法，避免出现错误。说话力求自然流畅，要求应试人养成用普通话思维的良好习惯，坚持在日常的学习、工作、生活中说普通话，应试时才能表达流畅。

第二节　普通话水平测试的应对策略与技巧

普通话水平测试是对应试人的语言组织能力、口头表达能力、心里承受能力、应变能力等的综合考查，应试人要想在普通话测试中取得好成绩，除要有扎实的文化知识外，还应掌握一些应对策略和技巧。通过大量的测试实践，我们认为要想在测试中应付自如，取得预期的效果，应该努力做到以下几个方面：

一、积累知识

国家语言文字工作委员会规定的普通话水平测试大纲，给应试人提供了学习的依据，也提出了测试的基本要求。每一个应试人都应该认真学习和领会测试大纲的基本要求和具体的测试程序、测试内容；了解并掌握自己的方言与普通话之间的差异及对应关系。应试人应该做到：

1. 认真学习和训练

①针对自己的学习实际，抓住重点，突破难点，进行强化训练，把知识转化为技能，使技能达到相当熟练的程度。

②课内与课外相结合，针对语音难点、重点训练，把听辨与读说结合起来，认真记忆，反复训练，力争在短时间内使自己的普通话水平得以提高。

2. 进行模拟测试

熟悉测试程序，抓住薄弱环节，从而很好地掌握测试内容。

二、培养能力

1. 心理承受能力

普通话水平测试时，每一位应试人都是单独应试，如若应试人心理素质不好，就容易产生恐惧心理而直接影响其考试成绩。因此，提高应试人的心理承受能力是普通话学习过程中的一项重要工作。一方面，应试人平时要有意识地对自己的心理承受能力进行锻炼；另一方面，在测试过程中应试人要学会利用心理暗示、深呼吸、目中无人等方法把自己紧张的心情调整到正常的心理状态，尽量减少心理因素对测试成绩的影响。

2. 应变能力

在测试过程中，有可能会出现各种意想不到的情况，普通话水平测试本身也有其随意性，特别是说话项的测试，要求应试人具有一定的应变能力。应变能力的培养不是一朝一夕的事情，也需要一个过程。应试人要在平时的学习工作中有意识地锻炼自己，如学习如何与陌生人打交道，学习冷静地处理突发事件等，锻炼得多了，能力自然就提高了。

3. 运用语言的能力

普通话水平测试的形式是口试，在测试时多为单向交流，要求应试人在“读”和“说”，特别是“说”的过程中，注意语言的组织和表达。

语言的表达最能体现应试人运用语言的能力，最能体现应试人的普通话水平。要提高应试人运用语言的能力，首先，应试人要多听、多查、多读、多说、多记。多听，如听广播、听电视、听别人讲话，主要是听普通话标准的人讲话；多查，碰到不认识或读音拿不准的字，要勤查字、词典，弄清正确的发音；多读，是指平时要尽量运用标准语音大声地朗读应试材料，朗读各类拼音读物及字、词，这是形成普通话语感的有效途径之一；多说，平时要敢于说，要坚持说，只有多说，才能熟练，才能形成语感；多记，是指在听、查、读、说的过程中，要注意自己的难点音，要将难点音一一记录下来逐个攻破。这样，就能避免犯同样的错误。

三、掌握策略

应试者除了要在平时的训练中做到上述几方面以外，还应掌握一些测试时的技巧：

1. 遵循交际的基本原则

普通话测试实际上也是人与人之间交际的一种方式，要想取得交际的成功，应试者还应遵循交际的一些基本原则：①礼貌原则。应试人要尊重测试员和现场工作人员。②合作原则。测试员和现场工作人员要给应试人一个轻松的考试环境；应试人应放松自己，心态平和，积极、主动配合测试员完成测试，为测试工作的顺利完成提供保障。

2. 做好准备时间上的安排

普通话测试时间性较强，除了每一题都规定了时间之外，每位应试人进入测试抽签之后，还有 10 分钟左右的准备时间，要合理安排。

附：

朗读作品1—60号

说明：

一、60篇作品均选自《普通话水平测试实施纲要》（国家语言文字工作委员会普通话培训测试中心编制，商务印书馆2004年1月版）

二、每篇作品都用“/”符号大致作了停顿标记。

三、每篇作品在第400个音节后用“//”标注。

四、每篇作品后都附有语音提示。

作品1号

那是/力争上游的一种树，笔直①的干，笔直的枝。它的干呢，通常是/丈把高，像是加以人工似的，一丈以内，绝无旁枝；它所有的桠枝②呢，一律向上，而且紧紧靠拢③，也像是加以人工似的，成为一束④，绝无横斜逸出⑤；它的宽大的叶子/也是片片向上，几乎/没有斜生的，更不用说/倒垂⑥了；它的皮，光滑/而有银色的晕圈⑦，微微泛出淡青色。这是/虽在北方风雪的压迫下/却保持着/倔强⑧挺立的一种树！哪怕只有碗来粗细罢，它却努力/向上发展，高到丈许，两丈，参天耸立，不折不挠，对抗着西北风。

这就是白杨树，西北极普通的一种树，然而/决不是平凡的树！

它没有/婆娑⑨的姿态，没有/屈曲盘旋⑩的虬枝⑪，也许你要说/它不美丽，如果美/是专指“婆娑”/或“横斜逸出”之类而言，那么，白杨树/算不得树中的好女子；但是/它却是/伟岸，正直，朴质⑫，严肃，也不缺乏温和，更不用提它的坚强不屈/与挺拔⑬，它是树中的/伟丈夫！当你在积雪初融的高原上走过，看见平坦的大地上/傲然挺立这么一株/或一排白杨树，难道/你就只觉得/树只是树，难道/你就不想到/它的朴质，严肃，坚强不屈，至少/也象征了北方的农民；难道/你竟一点儿也不联想到，在敌后的广大土//地上，到处有/坚强不屈，就像这白杨树一样/傲然挺立的/守卫他们家乡的哨兵！难道/你又不更远一点想到/这样枝枝叶叶靠紧团结，力求上进的白杨树，宛然⑭象征了/今天/在华北平原纵横决荡⑮/用血/写出新中国历史的/那种精神/和意志。

（节选自茅盾《白杨礼赞》）

语音提示：

①笔直 bǐzhí　　②桠枝 yāzhī

③靠拢 kàolǒng　　④一束 yíshù

⑤逸出 yìchū
⑥倒垂 dàochuí
⑦晕圈 yùnquān
⑧倔强 juéjiàng
⑨婆娑 pósuō
⑩盘旋 pánxuán
⑪虬枝 qiúzhī
⑫朴质 pǔzhì
⑬挺拔 tǐngbá
⑭宛然 wǎnrán
⑮纵横决荡 zònghéng juédàng

作品 2 号

两个同龄的年轻人/同时受雇于/一家店铺，并且/拿同样的薪水[1]。

可是/一段时间后，叫阿诺德[2]的那个小伙子/青云直上，而那个叫布鲁诺[3]的小伙子/却仍在原地踏步。布鲁诺/很不满意老板的不公正待遇。终于/有一天/他到老板那儿发牢骚[4]了。老板/一边耐心地/听着他的抱怨[5]，一边在心里盘算[6]着/怎样向他解释[7]清楚[8]/他和阿诺德之间的差别。

“布鲁诺先生[9]，”老板开口说话了，“您现在到集市[10]上去一下，看看[11]今天早上[12]/有什么卖的。”

布鲁诺/从集市上回来/向老板汇报说，今早集市上/只有一个农民/拉了一车土豆[13]在卖。

“有多少？”老板问。

布鲁诺/赶快戴上帽子/又跑到集上，然后回来告诉老板/一共四十袋土豆。

“价格[14]是多少？”

布鲁诺/又第三次跑到集上问来了价格。

“好吧，”老板对他说，“现在/请您坐到这把椅子上/一句话也不要说，看看阿诺德怎么[15]说。”

阿诺德/很快就从集市上/回来了。向老板汇报说/到现在为止/只有一个农民在卖土豆，一共四十口袋[16]，价格/是多少多少；土豆质量很不错，他带回来一个/让老板看看。这个农民/一个钟头以后/还会弄来几箱西红柿，据他看/价格非常公道。昨天/他们铺子的西红柿/卖得很快，库存/已经不//多了。他想/这么便宜[17]的西红柿，老板肯定/会要进一些的，所以/他不仅带回了一个西红柿/做样品，而且/把那个农民/也带来了，他现在/正在外面等回话呢。

此时/老板转向了布鲁诺，说：“现在/您肯定知道/为什么[18]阿诺德的薪水/比您高了吧！”

（节选自张健鹏、胡足青主编《故事时代》中《差别》）

语音提示：

①薪水 xīnshuǐ
②阿诺德 Ānuòdé
③布鲁诺 Bùlǔnuò
④牢骚 láosāo
⑤抱怨 bàoyuàn
⑥盘算 pánsuan

⑦解释 jiěshì ⑧清楚 qīngchu
⑨先生 xiānsheng ⑩集市 jíshì
⑪看看 kànkan ⑫早上 zǎoshang
⑬土豆 tǔdòu ⑭价格 jiàgé
⑮怎么 zěnme ⑯口袋 kǒudai
⑰便宜 piányi ⑱为什么 wèishénme

作品 3 号

我常常遗憾①/我家门前那块丑石②：它黑黝黝③地/卧在那里，牛似的模样；谁也不知道/是什么时候④留在这里的，谁也不去理会它。只是麦收时节，门前/摊了麦子，奶奶总是说：这块丑石，多占地面呀，抽空⑤/把它搬走吧。

它不像/汉白玉那样的细腻⑥，可以刻字雕花，也不像/大青石那样的光滑，可以供来/浣纱⑦捶布。它静静地卧在那里，院边的槐阴/没有庇覆⑧它，花儿⑨/也不再在它身边生长。荒草/便繁衍⑩出来，枝蔓⑪上下，慢慢地，它竟锈上了绿苔⑫、黑斑。我们这些做孩子的，也讨厌起它来，曾合伙要搬走它，但力气/又不足；虽时时咒骂它，嫌弃⑬它，也无可奈何，只好/任它/留在那里了。

终有一日，村子里/来了一个天文学家。他在我家门前路过，突然发现了这块石头，眼光/立即就拉直了。他再没有离开，就住了下来；以后/又来了好些人，都说/这是一块陨石⑭，从天上落下来/已经有二三百年了，是一件/了不起的东西。不久/便来了车，小心翼翼地/将它运走了。

这使我们都很惊奇，这又怪又丑的石头，原来是天上的啊⑮！它补过天，在天上/发过热、闪过光，我们的先祖/或许仰望⑯过它，它/给了他们/光明、向往、憧憬⑰；而它/落下来了，在污土里，荒草里，一躺就//是几百年了！

我感到/自己的无知，也感到了/丑石的伟大，我甚至怨恨它/这么⑱多年/竟会默默地忍受着这一切！而我/又立即深深地感到/它那种不屈于误解、寂寞的/生存的伟大。

（节选自贾平凹《丑石》）

语音提示：

①遗憾 yíhàn ②丑石 chǒushí
③黑黝黝 hēiyǒuyǒu ④时候 shíhou
⑤抽空 chōukòng ⑥细腻 xìnì
⑦浣纱 huànshā ⑧庇覆 bìfù
⑨花儿 huā' er ⑩繁衍 fányǎn
⑪枝蔓 zhīwàn ⑫绿苔 lǜtái
⑬嫌弃 xiánqì ⑭陨石 yǔnshí

⑮啊 ya ⑯仰望 yǎngwàng
⑰憧憬 chōngjǐng ⑱这么 zhème

作品 4 号

在达瑞[①]/八岁的时候，有一天/他想去看电影。因为[②]没有钱，他想/是向爸妈要钱，还是自己挣钱。最后/他选择[③]了后者。他自己调制了一种汽水，向过路的行人出售[④]。可那时/正是寒冷[⑤]的冬天，没有人买，只有两个人例外——他的爸爸和妈妈。

他偶然[⑥]有一个/和非常成功[⑦]的商人/谈话的机会。当他对商人讲述了自己的“破产史”后，商人/给了他/两个重要的建议：一是/尝试为别人解决一个难题；二是/把精力集中在你知道的、你会的/和你拥有的东西[⑧]上。

这两个建议很关键。因为对于一个八岁的孩子而言，他不会做的事情[⑨]很多。于是/他穿过大街小巷，不停地思考：人们会有什么难题，他又如何利用这个[⑩]机会？

一天，吃早饭时/父亲让达瑞去取报纸。美国的送报员/总是把报纸/从花园篱笆[⑪]的一个特制的管子里塞进来。假如你想穿着睡衣/舒舒服服地吃早饭/和看报纸，就必须离开温暖的房间，冒着寒风，到花园去取。虽然路短，但十分麻烦[⑫]。

当达瑞为父亲取报纸的时候，一个主意[⑬]诞生[⑭]了。当天[⑮]/他就按响邻居的门铃，对他们说，每个月/只需付给他一美元，他就每天早上/把报纸塞到他们的房门底下。大多数人/都同意了，很快/他有//了七十多个顾客。一个月后，当他拿到自己赚的钱时，觉得自己/简直[⑯]是飞上了天。

很快/他又有了新的机会，他让他的顾客/每天把垃圾袋/放在门前，然后由他/早上运到垃圾桶里，每个月/加一美元。之后/他还想出了许多孩子赚钱的办法，并把它集结成书，书名为/《儿童挣钱的二百五十个主意》。为此，达瑞十二岁时/就成了畅销书[⑰]作家，十五岁/有了自己的谈话节目，十七岁/就拥有[⑱]了几百万美元。

（节选自［德］博多·舍费尔《达瑞的故事》，刘志明译）

语音提示：

①达瑞 dáruì ②因为 yīnwèi
③选择 xuǎnzé ④出售 chūshòu
⑤寒冷 hánlěng ⑥偶然 ǒurán
⑦成功 chénggōng ⑧东西 dōngxi
⑨事情 shìqing ⑩这个 zhège
⑪篱笆 líba ⑫麻烦 máfan
⑬主意 zhǔyi ⑭诞生 dànshēng

⑮当天 dàngtiān
⑯简直 jiǎnzhí
⑰畅销书 chàngxiāoshū
⑱拥有 yōngyǒu

作品 5 号

这是入冬以来，胶东半岛上/第一场雪。

雪/纷纷扬扬，下得很大。开始/还伴着一阵儿①小雨，不久/就只见大片大片的雪花，从彤云密布②的天空中/飘落下来。地面上/一会儿③就白了。冬天的山村，到了夜里/就万籁俱寂④，只听得雪花/簌簌地⑤/不断往下落，树木的枯枝/被雪压断了，偶尔/咯吱⑥一声响。

大雪/整整下了一夜。今天早晨，天放晴了，太阳出来了。推开门一看，嗬！好大的雪啊⑦！山川、河流、树木、房屋，全都罩上了一层/厚厚的雪，万里江山，变成了粉妆玉砌⑧的世界。落光了叶子的柳树上/挂满了/毛茸茸亮晶晶的银条儿⑨；而那些冬夏常青的松树和柏树上，则挂满了/蓬松松沉甸甸的雪球儿⑩。一阵风吹来，树枝轻轻地摇晃，美丽的银条儿和雪球儿/簌簌地落下来，玉屑⑪似的⑫雪末儿⑬/随风飘扬，映着清晨的阳光，显出一道道五光十色的彩虹。

大街上的积雪/足有一尺多深，人踩上去，脚底下发出/咯吱咯吱的响声。一群群孩子/在雪地里堆雪人，掷⑭雪球儿。那欢乐的叫喊声，把树枝上的雪/都震落下来了。

俗话说，“瑞雪兆丰年”。这个话有充分的科学根据，并不是一句迷信的成语。寒冬大雪，可以冻死一部分越冬的害虫；融化⑮了的水/渗进⑯土层深处，又能供应⑰//庄稼⑱生长的需要。我相信/这一场十分及时的大雪，一定会促进明年春季作物，尤其是小麦的丰收。有经验的老农/把雪比做是“麦子的棉被”。冬天/“棉被”盖得越厚，明春/麦子就长得越好，所以/又有这样一句谚语⑲：“冬天麦盖/三层被，来年枕着/馒头⑳睡”。

我想，这就是人们/为什么把及时的大雪/称为“瑞雪”的道理吧。

（节选自峻青《第一场雪》）

语音提示：

①一阵儿 yízhènr
②彤云密布 tóngyún-mìbù
③一会儿 yíhuìr
④万籁俱寂 wànlài-jùjì
⑤簌簌地 sùsùde
⑥咯吱 gēzhī
⑦啊 ya
⑧粉妆玉砌 fěnzhuāng-yùqì
⑨银条儿 yíntiáor
⑩雪球儿 xuěqiúr
⑪玉屑 yùxiè
⑫似的 shìde
⑬雪末儿 xuěmòr
⑭掷 zhì
⑮融化 rónghuà
⑯渗进 shènjìn

⑰供应 gōngyìng　⑱庄稼 zhuāngjia
⑲谚语 yànyǔ　⑳馒头 mántou

作品6号

我常想/读书人/是世间/幸福[①]人，因为/他除了拥有/现实的世界之外，还拥有另一个/更为浩瀚[②]/也更为丰富[③]的世界。现实的世界/是人人都有的，而后一个世界/却为读书人所独有。由此我想，那些失去/或不能阅读的人/是多么[④]的不幸[⑤]，他们的丧失[⑥]/是不可补偿[⑦]的。世间有诸多的不平等，财富的不平等，权力的不平等，而阅读能力的拥有/或丧失却体现为/精神的不平等。

一个人的一生，只能经历[⑧]/自己拥有的那一份欣悦[⑨]，那一份苦难，也许再加上/他亲自闻知的那一些/关于自身以外的经历和经验。然而，人们通过阅读，却能进入不同时空的/诸多他人的世界。这样，具有阅读能力的人，无形间获得了超越有限生命的/无限可能性。阅读/不仅使他多识了草木虫鱼之名，而且可以上溯[⑩]远古/下及未来，饱览[⑪]存在的/与非存在的奇风异俗。

更为重要的是，读书/加惠于人们的/不仅是知识的增广，而且还在于精神的感化与陶冶[⑫]。人们/从读书学做人，从那些往哲[⑬]先贤/以及当代[⑭]才俊[⑮]的著述中学得他们的人格。人们从《论语》中学得智慧的思考，从《史记》中/学得严肃的历史精神，从《正气歌》中学得人格的刚烈，从马克思/学得人世//的激情，从鲁迅/学得批判精神，从托尔斯泰[⑯]/学得道德的执着。歌德的诗句/刻写着睿智[⑰]的人生，拜伦的诗句/呼唤着[⑱]奋斗的热情。一个读书人，一个有机会拥有/超乎个人生命体验的/幸运人。

（节选自谢冕《读书人是幸福人》）

语音提示：

①幸福 xìngfú　②浩瀚 hàohàn
③丰富 fēngfù　④多么 duōme
⑤不幸 búxìng　⑥丧失 sàngshī
⑦补偿 bǔcháng　⑧经历 jīnglì
⑨欣悦 xīnyuè　⑩溯 sù
⑪饱览 bǎolǎn　⑫陶冶 táoyě
⑬往哲先贤 wǎngzhé xiānxián　⑭当代 dāngdài
⑮才俊 cáijùn　⑯托尔斯泰 Tuō'ěrsītài
⑰睿智 ruìzhì　⑱呼唤着 hūhuànzhe

作品7号

一天，爸爸下班回到家/已经很晚了，他很累/也有点儿烦，他发现/五岁的儿子/靠在门旁/正等着[1]他。

“爸，我可以问您一个问题吗?”

“什么问题?”“爸，您一小时/可以赚[2]多少钱?”“这与你无关，你为什么问这个问题?”父亲生气地说。

“我只是想知道，请告诉我，您一小时赚多少钱?”小孩儿[3]哀求道。“假如你一定要知道的话，我一小时/赚二十美金。”

“哦，”小孩儿低下了头，接着[4]又说，“爸，可以借我十美金吗?”父亲发怒了：“如果你只是要借钱/去买毫无意义[5]的玩具的话，给我回到你的房间/睡觉去。好好想想/为什么你会那么[6]自私。我每天辛苦工作，没时间和你玩儿[7]/小孩子的游戏。”

小孩儿/默默地回到自己的房间/关上门。

父亲坐下来/还在生气。后来，他平静下来了。心想/他可能对孩子太凶了——或许/孩子真的很想买什么东西[8]，再说/他平时很少要过[9]钱。

父亲走进孩子的房间：“你睡了吗?”“爸，还没有，我还醒着。”孩子[10]回答。

“我刚才/可能对你太凶了，”父亲说，“我不应该发那么大的火儿[11]——这是你要的十美金。”“爸，谢谢您。”孩子高兴地/从枕头[12]下拿出一些被弄皱的钞票，慢慢地数着。

“为什么你已经有钱了/还要?”父亲不解地问。

“因为原来不够，但现在凑[13]够了。”孩子回答：“爸，我现在有//二十美金了，我可以向您买/一个小时的时间吗?明天/请早一点儿[14]回家——我想和您一起吃晚餐。”

（节选自唐继柳编译《二十美金的价值》）

语音提示：

①等着 děngzhe　②赚 zhuàn

③小孩儿 xiǎoháir　④接着 jiēzhe

⑤毫无意义 háowúyìyì　⑥那么 nàme

⑦玩儿 wánr　⑧东西 dōngxi

⑨要过 yàoguo　⑩孩子 háizi

⑪火儿 huǒr　⑫枕头 zhěntou

⑬凑 còu　⑭一点儿 yìdiǎnr

作品 8 号

我爱月夜，但我也爱星天。从前/在家乡七八月的夜晚/在庭院[1]里纳凉[2]的时候[3]，我最爱看/天上密密麻麻[4]的繁星。望着[5]星天，我就会忘记一切，仿佛回到了母亲的怀里似的。

三年前/在南京/我住的地方[6]/有一道后门，每晚我打开后门，便看见一个静寂[7]的夜。下面/是一片菜园，上面/是星群密布[8]的蓝天。星光在我们的肉眼里/虽然微小，然而/它使我们觉得/光明无处不在。那时候/我正在读一些天文学的书，也认得[9]一些星星，好像它们就是我的朋友[10]，它们常常在和我谈话一样。

如今在海上，每晚和繁星相对，我把它们认得很熟了。我躺在舱面上，仰望天空。深蓝色的天空里/悬着[11]无数半明半昧[12]的星。船在动，星也在动，它们是这样低，真是摇摇欲坠[13]呢！渐渐地/我的眼睛[14]模糊[15]了，我好像看见无数萤火虫[16]/在我的周围飞舞。海上的夜/是柔和[17]的，是静寂的，是梦幻[18]的。我望着许多认识[19]的星，我仿佛看见/它们在对我眨眼，我仿佛听见/它们在小声说话。这时/我忘记了一切。在星的怀抱中/我微笑着，我沉睡着。我觉得自己是一个小孩子，现在/睡在母亲的怀里了。

有一夜，那个在哥伦波[20]/上船的英国人/指给我看天上的巨人。他用手指着[21]：//那四颗明亮[22]的星是头，下面的几颗是身子，这几颗是手，那几颗是腿和脚，还有三颗星/算是腰带。经他这一番指点[23]，我果然看清楚了[24]/那个[25]天上的巨人。看，那个巨人/还在跑呢！

（节选自巴金《繁星》）

语音提示：

①庭院 tíngyuàn　②纳凉 nàliáng
③时候 shíhou　④密密麻麻 mìmi-mámá
⑤望着 wàngzhe　⑥地方 dìfang
⑦静寂 jìngjì　⑧星群密布 xīngqún mìbù
⑨认得 rènde　⑩朋友 péngyou
⑪悬着 xuánzhe　⑫半明半昧 bànmíng-bànmèi
⑬摇摇欲坠 yáoyáo-yùzhuì　⑭眼睛 yǎnjīng
⑮模糊 móhu　⑯萤火虫 yínghuǒchóng
⑰柔和 róuhé　⑱梦幻 mènghuàn
⑲认识 rènshi　⑳哥伦波 Gēlúnbō
㉑指着 zhǐzhe　㉒明亮 míngliàng
㉓指点 zhǐdiǎn　㉔清楚了 qīngchule
㉕那个 nàge

作品 9 号

假日/到河滩上转转[1]，看见许多孩子/在放风筝[2]。一根根长长的引线[3]，一头/系在天上，一头/系在地上，孩子同风筝/都在天与地之间悠荡[4]，连心/也被悠荡得恍恍惚惚[5]了，好像/又回到了童年。

儿时的放风筝，大多是自己的长辈或家人编扎[6]的，几根削[7]得很薄的篾[8]，用细纱线扎成[9]各种鸟兽的造型[10]，糊上雪白的纸片，再用彩笔/勾勒[11]出面孔与翅膀的图案。通常/扎得最多的/是“老雕”“美人儿[12]”“花蝴蝶”等。

我们家前院/就有位叔叔，擅扎风筝，远近闻名。他扎的风筝/不只体型好看，色彩艳丽，放飞得高远，还在风筝上/绷一叶/用蒲苇[13]削成的膜片[14]，经风一吹，发出“嗡嗡”的声响，仿佛是风筝的歌唱，在蓝天下播扬，给开阔的天地/增添了无尽的韵味，给驰荡[15]的童心/带来几分疯狂。

我们那条胡同[16]的左邻右舍的孩子们/放的风筝/几乎都是叔叔编扎的。他的风筝/不卖钱，谁上门去要，就给谁，他乐意自己贴钱买材料。

后来，这位叔叔去了海外，放风筝/也渐与孩子们远离了。不过/年年叔叔给家乡写信，总不忘提起/儿时的放风筝。香港回归之后，他在家信中说到，他这只被故乡放飞到海外的风筝，尽管[17]飘荡游弋[18]，经沐风雨，可那线头儿[19]/一直在故乡和//亲人手中牵着，如今飘得太累了，也该要回归到家乡/和亲人身边来了。

是的。我想，不光是叔叔，我们每个人/都是风筝，在妈妈[20]手中牵着[21]，从小放到大，再从家乡/放到祖国最需要的地方去啊[22]！

（节选自李恒瑞《风筝畅想曲》）

语音提示：

①转转 zhuànzhuan　　②风筝 fēngzheng
③引线 yǐnxiàn　　④悠荡 yōudàng
⑤恍恍惚惚 huǎnghuǎng-hūhū　　⑥编扎 biānzā
⑦削 xiāo　　⑧篾 miè
⑨扎成 zāchéng　　⑩造型 zàoxíng
⑪勾勒 gōulè　　⑫美人儿 měirénr
⑬蒲苇 púwěi　　⑭膜片 mópiàn
⑮驰荡 chídàng　　⑯胡同 hútòngr
⑰尽管 jǐnguǎn　　⑱游弋 yóuyì
⑲线头儿 xiàntóur　　⑳妈妈 māma
㉑牵着 qiānzhe　　㉒啊 ya

作品 10 号

爸/不懂得怎样表达爱，使我们一家人融洽[1]相处[2]的/是我妈。他只是每天上班下班，而妈/则把我们做过[3]的错事/开列清单[4]，然后由他/来责骂我们。

有一次/我偷了一块糖果，他要我把它送回去，告诉[5]卖糖的说/是我偷来的，说/我愿意替他拆箱卸货[6]/作为赔偿。但妈妈却明白[7]/我只是个孩子。

我在运动场打秋千/跌断了腿，在前往医院途中/一直抱着我的，是我妈。爸把汽车停在急诊室[8]门口，他们叫他驶开，说那空位/是留给紧急车辆停放的。爸听了/便叫嚷道："你以为/这是什么车？旅游车？"

在我生日会上，爸/总是显得有些不大相称[9]。他只是忙于吹气球，布置餐桌，做杂务。把插着蜡烛的蛋糕/推过来让我吹的，是我妈。

我翻阅照相册时，人们总是问："你爸爸是什么样子的？"天晓得！他老是忙着替别人拍照。妈和我/笑容可掬[10]地/一起拍的照片，多得不可胜数[11]。

我记得妈/有一次叫他教我骑自行车。我叫他别放手，但他却说/是应该放手的时候了。我摔倒之后，妈/跑过来扶我，爸/却挥手要她走开。我当时[12]生气极了，决心/要给他点儿[13]颜色看。于是我马上爬上自行车，而且自己骑给他看。他只是微笑。

我念大学时，所有的家信/都是妈写的。他//除了寄支票外，还寄过一封短柬[14]给我，说因为我不在草坪上/踢足球了，所以/他的草坪[15]/长得很美。

每次我打电话回家，他似乎[16]/都想跟我说话，但结果总是说："我叫你妈来接。"

我结婚时，掉眼泪的/是我妈。他只是大声擤[17]了一下鼻子[18]，便走出房间。

我从小到大都听他说："你到哪里去？什么时候回家？汽车有没有汽油？不，不准去。"爸/完全不知道怎样表达爱。除非……

会不会/是他已经表达了，而我却未能察觉[19]？

（节选自［美］艾尔玛·邦贝克《父亲的爱》）

语音提示：

①融洽 róngqià
②相处 xiāngchǔ
③做过 zuòguo
④清单 qīngdān
⑤告诉 gàosu
⑥拆箱卸货 chāi xiāng xiè huò
⑦明白 míngbai
⑧急诊室 jízhěnshì
⑨相称 xiāngchèn
⑩笑容可掬 xiàoróng-kějū
⑪不可胜数 bùkě-shèngshǔ
⑫当时 dāngshí
⑬点儿 diǎnr
⑭柬 jiǎn
⑮草坪 cǎopíng
⑯似乎 sìhū
⑰擤 xǐng
⑱鼻子 bízi
⑲察觉 chájué

作品 11 号

一个大问题/一直[1]盘踞[2]在我脑袋[3]里：

世界杯[4]/怎么[5]会有如此巨大的吸引力[6]？除去足球本身的魅力[7]之外，还有什么超乎其上[8]/而更伟大的东西？

近来/观看世界杯，忽然从中/得到了答案：是由于一种/无上崇高[9]的精神情感——国家/荣誉感[10]！

地球上的人/都会有国家的概念，但未必/时时都有国家的感情。往往/人到异国，思念家乡，心怀故国，这国家概念/就变得有血有肉，爱国之情/来得非常具体。而现代社会，科技昌达[11]，信息快捷[12]，事事上网，世界/真是太小太小，国家的界限/似乎/也不那么清晰[13]了。再说/足球正在快速世界化[14]，平日里/各国球员/频繁转会，往来随意，致使越越越多的国家联赛/都具有国际的因素。球员们/不论国籍，只效力于自己的俱乐部[15]，他们比赛时的激情中/完全没有爱国主义的因子。

然而，到了世界杯大赛，天下大变。各国球员/都回国效力，穿上/与光荣的国旗同样色彩的服装。在每一场比赛前，还高唱国歌/以宣誓[16]/对自己祖国的挚爱[17]/与忠诚。一种血缘[18]情感/开始在全身的血管里燃烧起来，而且/立刻/热血[19]沸腾[20]。

在历史时代，国家间/经常发生对抗，好男儿[21]戎[22]装卫国。国家的荣誉/往往需要以自己的生命去//换取。但在和平时代，唯有这种国家之间大规模对抗性的大赛，才可以唤起那种/遥远/而神圣的情感，那就是/：为祖国而战！

（节选自冯骥才《国家荣誉感》）

语音提示：

①一直 yìzhí　②盘踞 pánjù
③脑袋 nǎodai　④世界杯 shìjièbēi
⑤怎么 zěnme　⑥吸引力 xīyǐnlì
⑦魅力 mèilì　⑧超乎其上 chāohūqíshàng
⑨崇高 chónggāo　⑩荣誉感 róngyùgǎn
⑪昌达 chāngdá　⑫快捷 kuàijié
⑬清晰 qīngxī　⑭世界化 shìjièhuà
⑮俱乐部 jùlèbù　⑯宣誓 xuānshì
⑰挚爱 zhì'ài　⑱血缘 xuèyuán
⑲热血 rèxuè　⑳沸腾 fèiténg
㉑男儿 nán'ér　㉒戎 róng

作品 12 号

夕阳落山不久，西方的天空，还燃烧着一片/橘红色[1]的晚霞。大海，也被这霞光/染成了红色，而且/比天空的景色/更要壮观。因为/它是活动的，每当一排排波浪[2]涌起[3]的时候，那映照[4]在浪峰上的霞光，又红又亮，简直就像/一片片/霍[5]霍燃烧着的火焰[6]，闪烁[7]着，消失了。而后面的一排，又闪烁着，滚动着，涌了过来。

天空的霞光/渐渐地[8]淡下去了，深红的颜色/变成了绯红[9]，绯红/又变为浅红。最后，当这一切红光/都消失了的时候[10]，那突然显得高/而远了的天空，则呈现出/一片肃穆[11]的神色。最早出现的启明星[12]，在这蓝色的天幕上/闪烁起来了。它是那么大，那么亮，整个广漠[13]的天幕[14]上/只有它/在那里放射着/令人注目的光辉，活像一盏/悬挂[15]在高空的明灯。

夜色加浓，苍空中的“明灯”/越来越多了。而城市各处的/真的灯火/也次第亮了起来，尤其是围绕[16]在海港周围山坡上的/那一片灯光，从半空/倒映在乌蓝的海面上，随着波浪，晃动着[17]，闪烁着，像一串/流动着的珍珠，和那一片片/密布在苍穹[18]里的星斗/互相辉映，煞[19]是好看。

在这幽美的夜色中，我踏着软绵绵的沙滩，沿着海边，慢慢地/向前走去。海水，轻轻地抚摸着/细软的沙滩，发出温柔的//刷刷声。晚来的海风，清新/而又凉爽。我的心里，有着说不出的兴奋[20]/和愉快。

夜风/轻飘飘地吹拂着，天气中/飘荡着一种/大海和田禾相混合的香味儿[21]，柔软[22]的沙滩上/还残留着/白天太阳炙晒[23]的余温。那些在各个工作岗位上/劳动了一天的人们，三三两两地/来到这软绵绵的沙滩上，他们浴着凉爽的海风，望着那缀满了星星的夜空，尽情地说笑，尽情地休憩[24]。

（节选自峻青《海滨仲夏夜》）

语音提示：

①橘红色 júhóngsè　②波浪 bōlàng
③涌起 yǒngqǐ　④映照 yìngzhào
⑤霍 huò　⑥火焰 huǒyàn
⑦闪烁 shǎnshuò　⑧渐渐地 jiànjiànde
⑨绯红 fēihóng　⑩时候 shíhou
⑪肃穆 sùmù　⑫启明星 qǐmíngxīng
⑬广漠 guǎngmò　⑭天幕 tiānmù
⑮悬挂 xuánguà　⑯围绕 wéirào
⑰晃动着 huàngdòngzhe　⑱苍穹 cāngqióng
⑲煞 shà　⑳兴奋 xīngfèn
㉑香味儿 xiāngwèir　㉒柔软 róuruǎn
㉓炙晒 zhìshài　㉔休憩 xiūqì

作品 13 号

生命/在海洋里诞生[1]/绝不是偶然的，海洋的物理和化学性质，使它成为

/孕育②原始生命的摇篮③。

我们知道，水/是生物的/重要组成部分④，许多动物组织的含水量/在百分之八十以上，而一些海洋生物的含水量/高达百分之九十五。水/是新陈代谢⑤的/重要媒介⑥，没有它，体内的一系列生理和生物化学反应/就无法进行，生命/也就停止。因此，在短时期内/动物缺水/要比缺少食物/更加危险。水对今天的生命/是如此重要，它对脆弱⑦的原始生命，更是举足轻重⑧了。生命/在海洋里诞生，就不会有缺水之忧。

水是一种良好的溶剂⑨。海洋中/含有许多生命所必需的无机盐，如/氯化钠⑩、氯化钾⑪、碳酸盐⑫、磷酸盐⑬，还有/溶解氧⑭，原始生命/可以毫不费力地/从中吸取/它所需要的元素。

水具有很高的热容量，加之海洋浩大，任凭夏季烈日曝⑮晒，冬季寒风扫荡，它的温度变化/却比较小。因此，巨大的海洋/就像是天然的“温箱”，是孕育原始生命的温床。

阳光虽然为生命所必需，但是阳光中的紫外线⑯/却有扼杀⑰原始生命的危险。水能有效地吸收紫外线，因而⑱/又为原始生命/提供了天然的“屏障⑲”。

这一切/都是原始生命/得以产生和发展的/必要条件。//

（节选自童裳亮《海洋与生命》）

语音提示：

①诞生 dànshēng　②孕育 yùnyù
③摇蓝 yáolán　④部分 bùfen
⑤新陈代谢 xīnchén-dàixiè　⑥媒介 méijiè
⑦脆弱 cuìruò　⑧举足轻重 jǔzú-qīngzhòng
⑨溶剂 róngjì　⑩氯化钠 lǜhuànà
⑪氯化钾 lǜhuàjiǎ　⑫碳酸盐 tànsuānyán
⑬磷酸盐 línsuānyán　⑭溶解氧 róngjiěyǎng
⑮曝 pù　⑯紫外线 zǐwàixiàn
⑰扼杀 èshā　⑱因而 yīn’ér
⑲屏障 píngzhàng

作品 14 号

读小学的时候，我的外祖母①/去世了。外祖母生前/最疼爱②我，我无法排除/自己的忧伤，每天/在学校的操场上/一圈儿③/又一圈儿地跑着，跑得累倒在地上，扑在草坪上/痛哭。

那哀痛的日子④，断断续续⑤地/持续了很久，爸爸⑥妈妈⑦/也不知道/如何安慰⑧我。他们知道/与其⑨骗我说/外祖母睡着了⑩，还不如对我说实话：

外祖母/永远不会回来了。

"什么是永远不会回来呢？"我问着。

"所有时间里的事物，都永远不会回来。你的昨天过去，它就永远变成昨天，你不能再回到昨天。爸爸以前/也和你一样小，现在/也不能回到/你这么⑪小的童年了；有一天/你会长大，你会像外祖母一样老；有一天/你度过了⑫你的时间，就永远/不会回来了。"爸爸说。

爸爸/等于给我一个谜语⑬，这谜语/比课本上的/"日历/挂在墙壁，一天/撕去一页，使我心里着急⑭"/和/"一寸光阴一寸金，寸金难买寸光阴"/还让我感到可怕；也比作文本上的/"光阴似箭日月如梭"/更让我觉得/有一种说不出的滋味⑮。

时间/过得那么⑯飞快，使我的小心眼儿⑰里/不只是着急，还有悲伤。有一天/我放学回家，看到太阳/快落山了，就下决心说/："我要比太阳/更快地回家。"我狂奔回去，站在庭院前/喘⑱气的时候，看到太阳//还露着半边脸，我高兴地跳跃⑲起来，那一天/我跑赢了⑳太阳。以后/我就时常/做那样的游戏，有时/和太阳赛跑，有时/和西北风比快，有时/一个暑假才能做完的作业，我十天/就做完了；那时/我三年级，常常把哥哥㉑五年级的作业/拿来做。每一次比赛/胜过时间，我就快乐得/不知道怎么形容。

如果将来/我有什么/要教给我的孩子，我会告诉他/：假若/你一直和时间比赛，你就可以成功！

（节选自［台湾］林清玄《和时间赛跑》）

语音提示：

①外祖母 wàizǔmǔ　　②疼爱 téng'ài
③一圈儿 yìquānr　　④日子 rìzi
⑤断断续续 duànduàn-xùxù　　⑥爸爸 bàba
⑦妈妈 māma　　⑧安慰 ānwèi
⑨与其 yǔqí　　⑩睡着了 shuìzháole
⑪这么 zhème　　⑫度过了 dùguòle
⑬谜语 míyǔ　　⑭着急 zháojí
⑮滋味 zīwèi　　⑯那么 nàme
⑰心眼儿 xīnyǎnr　　⑱喘 chuǎn
⑲跳跃 tiàoyuè　　⑳跑赢了 pǎoyíngle
㉑哥哥 gēge

作品 15 号

三十年代初，胡适在北京大学任教授①。讲课时/他常常对白话文②/大加称赞③，引起一些/只喜欢④文言文⑤/而不喜欢白话文的学生的不满。

一次，胡适正讲得得意⑥的时候，一位姓魏的学生⑦/突然站了起来，生气地问/：“胡先生，难道说/白话文/就毫无缺点吗?”胡适微笑着⑧回答说：“没有。”那位学生更加激动了：“肯定有！白话文/废话太多，打电报/用字多，花钱多。”胡适的目光/顿时⑨变亮了。轻声地解释⑩说：“不一定吧！前几天/有位朋友⑪给我打来电报，请我去政府部门工作，我决定不去，就回电拒绝⑫了。复电是用白话写的，看来也很省字。请同学们⑬根据我这个⑭意思⑮，用文言文/写一个回电，看看/究竟是白话文省字，还是文言文省字?”胡教授刚说完，同学们/立刻认真地写了起来。

十五分钟过去，胡适让同学举手，报告用字的数目，然后挑了⑯一份/用字最少的文言电报稿⑰，电文是这样写的：

“才疏学浅，恐难胜任⑱，不堪⑲从命。”白话文的意思是：学问不深，恐怕很难担任这个工作，不能服从安排。

胡适说，这份写得确实不错⑳，仅用了十二个字。但我的白话电报/却只用了五个字：

“干不了，谢谢！”

胡适又解释说/：“干不了”/就有才疏学浅、恐难胜任的意思；“谢谢”/既//对朋友的介绍/表示感谢，又有拒绝的意思。所以，废话多不多，并不看/它是文言文/还是白话文，只要注意选用字词，白话文/是可以比文言文/更省字的。

（节选自陈灼主编《实用汉语中级教程》（上）中《胡适的白话电报》）

语音提示：

①教授 jiàoshòu　②白话文 báihuàwén
③称赞 chēngzàn　④喜欢 xǐhuan
⑤文言文 wényánwén　⑥得意 déyì
⑦学生 xuésheng　⑧微笑着 wēixiàozhe
⑨顿时 dùnshí　⑩解释 jiěshì
⑪朋友 péngyou　⑫拒绝 jùjué
⑬同学们 tóngxuémen　⑭这个 zhège
⑮意思 yìsi　⑯挑了 tiāole
⑰电报稿 diànbàogǎo　⑱胜任 shèngrèn
⑲不堪 bùkān　⑳不错 búcuò

作品 16 号

很久以前，在一个漆黑①的/秋天的夜晚，我泛舟在西伯利亚②/一条阴森森③的河上。船/到一个转弯处，只见/前面黑黢黢④的山峰下面/一星火光/蓦地⑤一闪。

火光/又明又亮，好像就在眼前……

“好啦，谢天谢地！”我高兴地说，“马上/就到过夜的地方⑥啦！”

船夫/扭头朝身后的火光/望了一眼，又不以为然⑦地/划起桨来。

“远着呢！”

我不相信他的话，因为/火光冲破朦胧⑧的夜色，明明在那儿闪烁。不过/船夫是对的，事实上，火光/的确还远着呢。

这些黑夜的火光的特点是/：驱散黑暗，闪闪发亮，近在眼前，令人神往。乍一看，再划几下就到了……其实/却还远着呢！……

我们在漆黑如墨的河上/又划了很久。一个个峡谷和悬崖⑨，迎面驶来，又向后移去，仿佛消失在茫茫的远方，而火光/却依然停在前头，闪闪发亮，令人神往⑩——依然/是这么近，又依然/是那么远……

现在，无论是这条/被悬崖峭壁⑪的阴影⑫/笼罩⑬的漆黑的河流，还是那一星/明亮的火光，都经常浮现在我的脑际，在这以前/和在这以后，曾有许多火光，似乎近在咫尺⑭，不止使我一人/心驰神往⑮。可是生活之河/却仍然在那阴森森的两岸之间/流着，而火光/也依旧非常遥远。因此，必须加劲划桨……

然而，火光啊⑯……毕竟……毕竟就//在前头！……

（节选自［俄］柯罗连科《火光》，张铁夫译）

语音提示：

①漆黑 qīhēi　②西伯利亚 Xībólìyà
③阴森森 yīnsēnsēn　④黑黢黢 hēiqūqū
⑤蓦地 mòdì　⑥地方 dìfang
⑦不以为然 bùyǐwéirán　⑧朦胧 ménglóng
⑨悬崖 xuányá　⑩令人神往 lìngrénshénwǎng
⑪峭壁 qiàobì　⑫阴影 yīnyǐng
⑬笼罩 lǒngzhào　⑭咫尺 zhǐchǐ
⑮心驰神往 xīnchí-shénwǎng　⑯啊 nga

作品 17 号

对于一个/在北平①住惯的人，像我，冬天/要是不刮风，便觉得是奇迹②；济南③的冬天/是没有风声的。对于一个/刚由伦敦④回来的人，像我，冬天/要能看得见日光，便觉得是怪事；济南的冬天/是响晴⑤的。自然，在热带的地方⑥，日光/永远是那么毒，响亮的天气，反有点儿⑦/叫人害怕。可是，在北方的冬天，而能有温晴的天气，济南/真得⑧算个宝地。

设若/单单是有阳光，那也算不了出奇。请闭上眼睛⑨想：一个老城，有山/有水，全在天底下/晒着阳光，暖和⑩/安适⑪地睡着，只等春风/来把它们唤醒[12]，这/是不是理想的境界[13]？小山/把济南围了个圈儿[14]，只有北边/缺着点口儿[15]。这一圈小山/在冬天特别可爱，好像是把济南/放在一个小摇篮里，它们安静不动地/低声地说/：“你们放心吧，这儿[16]/准保暖和。”真的，济南的人们/在冬天/是面上含笑的。他们一看那些小山，心中便觉得/有了着落[17]，有了依靠。他们由天上/看到山上，便不知不觉地想起：明天/也许就是春天了吧？这样的温暖，今天夜里/山草/也许就绿起来了吧？就是这点儿[18]幻想/不能一时实现，他们也并不着急[19]，因为/这样慈善的冬天，干什么/还希望别的[20]呢！

最妙的/是下点儿小雪呀。看吧，山上的矮松/越发的青黑，树尖儿[21]上/顶//着一髻儿[22]白花，好像日本看护妇[23]。山尖儿[24]/全白了，给蓝天/镶[25]上一道银边[26]。山坡上，有的地方/雪厚点儿，有的地方/草色还露着[27]；这样，一道儿[28]白，一道儿暗黄，给山们/穿上一件/带水纹儿[29]的花衣；看着看着，这件花衣/好像被风儿[30]吹动，叫你希望看见一点儿/更美的/山的肌肤。等到快日落的时候，微黄的阳光/斜射在山腰上，那点儿薄雪[31]/好像忽然害羞，微微/露出[32]点儿粉色。就是下小雪吧，济南/是受不住大雪的，那些小山/太秀气[33]。

（节选自老舍《济南的冬天》）

语音提示：

①北平 Běipíng　②奇迹 qíjì
③济南 Jǐnán　④伦敦 Lúndūn
⑤响晴 xiǎngqíng　⑥地方 dìfang
⑦有点儿 yǒudiǎnr　⑧得 děi
⑨眼睛 yǎnjing　⑩暖和 nuǎnhuo
⑪安适 ānshì　⑫唤醒 huànxǐng
⑬境界 jìngjiè　⑭圈儿 quānr
⑮口儿 kǒur　⑯这儿 zhèr
⑰着落 zhuóluò　⑱点儿 diǎnr
⑲着急 zháojí　⑳别的 biéde
㉑树尖儿 shùjiānr　㉒髻儿 jìr
㉓看护妇 kānhùfù　㉔山尖儿 shānjiānr
㉕镶 xiāng　㉖银边 yínbiān
㉗露着 lòuzhe　㉘一道儿 yídàor
㉙水纹儿 shuǐwénr　㉚风儿 fēng'er
㉛薄雪 báoxuě　㉜露出 lùchū
㉝秀气 xiùqi

作品 18 号

纯朴[1]的家乡村边/有一条河，曲曲弯弯[2]，河中/架一弯石桥，弓样的小桥/横跨两岸。

每天，不管是/鸡鸣晓月，日丽中天，还是/月华泻[3]地，小桥/都印下/串串足迹[4]，洒落[5]/串串汗珠。那是乡亲/为了追求/多棱[6]的希望，兑现[7]/美好的遐想[8]。弯弯小桥，不时荡过[9]/轻吟低唱[10]，不时露出/舒心的笑容。

因而，我稚小的心灵，曾将心声/献给小桥：你是一弯/银色的新月，给人间/普照光辉；你是一把/闪亮的镰刀，割刈[11]着/欢笑的花果；你是一根/晃悠悠[12]的扁担[13]，挑起了[14]/彩色的明天！哦，小桥/走进我的梦中。

我在飘泊[15]他乡的岁月，心中/总涌动着[16]/故乡的河水，梦中/总看到/弓样的小桥。当我访南疆/探北国，眼帘闯进/座座雄伟的长桥时，我的梦/变得丰满了，增添了/赤橙黄绿/青蓝紫。

三十多年过去，我带着满头霜花/回到故乡，第一紧要的/便是去看望小桥。

啊！小桥呢？它躲起来了？河中一道长虹，浴着朝霞/熠熠[17]闪光。哦，雄浑的大桥/敞开胸怀，汽车的呼啸、摩托的笛音、自行车的叮铃[18]，合奏着/进行交响乐[19]；南来的钢筋、花布，北往的柑橙、家禽，绘出/交流欢悦图[20]……

啊！蜕变[21]的桥，传递了/家乡进步的消息[22]，透露了/家乡富裕的声音。时代的春风，美好的追求，我蓦地[23]记起/儿时唱//给小桥的歌，哦，明艳艳的太阳/照耀了，芳香甜蜜的花果/捧来了，五彩斑斓[24]的岁月/拉开了！

我心中涌动的河水，激荡起/甜美的浪花。我仰望/一碧蓝天，心底/轻声呼喊/：家乡的桥啊[25]，我梦中的桥！

（节选自郑莹《家乡的桥》）

语音提示：

①纯朴 chúnpǔ　②曲曲弯弯 qūqū-wānwān

③泻 xiè　④足迹 zújì

⑤洒落 sǎluò　⑥多棱 duōléng

⑦兑现 duìxiàn　⑧遐想 xiáxiǎng

⑨荡过 dàngguo　⑩轻吟低唱 qīngyín-dīchàng

⑪割刈 gēyì　⑫晃悠悠 huàngyōuyōu

⑬扁担 biàndan　⑭挑起了 tiāoqǐle

⑮漂泊 piāobó　⑯涌动着 yǒngdòngzhe

⑰熠熠 yìyì　⑱叮铃 dīnglíng

⑲交响乐 jiāoxiǎngyuè　⑳欢悦图 huānyuètú

㉑蜕变 tuìbiàn ㉒消息 xiāoxi
㉓蓦地 mòdì ㉔斑斓 bānlán
㉕啊 wa

作品 19 号

三百多年前，建筑设计师莱伊恩[①]/受命设计了/英国温泽[②]市政府大厅。他运用工程力学的知识[③]，依据自己多年的实践，巧妙[④]地设计了/只用一根柱子[⑤]支撑[⑥]的大厅天花板。一年以后，市政府权威人士进行工程验收[⑦]时，却说/只用一根柱子支撑天花板/太危险，要求莱伊恩/再多加几根柱子。

莱伊恩自信/只要一根坚固的柱子/足以保证大厅安全，他的“固执[⑧]”/惹恼了[⑨]市政官员，险些/被送上法庭。他非常苦恼，坚持自己原先的主张吧，市政官员/肯定会另找人/修改设计；不坚持吧，又有悖[⑩]/自己为人的准则。矛盾了很长一段时间，莱伊恩/终于想出了一条妙计，他在大厅里/增加了四根柱子，不过/这些柱子/并未与天花板接触，只不过是装装样子[⑪]。

三百多年过去了，这个秘密/始终没有被人发现。直到前两年，市政府准备修缮[⑫]大厅的天花板，才发现/莱伊恩当年的“弄虚作假[⑬]”。消息传出后，世界各国的建筑专家和游客/云集，当地[⑭]政府/对此也不加掩饰[⑮]，在新世纪到来之际，特意将大厅/作为一个旅游景点/对外开放，旨在引导人们/崇尚/和相信科学。

作为一名建筑师，莱伊恩/并不是最出色的。但作为一个人，他无疑/非常伟大，这种//伟大/表现在/他始终恪守着[⑯]自己的原则，给高贵的心灵/一个美丽的住所；哪怕是遭遇到最大的阻力，也要想办法/抵达胜利。

（节选自游宇明《坚守你的高贵》）

语音提示：

①莱伊恩 Láiyī'ēn ②温泽 Wēnzé
③知识 zhīshi ④巧妙 qiǎomiào
⑤柱子 zhùzi ⑥支撑 zhīchēng
⑦验收 yànshōu ⑧固执 gùzhí
⑨惹恼了 rěnǎole ⑩悖 bèi
⑪样子 yàngzi ⑫修缮 xiūshàn
⑬弄虚作假 nòngxū-zuòjiǎ ⑭当地 dāngdì
⑮掩饰 yǎnshì ⑯恪守着 kèshǒuzhe

作品 20 号

自从传言/有人在萨文河畔[①]散步时/无意发现了金子后，这里/便常有来自四面八方的淘金者。他们都想成为富翁[②]，于是/寻遍了整个河床，还在河床上/挖出很多大坑，希望借助它们/找到更多的金子。的确，有一些人/找到了，但另外一些人/因为一无所得③/而只好扫兴归去。

也有不甘心落空的，便驻扎④在这里，继续寻找。彼得·佛雷特⑤/就是其中一员。他在河床附近/买了一块没人要的土地，一个人/默默地工作。他为了找金子，已把所有的钱/都押在这块土地上。他埋头苦干⑥了几个月，直到土地/全变成了坑坑洼洼⑦，他失望了——他翻遍了整块土地，但连一丁点儿⑧金子/都没看见。

六个月后，他连买面包的钱/都没有了。于是/他准备离开这儿⑨/到别处/去谋生⑩。

就在他即将离去的/前一个晚上⑪，天/下起了倾盆大雨⑫，并且/一下/就是三天三夜。雨/终于停了，彼得走出小木屋，发现眼前的土地/看上去/好像和以前不一样：坑坑洼洼/已被大水冲刷平整，松软的土地上/长出一层/绿茸茸的小草。

“这里没找到金子，”彼得忽有所悟地说，“但这土地很肥沃⑬，我可以用来种花，并且拿到镇上去/卖给那些富人，他们/一定会买些花/装扮他们⑭华丽的客//厅。如果真是这样的话，那么⑮/我一定会赚许多钱，有朝一日⑯/我也会成为富人……”

于是/他留了下来。彼得花了不少精力/培育⑰花苗，不久/田地里长满了美丽娇艳的/各色鲜花。

五年以后，彼得终于实现了他的梦想⑱——成了一个富翁。“我是唯一的/一个找到真金的人！”他时常不无骄傲地告诉⑲别人，“别人在这儿/找不到金子后/便远远地离开，而我的‘金子’/是在这块土地里，只有诚实⑳的人/用勤劳/才能采集到。”

（节选自陶猛译《金子》）

语音提示：

①河畔 hépàn　　②富翁 fùwēng
③一无所得 yīwú-suǒdé　　④驻扎 zhùzhā
⑤彼得·佛雷特 Bǐdé·Fúléitè　　⑥埋头苦干 máitóu-kǔgàn
⑦坑坑洼洼 kēngkeng-wāwā　　⑧一丁点儿 yīdīngdiǎnr
⑨这儿 zhèr　　⑩谋生 móushēng
⑪晚上 wǎnshang　　⑫倾盆大雨 qīngpén-dàyǔ
⑬肥沃 féiwò　　⑭他们 tāmen
⑮那么 nàme　　⑯有朝一日 yǒuzhāoyírì
⑰培育 péiyù　　⑱梦想 mèngxiǎng
⑲告诉 gàosu　　⑳诚实 chéngshí

作品 21 号

我在加拿大学习期间/遇到过两次募捐[1]，那情景[2]/至今/使我难以忘怀。

一天，我在渥太华[3]的街上/被两个男孩子/拦住去路。他们十来岁，穿得整整齐齐[4]，每人头上/戴着个/做工精巧、色彩鲜艳的纸帽，上面写着/“为帮助/患小儿麻痹[5]的伙伴/募捐。”其中的一个，不由分说/就坐在小凳上/给我擦起皮鞋来，另一个/则彬彬有礼[6]地发问：“小姐，您是哪国人？喜欢[7]渥太华吗?”“小姐，在你们国家/有没有小孩儿[8]/患小儿麻痹？谁给他们医疗费?”一连串的问题，使我这个有生以来/头一次/在众目睽睽[9]之下/让别人擦鞋的异乡人，从近乎狼狈的窘态[10]中/解脱出来。我们像朋友[11]一样/聊起天儿[12]来……

几个月之后，也是在街上。一些十字路口处/或车站/坐着几位老人。他们满头银发，身穿各种老式军装，上面布满了/大大小小形形色色的徽章、奖章，每人手捧一大束鲜花，有水仙、石竹、玫瑰[13]/及叫不出名字[14]的，一色[15]雪白。匆匆过往的行人/纷纷止步，把钱/投进这些老人身旁的/白色木箱内，然后/向他们微微鞠躬[16]，从他们手中/接过一朵花。我看了一会儿[17]，有人/投一两元，有人/投几百元，还有人/掏出支票/填好后/投进木箱。那些老军人/毫不注意人们捐多少钱，一直不//停地/向人们/低声道谢。同行的朋友告诉我，这是为纪念/二次大战中/参战的勇士，募捐救济/残废军人/和烈士遗孀[18]，每年一次；认捐的人/可谓踊跃[19]，而且/秩序[20]井然，气氛庄严。有些地方，人们还耐心地排着队。我想，这是因为/他们都知道：正是这些老人们的流血[21]牺牲/换来了/包括他们信仰自由在内的/许许多多。

我两次/把那微不足道[22]的一点儿[23]钱/捧给他们，只想对他们说声/“谢谢[24]”。

（节选自青白《捐诚》）

语音提示：

①募捐 mùjuān　②情景 qíngjǐng
③渥太华 Wòtàihuá　④整整齐齐 zhěngzhěng-qíqí
⑤麻痹 mábì　⑥彬彬有礼 bīnbīn-yǒulǐ
⑦喜欢 xǐhuan　⑧小孩儿 xiǎoháir
⑨众目睽睽 zhòngmù-kuíkuí　⑩窘态 jiǒngtài
⑪朋友 péngyou　⑫天儿 tiānr
⑬玫瑰 méiguī　⑭名字 míngzi
⑮一色 yísè　⑯鞠躬 jūgōng
⑰一会儿 yíhuìr　⑱遗孀 yíshuāng
⑲踊跃 yǒngyuè　⑳秩序 zhìxù

㉑流血 liúxuè　㉒微不足道 wēibùzúdào
㉓一点儿 yìdiǎnr　㉔谢谢 xièxie

作品22号

没有一片绿叶，没有一缕炊烟①，没有一粒泥土，没有一丝花香，只有水的世界，云的海洋。

一阵台风袭过，一只孤单的小鸟/无家可归，落到/被卷到/洋里的木板上，乘②流而下，姗姗③而来，近了，近了！……

忽然，小鸟/张开翅膀④，在人们头顶/盘旋了几圈儿⑤，"噗啦⑥"一声/落到了船上。许是累了？还是发现了"新大陆"？水手撵⑦它/它不走，抓它，它乖乖地⑧/落在掌心。可爱的小鸟/和善良的水手/结成了朋友。

瞧，它多美丽，娇巧的小嘴，啄理着⑨/绿色的羽毛，鸭子样的扁脚，呈现出/春草的鹅黄。水手们/把它带到舱里，给它"搭铺"，让它在船上/安家落户⑩，每天，把分到的一塑料筒淡水/匀给它喝，把从祖国带来的鲜美的鱼肉/分给它吃，天长日久，小鸟和水手的感情/日趋笃厚⑪。清晨，当第一束⑫阳光/射进舷窗⑬时，它便敞开美丽的歌喉，唱啊⑭唱，嘤嘤有韵⑮，宛如春水淙淙⑯。人类/给它以生命，它毫不悭吝⑰地/把自己的艺术青春/奉献给了/哺育⑱它的人。可能都是这样？艺术家们的青春/只会献给/尊敬他们的人。

小鸟/给远航生活/蒙上了一层/浪漫色调。返航时，人们爱不释手，恋恋不舍地/想把它带到异乡。可小鸟/憔悴⑲了，给水，不喝！喂肉，不吃！油亮的羽毛/失去了光泽。是啊⑳，我//们/有自己的祖国，小鸟/也有它的归宿，人和动物/都是一样啊㉑，哪儿㉒/也不如故乡好！

慈爱的水手们/决定放开它，让它回到大海的摇篮去，回到蓝色的故乡去。离别前，这个大自然的朋友/与水手们/留影纪念。它站在许多人的头上，肩上，掌上，胳膊㉓上，与喂养过它的人们，一起融进/那蓝色的画面……

（节选自王文杰《可爱的小鸟》）

语音提示：

①炊烟 chuīyān　②乘 chéng
③姗姗 shānshān　④翅膀 chìbǎng
⑤圈儿 quānr　⑥噗啦 pūlā
⑦撵 niǎn　⑧乖乖地 guāiguāide
⑨啄理着 zhuólǐzhe　⑩安家落户 ānjiā-luòhù
⑪笃厚 dǔhòu　⑫束 shù
⑬舷窗 xiánchuāng　⑭啊 nga
⑮嘤嘤有韵 yīngyīng-yǒuyùn　⑯淙淙 cóngcóng
⑰悭吝 qiānlìn　⑱哺育 bǔyù

⑲憔悴 qiáocuì
⑳啊 ra
㉑啊 nga
㉒哪儿 nǎr
㉓胳膊 gēbo

作品 23 号

纽约[1]的冬天/常有大风雪，扑面的雪花/不但令人难以睁[2]开眼睛[3]，甚至/呼吸/都会吸入冰冷的雪花。有时/前一天晚上/还是一片晴朗[4]，第二天/拉开窗帘[5]，却已经积雪盈[6]尺，连门/都推不开了。

遇到这样的情况，公司、商店/常会停止上班，学校/也通过广播，宣布停课。但令人不解的是，惟有公立小学，仍然开放。只见黄色的校车，艰难地/在路边接孩子，老师/则一大早/就口中喷着热气，铲去车子前后的积雪，小心翼翼[7]地/开车去学校。

据统计，十年来/纽约的公立小学/只因为超级暴风雪/停过七次课。这是多么[8]令人惊讶的事。犯得着[9]/在大人都无须上班的时候/让孩子去学校吗？小学的老师/也太倒霉了吧？

于是，每逢大雪/而小学不停课时，都有家长打电话去骂。妙的是，每个打电话的人，反应/全是一样——先是/怒气冲冲地责问[10]，然后/满口道歉[11]，最后/笑容满面地/挂上电话。原因是，学校告诉[12]家长：

在纽约/有许多百万富翁，但也有不少贫困的家庭。后者/白天开不起暖气，供不起午餐，孩子的营养/全靠学校里免费的中饭，甚至[13]/可以多拿些回家当晚餐。学校停课一天，穷孩子/就受一天冻，挨一天饿，所以/老师们宁愿[14]自己苦一点儿[15]，也不能停课。//

或许有家长会说：何不让富裕的孩子在家里，让贫穷的孩子/去学校享受暖气/和营养午餐呢？

学校的答复是：我们不愿/让那些穷苦的孩子/感到他们/是在接受救济[16]，因为施舍[17]的最高原则/是保持受施者的尊严[18]。

（节选自（台湾）刘墉《课不能停》）

语音提示：

①纽约 Niǔyuē
②睁 zhēng
③眼睛 yǎnjing
④晴朗 qínglǎng
⑤窗帘 chuānglián
⑥盈 yíng
⑦小心翼翼 xiǎoxīn-yìyì
⑧多么 duōme
⑨犯得着 fàndezháo
⑩责问 zéwèn
⑪道歉 dàoqiàn
⑫告诉 gàosu
⑬甚至 shènzhì
⑭宁愿 nìngyuàn
⑮一点儿 yìdiǎnr
⑯救济 jiùjì

⑰施舍 shīshě　　⑱尊严 zūnyán

作品 24 号

十年，在历史上/不过[①]是一瞬间。只要稍加注意，人们[②]就会发现：在这一瞬间[③]里，各种事物/都悄悄经历了/自己的千变万化。

这次重新访日，我处处感到/亲切/和熟悉，也在许多方面/发觉了日本的变化。就拿奈良[④]的一个角落来说吧，我重游了/为之感受很深的/唐招提寺[⑤]，在寺内各处/匆匆走了一遍，庭院[⑥]依旧，但意想不到/还看到了一些新的东西[⑦]。其中之一，就是近几年/从中国移植来的/“友谊之莲”。

在存放鉴真[⑧]遗像的那个院子里，几株中国莲/昂然挺立[⑨]，翠绿的宽大荷叶/正迎风而舞，显得十分愉快。开花的季节已过，荷花朵朵/已变为莲蓬[⑩]累累[⑪]。莲子的颜色/正在由青转紫，看来/已经成熟[⑫]了。

我禁不住[⑬]想：“因”/已转化为“果”。

中国的莲花/开在日本，日本的樱花[⑭]/开在中国，这不是偶然。我希望/这样一种盛况/延续不衰。可能有人不欣赏花，但决不会有人/欣赏[⑮]落在自己面前的炮弹。

在这些日子里，我看到了/不少多年不见的老朋友，又结识了一些新朋友。大家喜欢涉及的话题之一，就是/古长安/和古奈良。那还用得着[⑯]问吗，朋友们缅怀[⑰]过去，正是瞩望[⑱]未来。瞩目于未来的人们/必将获得未来。

我不例外，也希望一个美好的未来。

为//了中日人民之间的友谊，我将不浪费/今后生命的/每一瞬间。

（节选自严文井《莲花和樱花》）

语音提示：

①不过 búguò　　②人们 rénmen
③瞬间 shùnjiān　　④奈良 Nàiliáng
⑤招提寺 Zhāotísì　　⑥庭院 tíngyuàn
⑦东西 dōngxi　　⑧鉴真 Jiànzhēn
⑨挺立 tǐnglì　　⑩莲蓬 liánpéng
⑪累累 léiléi　　⑫成熟 chéngshú
⑬禁不住 jīnbuzhù　　⑭樱花 yīnghuā
⑮欣赏 xīnshǎng　　⑯用得着 yòngdezháo
⑰缅怀 miǎnhuái　　⑱瞩望 zhǔwàng

作品 25 号

梅雨潭[①]/闪闪的绿色/招引[②]着我们，我们开始追捉[③]/她那离合的神光了。揪着草，攀[④]着乱石，小心探身下去，又鞠躬/过了一个石穹门[⑤]，便到了/汪汪一碧的潭边了。

瀑布⑥/在襟袖⑦之间，但是我的心中/已没有瀑布了。我的心/随潭水的绿/而摇荡⑧。那醉人的绿呀！仿佛一张/极大极大的荷叶/铺着，满是奇异的绿呀。我想张开两臂/抱住她，但这是怎样一个妄想啊⑨。

站在水边，望到那面，居然觉着/有些远呢！这平铺着、厚积着的绿，着实可爱。她松松地皱缬着⑩，像少妇拖着的裙幅⑪；她滑滑的明亮着，像涂了"明油"一般，有鸡蛋清那样软，那样嫩；她又不杂些尘滓⑫，宛然一块温润⑬的碧玉，只清清的一色——但你却看不透她！

我曾见过/北京什刹海⑭/拂地⑮的绿杨，脱不了鹅黄的底子，似乎/太淡了。我又曾见过/杭州虎跑寺⑯近旁/高峻而深密的"绿壁"，丛叠着/无穷的碧草/与绿叶的，那又似乎/太浓了。其余呢，西湖的波/太明了，秦淮河的/也太暗了。可爱的，我将什么/来比拟⑰你呢？我怎么/比拟得出呢？大约潭是很深的，故能蕴蓄⑱着/这样奇异的绿；仿佛蔚蓝⑲的天/融了一块在里面似的，这才/这般的鲜润⑳啊㉑。

那醉人的绿呀！我若能裁你以为带，我将赠给那轻盈㉒的//舞女，她必能临风飘举了。我若能挹㉓你以为眼，我将赠给那善歌的盲妹，她必明眸善睐㉔了。我舍不得你，我怎舍得你呢？我用手拍着你，抚摩㉕着你，如同一个十二三岁的小姑娘。我又掬㉖你入口，便是吻着她了。我送你一个名字㉗，我从此叫你"女儿绿"，好吗？

二次/到仙岩的时候，我不禁惊诧㉘于/梅雨潭的绿了。

（节选自朱自清《绿》）

语音提示：

①梅雨潭 Méiyǔtán
②招引 zhāoyǐn
③追捉 zhuīzhuō
④攀 pān
⑤石穹门 shíqióngmén
⑥瀑布 pùbù
⑦襟袖 jīnxiù
⑧摇荡 yáodàng
⑨啊 nga
⑩皱缬着 zhòuxiézhe
⑪裙幅 qúnfú
⑫尘滓 chénzǐ
⑬温润 wēnrùn
⑭什刹海 Shíchàhǎi
⑮拂地 fúdì
⑯虎跑寺 Hǔpáosì
⑰比拟 bǐnǐ
⑱蕴蓄 yùnxù
⑲蔚蓝 wèilán
⑳鲜润 xiānrùn
㉑啊 na
㉒轻盈 qīngyíng
㉓挹 yì
㉔明眸善睐 míngmóu-shànlài
㉕抚摩 fǔmó
㉖掬 jū
㉗名字 míngzì
㉘惊诧 jīngchà

作品 26 号

我们家的后园/有半亩空地[1]，母亲说："让它荒着/怪可惜的，你们那么[2]爱吃花生，就开辟[3]出来/种花生吧。"我们姐弟几个/都很高兴，买种[4]，翻地，播种[5]，浇水，没过几个月，居然收获[6]了。

母亲说："今晚/我们过一个收获节，请你们父亲/也来尝尝[7]我们的新花生，好不好？"我们都说好。母亲/把花生做成了好几样食品，还吩咐[8]/就在后园的茅亭[9]里/过这个节。

晚上[10]/天色不太好，可是父亲也来了，实在很难得[11]。

父亲说："你们爱吃花生吗？"

我们争着答应："爱！"

"谁能把花生的好处/说出来？"

姐姐[12]说："花生的味[13]美。"

哥哥[14]说："花生可以榨[15]油。"

我说："花生的价钱便宜[16]，谁都可以买来吃，都喜欢吃。这/就是它的好处。"

父亲说："花生的好处很多，有一样最可贵：它的果实埋在地里，不像桃子、石榴[17]、苹果那样，把鲜红嫩绿[18]的果实/高高地挂在枝头上，使人一见/就生爱慕[19]之心。你们看/它矮矮地长在地上，等到成熟了，也不能立刻分辨出来/它有没有果实，必须挖出来才知道。"

我们都说是，母亲/也点点头。

父亲接下去说："所以/你们要像花生，它虽然不好看，可是很有用，不是外表好看/而没有实用的东西[20]。"

我说："那么，人/要做有用的人，不要做/只讲体面，而对别人/没有好处的人了。"//

父亲说："对。这是我对你们的希望。"

我们谈到夜深才散。花生做的食品/都吃完了，父亲的话/却深深地/印在我的心上。

（节选自许地山《落花生》）

语音提示：

①空地 kòngdì ②那么 nàme
③开辟 kāipì ④买种 mǎizhǒng
⑤播种 bōzhǒng ⑥收获 shōuhuò
⑦尝尝 chángchang ⑧吩咐 fēnfu
⑨茅亭 máotíng ⑩晚上 wǎnshang
⑪难得 nándé ⑫姐姐 jiějie

⑬味 wèir
⑭哥哥 gēge
⑮榨 zhà
⑯便宜 piányi
⑰石榴 shíliu
⑱嫩绿 nènlǜ
⑲爱慕 àimù
⑳东西 dōngxi

作品 27 号

我打猎归来，沿着花园的林阴路①/走着。狗/跑在我前边。

突然，狗放慢脚步，蹑足潜行②，好像/嗅③到了前边有什么野物。

我顺着林阴路望去，看见了一只/嘴边还带黄色、头上生着柔毛的小麻雀。风/猛烈④地吹打着林阴路上的白桦树⑤，麻雀/从巢⑥里跌落⑦下来，呆呆地伏在地上，孤立无援地/张开两只羽毛还未丰满的小翅膀。

我的狗/慢慢向它靠近。忽然，从附近一棵树上/飞下一只黑胸脯⑧的老麻雀，像一颗石子似的/落到狗的跟前。老麻雀全身倒竖着⑨羽毛，惊恐万状⑩，发出绝望⑪、凄惨⑫的叫声，接着/向露出牙齿、大张着的狗嘴扑去。

老麻雀/是猛扑下来/救护幼雀的。它用身体/掩护着自己的幼儿⑬……但它整个小小的身体/因恐怖/而战栗⑭着，它小小的声音/也变得粗暴嘶哑⑮，它在牺牲自己！

在它看来，狗/该是多么庞大的怪物啊！然而，它还是不能站在自己高高的、安全的树枝上……一种比它的理智/更强烈的力量，使它从那儿扑下身来。

我的狗/站住了，向后退了退……看来，它也感到了这种力量。

我赶紧唤住惊慌失措⑯的狗，然后/我怀着崇敬⑰的心情，走开了。

是啊⑱，请不要见笑。我崇敬那只/小小的、英勇⑲的鸟儿⑳，我崇敬它那种/爱的冲动/和力量。

爱，我想，比//死/和死的恐惧/更强大。只有依靠它，依靠这种爱，生命/才能维持下去，发展下去。

（节选自［俄］屠格涅夫《麻雀》，巴金译）

语音提示：

①林阴路 línyīnlù
②蹑足潜行 nièzú-qiánxíng
③嗅 xiù
④猛烈 měngliè
⑤白桦树 báihuàshù
⑥巢 cháo
⑦跌落 diēluò
⑧胸脯 xiōngpú
⑨倒竖着 dàoshùzhe
⑩惊恐万状 jīngkǒng-wànzhuàng
⑪绝望 juéwàng
⑫凄惨 qīcǎn
⑬幼儿 yòu’ér
⑭战栗 zhànlì
⑮嘶哑 sīyǎ
⑯惊谎失措 jīnghuāng-shīcuò

⑰崇敬 chóngjìng　　⑱是啊 shìrā
⑲英勇 yīngyǒng　　⑳鸟儿 niǎor

作品 28 号

那年/我六岁。离我家/仅一箭之遥的小山坡旁，有一个/早已被废弃①的采石场，双亲/从来不准我去那儿，其实/那儿②风景十分迷人。

一个夏季的下午，我随着一群小伙伴/偷偷上那儿去了。就在我们穿越了一条孤寂③的小路后，他们却把我一个人/留在原地，然后/奔向④/“更危险的地带”了。

等他们走后，我禁慌失措地发现，再也找不到/要回家的/那条孤寂的小道了。像只无头的苍蝇⑤，我到处乱钻，衣裤上挂满了芒刺⑥。太阳已经落山，而此时此刻，家里/一定开始吃晚餐了，双亲/正盼着我回家……想着想着，我不由得/背靠着一棵树，伤心地/呜呜大哭起来……

突然⑦，不远处/传来了声声柳笛⑧。我像找到了救星，急忙循声走去。一条小道边的树桩上/坐着一位吹笛人，手里还正削⑨着什么。走近细看，他不就是/被大家称为/“乡巴佬儿⑩”的/卡廷⑪吗?

“你好，小家伙儿⑫，”卡廷说，“看/天气多美，你是出来散步的吧?”

我怯生生⑬地点点头，答道：“我要回家了。”

“请耐心/等上几分钟，”卡廷说，“瞧，我正在削一支柳笛，差不多/就要做好了，完工后/就送给你吧!”

卡廷边削/边不时把尚未成形的柳笛/放在嘴里试吹一下。没过多久，一支柳笛/便递到我手中。我俩/在一阵阵清脆悦耳⑭的笛音//中，踏上了归途……

当时，我心中/只充满感激，而今天，当我自己/也成了祖父时，却突然领悟⑮到/他用心之良苦！那天/当他听到我的哭声时，便判定/我一定迷了路，但他并不想在孩子面前/扮演“救星”的角色⑯，于是/吹响柳笛/以便让我能发现他，并跟着他走出困境！就这样，卡廷先生⑰/以乡下人的纯朴，保护了一个小男孩儿⑱/强烈的自尊。

（节选自唐若水译《迷途笛音》）

语音提示：

①废弃 fèiqì　　②那儿 nàr
③孤寂 gūjì　　④奔向 bēnxiàng
⑤苍蝇 cāngying　　⑥芒刺 mángcì
⑦突然 tūrán　　⑧柳笛 liǔdí
⑨削 xiāo　　⑩乡巴佬儿 xiāngbalǎor
⑪卡廷 Kǎtíng　　⑫小家伙儿 xiǎojiāhuor

⑬怯生生 qièshēngshēng
⑭清脆悦耳 qīngcuì yuè’ěr
⑮领悟 lǐngwù
⑯角色 juésè
⑰先生 xiānsheng
⑱小男孩儿 xiǎonánháir

作品 29 号

在浩瀚[1]无垠[2]的沙漠里，有一片美丽的绿洲[3]，绿洲里/藏着一颗闪光的珍珠。这颗珍珠/就是敦煌[4]莫高窟[5]。它坐落在/我国甘肃省敦煌市/三危山[6]/和鸣沙山[7]的怀抱中。

鸣沙山东麓[8]/是平均高度为/十七米的崖壁。在一千六百多米长的崖壁上，凿有大小洞窟/七百余个，形成了规模宏伟的石窟群。其中/四百九十二个洞窟中，共有彩色塑像[9]/两千一百余尊，各种壁画[10]/共四万五千多平方米。莫高窟/是我国古代无数艺术匠师/留给人类的/珍贵文化遗产。

莫高窟的彩塑，每一尊/都是一件精美的艺术品。最大的/有九层楼那么高，最小的/还不如一个手掌大。这些彩塑/个性鲜明，神态各异。有慈眉善目[11]的菩萨[12]，有威风凛凛[13]的天王，还有强壮勇猛 的力士……

莫高窟壁画的内容/丰富多彩，有的/是描绘古代劳动人民/打猎、捕鱼、耕田、收割的情景，有的/是描绘人们/奏乐、舞蹈、演杂技的场面，还有的/是描绘大自然的美丽风光。其中最引人注目的/是飞天。壁画上的飞天，有的臂挎[14]花篮，采摘鲜花；有的反弹琵琶[15]，轻拨银弦[16]；有的倒悬身子，自天而降；有的彩带飘拂，漫天遨游[17]；有的舒展着双臂，翩翩起舞[18]。看着这些精美动人的壁画，就像走进了//灿烂[19]辉煌[20]的/艺术殿堂[21]。

莫高窟里/还有一个面积不大的洞窟——藏经洞[22]。洞里/曾藏有我国古代的/各种经卷[23]、文书、帛画[24]、刺绣、铜像等/共六万多件。由于清朝政府腐败无能，大量珍贵的文物/被外国强盗掠[25]走。仅存的部分经卷，现在/陈列于北京故宫等处。

莫高窟/是举世闻名的艺术宝库。这里的每一尊彩塑、每一幅壁画、每一件文物，都是中国古代人民/智慧的结晶[26]。

（节选自小学《语文》第六册中《莫高窟》）

语音提示：

①浩瀚 hàohàn
②无垠 wúyín
③绿州 lǜzhōu
④敦煌 Dūnhuáng
⑤莫高窟 Mògāokū
⑥三危山 Sānwēi Shān
⑦鸣沙山 Míngshā Shān
⑧东麓 dōnglù
⑨塑像 sùxiàng
⑩壁画 bìhuà
⑪慈眉善目 címéi-shànmù
⑫菩萨 púsà
⑬威风凛凛 wēifēng-lǐnlǐn
⑭挎 kuà

⑮琵琶 pípá　　　　⑯银弦 yínxián
⑰遨游 áoyóu　　　　⑱翩翩起舞 piānpiān-qǐwǔ
⑲灿烂 cànlàn　　　　⑳辉煌 huīhuáng
㉑殿堂 diàntáng　　　　㉒藏经洞 Cángjīngdòng
㉓经卷 jīngjuàn　　　　㉔帛画 bóhuà
㉕掠 lüè　　　　㉖结晶 jiéjīng

作品 30 号

其实/你在很久以前/并不喜欢牡丹，因为[①]/它总被人/作为富贵膜拜[②]。后来/你目睹[③]了一次/牡丹的落花，你相信/所有的人/都会为之感动：一阵清风徐来，娇艳[④]鲜嫩[⑤]的盛期牡丹/忽然整朵整朵地坠落[⑥]，铺撒一地绚丽[⑦]的花瓣[⑧]。那花瓣落地时/依然鲜艳夺目，如同一只奉上祭坛[⑨]的大鸟脱落的羽毛，低吟着壮烈的悲歌/离去。

牡丹/没有花谢花败之时，要么烁于枝头，要么归于泥土，它跨越[⑩]萎顿[⑪]和衰老，由青春/而死亡，由美丽/而消遁[⑫]。它虽美/却不吝惜[⑬]生命，即使告别/也要展示给人/最后一次的惊心动魄[⑭]。

所以/在这阴冷的四月里，奇迹/不会发生。任凭游人扫兴和诅咒[⑮]，牡丹依然安之若素[⑯]。它不苟且、不俯就、不妥协、不媚俗[⑰]，甘愿自己冷落自己。它遵循[⑱]自己的花期/自己的规律，它有权利/为自己选择/每年一度的盛大节日。它为什么不拒绝寒冷？

天南海北的看花人，依然络绎不绝[⑲]地/涌入洛阳城。人们不会因牡丹的拒绝/而拒绝它的美。如果/它再被贬谪[⑳]十次，也许/它就会繁衍[㉑]出/十个洛阳牡丹城。

于是/你在无言的遗憾[㉒]中/感悟到，富贵/与高贵/只是一字之差。同人一样，花儿/也是有灵性[㉓]的，更有品位[㉔]之高低。品位这东西/为气/为魂/为//筋骨/为神韵[㉕]，只可意会。你叹服牡丹/卓尔不群[㉖]之姿，方知品位/是多么容易被世人忽略/或是漠视的美。

（节选自张抗抗《牡丹的拒绝》）

语音提示：

①因为 yīnwèi　　　　②膜拜 móbài
③目睹 mùdǔ　　　　④娇艳 jiāoyàn
⑤鲜嫩 xiānnèn　　　　⑥坠落 zhuìluò
⑦绚丽 xuànlì　　　　⑧花瓣 huābàn
⑨祭坛 jìtán　　　　⑩跨越 kuàyuè
⑪萎顿 wěidùn　　　　⑫消遁 xiāodùn
⑬吝惜 lìnxī　　　　⑭惊心动魄 jīngxīn-dòngpò

⑮诅咒 zǔzhòu
⑯安之若素 ānzhī-ruòsù
⑰媚俗 mèisú
⑱遵循 zūnxún
⑲络绎不绝 luòyì-bùjué
⑳贬谪 biǎnzhé
㉑繁衍 fányǎn
㉒遗憾 yíhàn
㉓灵性 língxìng
㉔品位 pǐnwèi
㉕神韵 shényùn
㉖卓尔不群 zhuó'ěr bù qún

作品 31 号

森林/涵养[①]水源，保持水土，防止水旱灾害的作用/非常大。据专家测算，一片十万亩面积的森林，相当于一个/两百万立方米的水库，这正如农谚[②]所说的/："山上/多栽树，等于/修水库。雨多/它能吞，雨少/它能吐[③]。"

说起森林的功劳，那还多得很。它除了为人类/提供木材/及许多种生产、生活的原料之外，在维护生态环境方面/也是功劳卓著[④]，它用另一种/"能吞能吐"的特殊功能/孕育[⑤]了人类。因为/地球在形成之初，大气中的二氧化碳/含量很高，氧气很少，气温也高，生物/是难以生存的。大约在四亿年之前，陆地/才产生了森林。森林/慢慢将大气中的二氧化碳/吸收，同时/吐出新鲜氧气，调节气温：这才具备了/人类生存的条件，地球上/才最终有了人类。

森林，是地球生态系统的主体，是大自然的总调度室[⑥]，是地球的绿色之肺。森林维护地球生态环境的/这种"能吞能吐"的特殊功能/是其他任何物体/都不能取代的。然而，由于地球上的燃烧物增多，二氧化碳的排放量/急剧增加，使得地球生态环境急剧恶化，主要表现为/全球气候变暖，水分蒸发加快，改变了气流的循环，使气候变化加剧，从而引发/热浪、飓风[⑦]、暴雨、洪涝及干旱。

为了//使地球的这个/"能吞能吐"的绿色之肺/恢复健壮，以改善/生态环境，抑制[⑧]/全球变暖，减少/水旱等自然灾害，我们应该[⑨]/大力造林、护林，使每一座荒山/都绿起来。

（节选自《中考语文课外阅读试题精选》中《"能吞能吐"的森林》）

语音提示：

①涵养 hányǎng
②农谚 nóngyàn
③吐 tǔ
④卓著 zhuózhù
⑤孕育 yùnyù
⑥总调度室 zǒngdiàodùshì
⑦飓风 jùfēng
⑧抑制 yìzhì
⑨应该 yīnggāi

作品 32 号

朋友/即将[①]远行。

暮春[②]时节，又邀了几位朋友/在家小聚。虽然都是极熟的朋友，却是终年/难得一见，偶尔电话里相遇，也无非是几句/寻常话。一锅/小米稀饭，一碟/大头菜，一盘/自家酿制[③]的泡菜，一只/巷口[④]买回的烤鸭，简简单单，不像请客，倒像/家人团聚。

其实，友情也好，爱情也好，久而久之[⑤]/都会转化/为亲情。

说也奇怪，和新朋友/会谈文学、谈哲学、谈人生道理等等，和老朋友/却只话家常，柴米油盐，细细碎碎，种种琐事[⑥]。很多时候，心灵的契合[⑦]/已经不需要太多的言语/来表达。

朋友新烫了个头，不敢回家见母亲，恐怕惊骇[⑧]了老人家，却欢天喜地/来见我们，老朋友/颇能[⑨]以一种趣味性的眼光/欣赏[⑩]这个改变。

年少的时候，我们差不多[⑪]/都在为别人而活，为苦口婆心的/父母活，为循循善诱[⑫]的/师长活，为许多观念、许多传统的约束力/而活。年岁逐增[⑬]，渐渐挣脱[⑭]外在的限制与束缚[⑮]，开始懂得/为自己活，照自己的方式/做一些自己喜欢的事，不在乎别人的批评意见，不在乎/别人的诋毁流言[⑯]，只在乎/那一份随心所欲的舒坦自然。偶尔[⑰]，也能够纵容自己放浪一下，并且有一种/恶作剧的窃喜[⑱]。

就让生命/顺其自然，水到渠成吧，犹如[⑲]窗前的//乌桕[⑳]，自生自落之间，自有一份圆融丰满的喜悦。春雨轻轻落着，没有诗，没有酒，有的/只是一份相知相属[㉑]的自在自得。

夜色/在笑语中/渐渐沉落，朋友起身告辞，没有挽留，没有送别，甚至/也没有问归期。

已经过了大喜大悲的岁月，已经过了伤感流泪的年华，知道了/聚散/原来是这样的自然和顺理成章，懂得这点，便懂得珍惜/每一次相聚的温馨，离别/便也欢喜。

（节选自［台湾］杏林子《朋友和其他》）

语音提示：

①即将 jíjiāng　　②暮春 mùchūn
③酿制 niàngzhì　　④巷口 xiàngkǒu
⑤久而久之 jiǔ'érjiǔzhī　　⑥琐事 suǒshì
⑦契合 qìhé　　⑧惊骇 jīnghài
⑨颇能 pōnéng　　⑩欣赏 xīnshǎng
⑪差不多 chàbuduō　　⑫循循善诱 xúnxún-shànyòu
⑬逐增 zhúzēng　　⑭挣脱 zhèngtuō
⑮束缚 shùfù　　⑯诋毁流言 dǐhuǐ liúyán
⑰偶尔 ǒu'ěr　　⑱窃喜 qièxǐ
⑲犹如 yóurú　　⑳ 乌桕 wūjiù

㉑相知相属 xiāngzhīxiāngzhǔ

作品33号

我们在田野散步：我的母亲，我的妻子和儿子。

母亲/本不愿出来的。她老了，身体不好，走远一点儿①/就觉得很累。我说，正因为如此，才应该多走走。母亲信服②地点点头，便去拿外套。她现在/很听我的话，就像我小时候/很听她的话一样。

这南方初春的田野，大块小块的新绿/随意地铺着③，有的浓，有的淡，树上的嫩芽④/也密了，田里的冬水/也咕咕⑤地起着水泡。这一切/都使人想着一样东西——生命。

我和母亲/走在前面，我的妻子和儿子/走在后面。小家伙突然叫起来："前面是妈妈和儿子，后面也是妈妈和儿子。"我们都笑了。

后来/发生了分歧⑥；母亲要走大路，大路平顺；我的儿子要走小路，小路有意思。不过，一切都取决于我。我的母亲老了，她早已习惯/听从她强壮的儿子；我的儿子还小，他还习惯/听从他高大的父亲；妻子呢，在外面，她总是听我的。一霎时⑦/我感到了责任的重大。我想找一个两全的办法，找不出；我想拆散⑧一家人，分成两路，各得其所，终不愿意。我决定/委屈⑨儿子，因为/我伴同他的时日还长。我说："走大路。"

但是/母亲摸摸孙儿的小脑瓜，变了主意："还是走小路吧。"她的眼/随小路望去：那里有金色的菜花，两行/整齐的桑树，//尽头/一口水波粼粼⑩的鱼塘。"我走不过去的地方，你就背着我。"母亲对我说。

这样，我们在阳光下，向着那菜花、桑树和鱼塘走去。到了一处，我蹲下来，背起了母亲；妻子也蹲下来，背起了儿子。我和妻子/都是慢慢地，稳稳地，走得很仔细，好像/我背上的/同她背上的加起来，就是/整个世界。

（节选自莫怀戚《散步》）

语音提示：

①一点儿 yìdiǎnr　②信服 xìnfú
③铺着 pūzhe　④嫩芽 nènyá
⑤咕咕 gūgū　⑥分歧 fēnqí
⑦霎时 shàshí　⑧拆散 chāisàn
⑨委屈 wěiqu　⑩水波粼粼 shuǐbōlínlín

作品34号

地球上/是否真的存在"无底洞"？按说/地球是圆的，由地壳①、地幔②和地核/三层组成，真正的"无底洞"/是不应存在的，我们所看到的/各种山洞、裂口、裂缝，甚至火山口/也都只是地壳浅部的一种现象。然而③/中国一些古籍[4]/却多次提到海外有个深奥莫测[5]的无底洞。事实上/地球上确实有这样一个“无底洞”。

它位于希腊/亚各斯古城的海滨[6]。由于濒临[7]大海，大涨潮[8]时，汹涌的海水/便会排山倒海[9]般地/涌入洞中，形成一股/湍湍[10]的急流。据测，每天流入洞内的海水量/达三万多吨。奇怪的是，如此大量的海水/灌入洞中，却从来没有把洞灌满。曾有人怀疑，这个“无底洞”，会不会就像石灰岩地区的漏斗[11]、竖井、落水洞一类的地形。然而/从二十世纪/三十年代以来，人们就做了多种努力/企图寻找它的出口，却都是/枉费心机[12]。

为了揭开这个秘密，一九五八年/美国地理学会/派出一支考察队，他们把一种经久不变的/带色染料/溶解[13]在海水中，观察染料/是如何随着海水一起/沉下去。接着/又察看了附近海面/以及岛上的各条河、湖，满怀希望地/寻找这种带颜色的水，结果令人失望。难道是海水量太大/把有色水稀释[14]得太淡，以致/无法发现？//

至今/谁也不知道为什么这里的海水/会没完没了地“漏”下去，这个“无底洞”的出口/又在哪里，每天大量的海水/究竟都流到哪里去了？

（节选自罗伯特·罗威尔《神秘的“无底洞”》）

语音提示：

①地壳 dìqiào　　②地幔 dìmàn
③然而 rán’ér　　④古籍 gǔjí
⑤深奥莫测 shēn’ào-mòcè　　⑥海滨 hǎibīn
⑦濒临 bīnlín　　⑧涨潮 zhǎngcháo
⑨排山倒海 páishān-dǎohǎi　　⑩湍湍 tuāntuān
⑪漏斗 lòudǒu　　⑫枉费心机 wǎngfèi-xīnjī
⑬溶解 róngjiě　　⑭稀释 xīshì

作品35号

我在俄国见到的景物/再没有比托尔斯泰墓/更宏伟、更感人的。

完全按照托尔斯泰的愿望，他的坟墓/成了世间最美的，给人印象[1]最深刻的坟墓。它只是树林中的/一个小小的长方形土丘，上面开满鲜花——没有十字架，没有墓碑，没有墓志铭[2]，连托尔斯泰这个名字/也没有。

这位比谁/都感到受自己的声名所累[3]的伟人，却像/偶尔被发现的流浪汉，不为人知[4]的士兵，不留名姓地/被人埋葬[5]了。谁/都可以踏进他最后的安息地，围在四周稀疏[6]的木栅栏[7]/是不关闭的——保护列夫·托尔斯泰/得以安息的/没有任何别的东西，惟有[8]/人们的敬意；而通常，人们却总是怀着好奇，去破坏伟人墓地的宁静。

这里，逼人的朴素/禁锢[9]住任何一种观赏的闲情，并且/不容许你大声说话。风儿俯临[10]，在这座无名者之墓的树木之间/飒飒[11]响着，和暖[12]的阳光/在坟头嬉戏[13]；冬天，白雪温柔地覆盖[14]/这片幽暗的圭土地[15]。无论你在夏天/或冬天/经过这儿，你都想像不到，这个小小的、隆起的长方体里/安放着一位/当代最伟大的人物。

然而，恰恰是这座不留姓名的坟墓，比所有挖空心思/用大理石和奢华装饰建造的坟墓/更扣人心弦[16]。在今天这个特殊的日子//里，到他的安息地来的/成百上千人中间，没有一个/有勇气，哪怕/仅仅从这幽暗的土丘上/摘下一朵花/留作纪念。人们重新感到，世界上/再没有比托尔斯泰/最后留下的、这座纪念碑式的朴素坟墓，更打动人心的了。

（节选自［奥］茨威格《世间最美的坟墓》，张厚仁译）

语音提示：

①印象 yìnxiàng　　②墓志铭 mùzhìmíng
③所累 suǒ lěi　　④不为人知 bù wéi rén zhī
⑤埋葬 máizàng　　⑥稀疏 xīshū
⑦栅栏 zhàlan　　⑧惟有 wéiyǒu
⑨禁锢 jìngù　　⑩俯临 fǔlín
⑪飒飒 sàsà　　⑫和暖 hénuǎn
⑬嬉戏 xīxì　　⑭覆盖 fùgài
⑮圭土地 guītǔdì　　⑯扣人心弦 kòu rén xīn xián

作品 36 号

我国的建筑，从古代的宫殿/到近代的一般住房，绝大部分/是对称[1]的，左边/怎么样，右边/怎么样。苏州园林/可绝不讲究对称，好像故意避免似的。东边/有了一个亭子/或者一道回廊[2]，西边/决不会来一个同样的亭子/或者一道同样的回廊。这是为什么？我想，用图画来比方，对称的建筑/是图案画，不是美术画，而园林/是美术画，美术画要求自然之趣，是不讲究对称的。

苏州园林里/都有假山和池沼[3]。

假山的堆叠[4]，可以说/是一项艺术/而不仅是技术。或者是/重峦叠嶂[5]，或者是/几座小山/配合着竹子花木，全在乎/设计者和匠师们生平/多阅历，胸中/有丘壑[6]，才能使游览者/攀登的时候/忘却苏州城市，只觉得/身在山间。

至于池沼，大多/引用活水。有些园林池沼宽敞[7]。就把池沼/作为全园的中心，其他景物配合着布置。水面/假如成河道模样[8]，往往安排桥梁。假如安排两座以上的桥梁，那就/一座一个样，决不雷同。

池沼/或河道的边沿/很少砌齐整的石岸，总是高低屈曲[9]/任其自然。还在那儿/布置几块玲珑[10]的石头，或者种些花草。这也是为了取得/从各个角度看/都成一幅[11]画的效果。池沼里/养着金鱼/或各色鲤鱼，夏秋季节/荷花/或睡莲开//放，游览者看/“鱼戏莲叶间”，又是入画的一景。

（节选自叶圣陶《苏州园林》）

语音提示：

①对称 duìchèn　②回廊 huíláng
③池沼 chízhǎo　④堆叠 duīdié
⑤重峦叠嶂 chóngluán-diézhàng　⑥丘壑 qiūhè
⑦宽敞 kuānchǎng　⑧模样 múyàng
⑨屈曲 qūqū　⑩玲珑 línglóng
⑪一幅 yìfú

作品 37 号

一位访美/中国女作家，在纽约/遇到一位卖花的老太太。老太太穿着[1]破旧，身体虚弱，但脸上的神情/却是那样祥和兴奋[2]。女作家挑了一朵花说：“看起来，你很高兴。”老太太面带微笑地说：“是的，一切都这么美好，我为什么不高兴呢？”“对烦恼[3]，你倒真能看得开。”女作家/又说了一句。没料到，老太太的回答/更令女作家/大吃一惊：“耶稣[4]在星期五/被钉上[5]十字架时，是全世界最糟糕[6]的一天，可三天后/就是复活节。所以，当我遇到不幸时，就会等待三天，这样一切/就恢复正常了。”

“等待三天”，多么富于哲理的话语，多么乐观的生活方式。它把烦恼和痛苦抛下，全力/去收获快乐。

沈从文/在“文革”期间，陷入了非人的境地[7]。可他毫不在意，他在咸宁时/给他的表侄、画家黄永玉写信说：“这里的荷花真好，你若来……”身陷苦难[8]/却仍为荷花的盛开/欣喜赞叹不已，这是一种/趋于澄明[9]的境界，一种/旷达[10]洒脱的胸襟[11]，一种/面临磨难[12]坦荡从容[13]的气度，一种/对生活童子般的热爱/和对美好事物无限向往的/生命情感。

由此可见，影响一个人快乐的，有时/并不是困境及磨难，而是一个人的心态。如果把自己浸泡[14]在/积极、乐观、向上的心态中，快乐/必然会//占据[15]你的每一天。

（节选自《态度创造快乐》）

语音提示：

①穿着 chuānzhuó　②兴奋 xīngfèn
③烦恼 fánnǎo　④耶稣 Yēsū
⑤钉上 dìngshàng　⑥糟糕 zāogāo
⑦境地 jìngdì　⑧苦难 kǔnàn

⑨澄明 chéngmíng　　⑩旷达 kuàngdá
⑪胸襟 xiōngjīn　　⑫磨难 mónàn
⑬坦荡从容 tǎndàng cóngróng　　⑭浸泡 jìnpào
⑮占据 zhànjù

作品 38 号

泰山极顶/看日出，历来被描绘成/十分壮观的奇景。有人说：登泰山/而看不到日出，就像一出大戏/没有戏眼，味儿①/终究②有点寡淡③。

我去爬山那天，正赶上个/难得的好天，万里长空，云彩丝儿④/都不见。素常⑤，烟雾腾腾的山头，显得眉目分明。同伴们都欣喜地说："明天早晨⑥/准可以看见日出了。"我也是抱着这种想头⑦，爬上山去。

一路/从山脚/往上爬，细看山景，我觉得/挂在眼前的/不是五岳独尊的泰山，却像一幅/规模惊人的青绿山水画，从下面倒展⑧开来。在画卷⑨中/最先露出⑩的/是山根底/那座明朝建筑/岱宗坊⑪，慢慢地⑫/便现出/王母池、斗母宫、经石峪⑬。山/是一层/比一层深，一叠/比一叠奇，层层叠叠，不知还会有多深多奇。万山丛中，时而点染着/极其工细的人物。王母池旁的吕祖殿里/有不少尊明塑，塑着吕洞宾等/一些人，姿态神情/是那样有生气，你看了，不禁会脱口赞叹说："活啦。"

画卷/继续展开，绿阴森森的柏洞⑭/露面不太久，便来到对松山。两面奇峰/对峙⑮着，满山峰/都是奇形怪状的老松，年纪/怕都有上千岁了，颜色竟那么浓，浓得好像要流下来似的⑯。来到这儿，你不妨⑰/权当一次画里的写意人物，坐在路旁的对松亭里，看看山色，听听流//水和松涛。

一时间，我又觉得/自己不仅是在看画卷，却又像是在零零乱乱/翻着一卷历史稿本。

（节选自杨朔《泰山极顶》）

语音提示：

①味儿 wèir　　②终究 zhōngjiū
③寡淡 guǎdàn　　④云彩丝儿 yúncaisīr
⑤素常 sùcháng　　⑥早晨 zǎochén
⑦想头 xiǎngtou　　⑧倒展 dàozhǎn
⑨画卷 huàjuàn　　⑩露出 lùchū
⑪岱宗坊 Dàizōngfāng　　⑫慢慢地 mànmànde
⑬经石峪 Jīngshíyù　　⑭柏洞 Bǎidòng
⑮对峙 duìzhì　　⑯似的 shìde
⑰不妨 bùfáng

作品 39 号

育才小学校长陶行知/在校园看到学生王友/用泥块砸自己班上的同学，陶行知/当即喝止①了他，并令他放学后/到校长室去。无疑，陶行知/是要好好教育这个“顽皮”的学生。那么/他是如何教育的呢？

放学后，陶行知来到校长室，王友/已经等在门口准备挨训②了。可一见面，陶行知/却掏出一块糖果送给王友，并说：“这是奖给你的，因为/你按时来到这里，而我/却迟到了。”王友惊疑地接过糖果。

随后，陶行知/又掏出一块糖果/放到他手里，说：“这第二块糖果/也是奖给你的，因为/当我不让你再打人时，你立即③就住手了，这说明/你很尊重我，我应该奖你。”王友更惊疑了，他眼睛/睁得大大的。

陶行知/又掏出第三块糖果塞到④王友手里，说：“我调查过了，你用泥块砸那些男生，是因为/他们不守游戏规则，欺负女生；你砸他们，说明/你很正直⑤善良，且有批评不良行为的勇气，应该奖励⑥你啊！”王友感动极了，他流着眼泪后悔⑦地喊道：“陶……陶校长/你打我两下吧！我砸的不是坏人，而是自己的同学啊……”

陶行知/满意地笑了，他随即掏出第四块糖果递给王友，说：“为你正确地认识错误，我再奖给你一块糖果，只可惜/我只有这一块糖果了。我的糖果//没有了，我看/我们的谈话/也该结束⑧了吧！”说完，就走出了校长室。

（节选自《教师博览·百期精华》中《陶行知的“四块糖果”》）

语音提示：

①喝止 hèzhǐ　②挨训 áixùn
③立即 lìjí　④塞到 sāidào
⑤正直 zhèngzhí　⑥奖励 jiǎnglì
⑦后悔 hòuhuǐ　⑧结束 jiéshù

作品 40 号

享受幸福/是需要学习的，当它即将来临的时刻/需要提醒。人可以自然而然地/学会感官的享乐，却无法天生地/掌握幸福的韵律①。灵魂的快意/同器官的舒适/像一对/孪生②兄弟，时而/相傍相依，时而/南辕北辙。

幸福/是一种心灵的震颤③。它像/会倾听④音乐的耳朵一样，需要不断地训练。

简而言之，幸福/就是没有痛苦的时刻。它出现的频率⑤/并不像我们想像的那样少。人们常常/只是在幸福的金马车/已经驶过去很远时，才拣起地上的金鬃毛⑥说，原来我见过它。

人们/喜爱回味/幸福的标本，却忽略它/披着露水散发清香的时刻。那时候/我们往往步履匆匆[7]，瞻前顾后/不知在忙着什么。

世上/有预报台风的，有预报蝗灾的，有预报瘟疫[8]的，有预报地震的。没有人/预报幸福。

其实/幸福和世界万物一样，有它的征兆[9]。

幸福/常常是朦胧[10]的，很有节制地/向我们喷洒甘霖[11]。你不要总希望/轰轰烈烈的幸福，它多半/只是悄悄地扑面而来。你也不要企图把水龙头拧[12]得更大，那样/它会很快地流失。你需要静静地/以平和之心，体验它的真谛[13]。

幸福/绝大多数是朴素的。它不会像/信号弹似的，在很高的天际闪烁红色的光芒。它披着本色[14]的外衣，亲//切温暖地包裹起我们。

幸福/不喜欢喧嚣[15]浮华，它常常在暗淡中/降临。贫困中/相濡以沫[16]的一块糕饼，患难中/心心相印的一个眼神，父亲/一次粗糙[17]的抚摸，女友/一张温馨[18]的字条……这/都是千金难买的幸福啊。像一粒粒缀在旧绸子上的红宝石，在凄凉中/愈发熠熠夺目[19]。

（节选自毕淑敏《提醒幸福》）

语音提示：

①韵律 yùnlǜ　②孪生 luánshēng
③震颤 zhènchàn　④倾听 qīngtīng
⑤频率 pínlǜ　⑥金鬃毛 jīnzōngmáo
⑦步履匆匆 bùlǚ cōngcōng　⑧瘟疫 wēnyì
⑨征兆 zhēngzhào　⑩朦胧 ménglóng
⑪甘霖 gānlín　⑫拧 nǐng
⑬真谛 zhēndì　⑭本色 běnsè
⑮喧嚣 xuānxiāo　⑯相濡以沫 xiāng rú yǐ mò
⑰粗糙 cūcāo　⑱温馨 wēnxīn
⑲熠熠夺目 yìyìduómù

作品 41 号

在里约热内卢的一个贫民窟里，有一个男孩子，他非常喜欢足球，可是/又买不起，于是/就踢塑料盒，踢汽水瓶，踢从垃圾箱里拣来的椰子壳[1]。他在胡同[2]里踢，在能找到的任何一片空地上踢。

有一天，当他在一处干涸[3]的水塘里/猛踢一个猪膀胱[4]时，被一位足球教练/看见了。他发现这个男孩儿/踢得很像是那么回事，就主动提出要送给他一个足球。小男孩儿得到足球后/踢得更卖劲[5]了。不久，他就能准确地/把球踢进远处随意摆放的/一个水桶里。

圣诞节到了，孩子的妈妈说："我们没有钱买圣诞礼物/送给我们的恩人，就让我们/为他祈祷[6]吧。”

小男孩儿跟随妈妈祈祷完毕，向妈妈要了一把铲子/便跑了出去。他来到一座别墅[7]前的花园里，开始挖坑。

就在他快要挖好坑的时候，从别墅里走出一个人来，问小孩儿在干什么，孩子抬起满是汗珠的脸蛋儿[8]，说：“教练，圣诞节到了，我没有礼物送给您，我愿给您的圣诞树/挖一个树坑。”

教练/把小男孩儿/从树坑里拉上来，说，我今天得到了世界上/最好的礼物。明天/你就到我的训练场去吧。

三年后，这位十七岁的男孩儿/在第六届足球锦标赛上/独进二十一球，为巴西第一次捧回了金杯。一个原来不//为世人所知的名字——贝利，随之/传遍世界。

（节选自刘燕敏《天才的造就》）

语音提示：

①椰子壳 yēzikér ②胡同 hútòngr
③干涸 gānhé ④膀胱 pángguāng
⑤卖劲 màijìnr ⑥祈祷 qídǎo
⑦别墅 biéshù ⑧脸蛋儿 liǎndànr

作品 42 号

记得/我十三岁时，和母亲[1]/住在法国东南部的耐斯城。母亲/没有丈夫，也没有亲戚[2]，够清苦的，但她经常能拿出令人吃惊的东西，摆在我面前。她从来不吃肉，一再说/自己是素食者。然而/有一天，我发现母亲/正仔细地/用一小块碎面包/擦那给我煎牛排用的油锅。我明白了/她称自己为素食者的/真正原因。

我十六岁时，母亲/成了耐斯市美蒙[3]旅馆的女经理。这时，她更忙碌[4]了。一天，她瘫在椅子上，脸色苍白，嘴唇发灰。马上找来医生，做出诊断：她摄取[5]了过多的胰岛素[6]。直到这时/我才知道/母亲多年/一直对我隐瞒[7]的疾痛——糖尿病。

她的头/歪向枕头一边，痛苦地用手抓挠[8]胸口。床架上方，则挂着一枚/我一九三二年/赢得耐斯市少年乒乓球冠军/的银质奖章。

啊，是对我的美好前途的憧憬[9]/支撑着她活下去，为了给她那荒唐的梦/至少加一点/真实的色彩，我只能继续努力，与时间竞争，直至一九三八年/我被征入空军。巴黎/很快失陷，我辗转[10]调到英国皇家空军。刚到英国/就接到了母亲的来信。这些信/是由在瑞士的一个朋友秘密地转到伦敦，送到我手中的。

现在/我要回家了，胸前佩带着/醒目的绿黑两色的/解放十字绶//带[11]，上面挂着五六枚/我终身难忘的勋章[12]，肩上还佩带着军官肩章。到达旅馆时，没有一个人跟我打招呼[13]。原来，我母亲/在三年半以前/就已经离开人间了。

在她死前的几天中，她写了近二百五十封信，把这些信/交给她在瑞士的朋友，请这个朋友/定时寄给我。就这样，在母亲死后的三年半的时间里，我一直从她身上/吸取着力量和勇气——这使我/能够继续战斗到/胜利那一天。

（节选自［法］罗曼·加里《我的母亲独一无二》）

语音提示：

①母亲 mǔqīn　②亲戚 qīnqi
③美蒙 Měiméng　④忙碌 mánglù
⑤摄取 shèqǔ　⑥胰岛素 yídǎosù
⑦隐瞒 yǐnmán　⑧抓挠 zhuānao
⑨憧憬 chōngjǐng　⑩辗转 zhǎnzhuǎn
⑪绶带 shòudài　⑫勋章 xūnzhāng
⑬打招呼 dǎzhāohu

作品 43 号

生活/对于任何人都非易事，我们必须有/坚韧不拔[1]的精神。最要紧的，还是我们自己要有信心。我们必须相信，我们对每一件事情/都具有天赋[2]的才能，并且，无论付出任何代价，都要把这件事完成。当事情结束的时候，你要能问心无愧地说/：“我已经尽我所能了。”

有一年的春天，我因病/被迫在家里休息数周。我注视着/我的女儿们/所养的蚕/正在结茧[3]，这使我很感兴趣。望着这些蚕/执著[4]地、勤奋地工作，我感到/我和它们非常相似[5]。像它们一样，我总是耐心地/把自己的努力/集中在一个目标上。我之所以如此，或许/是因为有某种力量/在鞭策[6]着我——正如蚕/被鞭策着/去结茧一般。

近五十年来，我致力于科学研究，而研究，就是对真理的探讨。我有许多美好快乐的记忆。少女时期/我在巴黎大学，孤独地过着求学的岁月；在后来献身科学的整个时期，我丈夫和我/专心致志，像在梦幻[7]中一般，坐在简陋的书房里/艰辛地研究，后来/我们就在那里发现了镭[8]。

我永远追求/安静的工作和简单的家庭生活。为了实现这个理想，我竭力保持宁静的环境，以免受人事的干扰/和盛名[9]的拖累[10]。

我深信，在科学方面/我们有对事业/而不是//对财富的兴趣。我的惟一奢望[11]/是在一个自由国家中，以一个自由学者的身份/从事研究工作。

我一直沉醉[12]于/世界的优美之中，我所热爱的科学/也不断增加它崭新[13]的远景。我认定/科学本身/就具有伟大的美。

（节选自［波兰］玛丽·居里《我的信念》，剑捷译）

语音提示：

①坚韧不拔 jiānrèn-bùbá　②天赋 tiānfù
③结茧 jié jiǎn　④执著 zhízhuó
⑤相似 xiāngsì　⑥鞭策 biāncè
⑦梦幻 mènghuàn　⑧镭 léi
⑨盛名 shèngmíng　⑩拖累 tuōlěi
⑪奢望 shēwàng　⑫沉醉 chénzuì
⑬崭新 zhǎnxīn

作品 44 号

我为什么/非要教书不可？是因为/我喜欢当教师的时间安排表/和生活节奏。七、八、九三个月/给我提供了进行回顾、研究、写作的良机，并将三者有机融合①，而善于回顾、研究和总结/正是优秀教师素质中/不可缺少的成分。

干这行/给了我/多种多样的“甘泉”/去品尝，找优秀的书籍/去研读，到“象牙塔/”和实际世界里/去发现。教学工作/给我提供了/继续学习的时间保证，以及/多种途径②、机遇和挑战。

然而，我爱这一行的真正原因，是爱我的学生。学生们/在我的眼前/成长、变化。当教师/意味着亲历③“创造”过程的发生——恰似④亲手赋予⑤/一团泥土以生命，没有什么/比目睹⑥它开始呼吸/更激动人心的了。

权利/我也有了：我有权利/去启发诱导，去激发/智慧的火花，去问/费心思考的问题，去赞扬/回答的尝试，去推荐书籍，去指点迷津⑦。还有什么别的权利/能与之相比呢？

而且，教书/还给我金钱和权利之外的东西，那/就是爱心。不仅/有对学生的爱，对书籍的爱，对知识的爱，还有教师才能感受到的/对“特别”学生的爱。这些学生，有如/冥顽不灵⑧的泥块，由于接受了老师的炽爱⑨/才勃发了生机。

所以，我爱教书，还因为，在那些勃发生机的/“特//别”学生身上，我有时发现/自己和他们/呼吸相通，忧乐与共⑩。

（节选自［美］彼得·基·贝得勒《我为什么当教师》）

语音提示：

①融合 rónghé　②途径 tújìng
③亲历 qīnlì　④恰似 qiàsì
⑤赋予 fùyǔ　⑥目睹 mùdǔ
⑦迷津 míjīn　⑧冥顽不灵 míngwán-bùlíng
⑨炽爱 chì'ài　⑩忧乐与共 yōulèyǔgòng

作品 45 号

中国西部/我们通常是指/黄河与秦岭相连一线以西，包括西北和西南的/十二个省、市、自治区。这块广袤[①]的土地/面积/为五百四十六万平方公里，占国土总面积的/百分之五十七；人口/二点八亿，占全国总人口的/百分之二十三。

西部/是华夏文明的源头。华夏/祖先的脚步/是顺着水边走的：长江上游/出土过元谋人牙齿化石，距今[②]/约一百七十万年；黄河中游/出土过蓝田人头盖骨，距今/约七十万年。这两处古人类/都比距今/约五十万年的北京猿人/资格更老。

西部地区/是华夏文明的重要发源地，秦皇汉武以后，东西方文化/在这里交汇融合，从而[③]有了/丝绸之路的驼铃声声，佛院[④]深寺的暮鼓[⑤]晨钟。敦煌[⑥]莫高窟/是世界文化史上的一个奇迹，它在继承汉晋艺术传统的基础上，形成了自己兼收并蓄[⑦]的恢宏[⑧]气度，展现出精美绝伦的艺术形式/和博大精深的文化内涵。秦始皇兵马俑[⑨]、西夏王陵、楼兰古国、布达拉宫、三星堆、大足石刻等历史文化遗产，同样/为世界所瞩目[⑩]，成为中华文化/重要的象征。

西部地区/又是少数民族及其文化的集萃地[⑪]，几乎包括了我国所有的少数民族。在一些偏远的少数民族地区，仍保留//了一些久远时代的艺术品种，成为珍贵的“活化石”，如纳西古乐、戏曲、剪纸、刺绣、岩画等民间艺术和宗教艺术。特色鲜明、丰富多彩，犹如[⑫]一个巨大的民族民间/文化艺术宝库。

我们要充分重视和利用/这些得天独厚[⑬]的资源优势，建立良好的民族民间文化生态环境，为西部大开发/做出贡献。

（节选自《中考语文课外阅读试题精选》中《西部文化和西部开发》）

语音提示：

①广袤 guǎngmào　　②距今 jùjīn
③从而 cóng’ér　　④佛院 fóyuàn
⑤暮鼓 mùgǔ　　⑥敦煌 Dūnhuáng
⑦兼收并蓄 jiānshōu-bìngxù　　⑧恢宏 huīhóng
⑨兵马俑 Bīngmǎyǒng　　⑩瞩目 zhǔmù
⑪集萃地 jícuìdì　　⑫犹如 yóurú
⑬得天独厚 détiāndúhòu

作品 46 号

高兴，这是一种具体的/被看得到/摸得着的事物/所唤起的情绪。它是心理的，更是生理的。它容易来/也容易去，谁也不应该/对它视而不见[①]/失之交臂[2]，谁也不应该/总是做那些/使自己不高兴/也使旁人不高兴的事。让我们说一件最容易做/也最令人高兴的事吧，尊重你自己，也尊重别人，这是每一个人的权利，我还要说/这是每一个人的义务。

快乐，它是一种富有概括性的生存状态、工作状态。它几乎是先验的，它来自生命本身的活力，来自宇宙、地球和人间的吸引，它是世界的/丰富、绚丽[3]、阔大、悠久的体现。快乐还是一种力量，是埋在地下的根脉[4]。消灭一个人的快乐/比挖掘[5]掉一棵大树的根/要难得多。

欢欣[6]，这是一种青春的、诗意的情感。它来自/面向着未来/伸开双臂奔跑的冲力，它来自/一种轻松[7]/而又神秘、朦胧/而又隐秘[8]的激动，它是激情即将到来的预兆[9]，它又是大雨过后的/比下雨还要美妙得多/也久远得多的回味……

喜悦，它是一种带有形而上色彩的修养和境界。与其[10]说/它是一种情绪，不如说/它是一种智慧、一种超拔[11]、一种悲天悯人[12]的宽容和理解，一种饱经沧桑的充实和自信，一种光明的理性，一种坚定//的成熟，一种战胜了烦恼和庸俗[13]的清明澄澈[14]。它是一潭清水，它是一抹朝霞[15]，它是无边的平原，它是沉默的地平线，多一点儿、再多一点儿喜悦吧，它是翅膀，也是归巢[16]。它是一杯美酒，也是一朵/永远开不败的莲花。

（节选自王蒙《喜悦》）

语音提示：

①视而不见 shì'érbújiàn　　②失之交臂 shīzhījiāobì
③绚丽 xuànlì　　④根脉 gēnmài
⑤挖掘 wājué　　⑥欢欣 huānxīn
⑦轻松 qīngsōng　　⑧隐秘 yǐnmì
⑨预兆 yùzhào　　⑩与其 yǔqí
⑪超拔 chāobá　　⑫悲天悯人 bēitiān-mǐnrén
⑬庸俗 yōngsú　　⑭澄澈 chéngchè
⑮朝霞 zhāoxiá　　⑯归巢 guīcháo

作品 47 号

在湾仔，香港最热闹的地方，有一棵榕树[1]，它是最贵的一棵树，不光在香港，在全世界，都是最贵的。

树，活的树，又不卖/何言其贵？只因/它老，它粗，是香港百年沧桑的活见证，香港人/不忍看着它/被砍伐[2]，或者被移走，便跟/要占用这片山坡的建筑者/谈条件：可以在这儿建大楼盖商厦[3]，但/一/不准砍树，二/不准挪树，必须把它原地精心养起来，成为香港闹市中的一景。太古大厦的建设者/最后签了合同，占用这个大山坡/建豪华商厦的先决条件是/同意保护这棵老树。

树/长在半山坡上，计划/将树下面的成千上万吨山石/全部掏空[4]取走，腾出地方来盖楼，把树/架在大楼上面，仿佛[5]它原本是长在楼顶上似的。建设者/就地造了一个直径/十八米、深十米的大花盆，先固定好这棵老树，再在大花盆底下盖楼。光这一项/就花了两千三百八十九万港币，堪称[6]是/最昂贵[7]的保护措施了。

太古大厦落成之后，人们可以乘滚动扶梯/一次到位，来到太古大厦的顶层，出后门，那儿/是一片自然景色。一棵大树/出现在人们面前，树干/有一米半粗，树冠[8]直径/足有二十多米，独木成林，非常壮观，形成一座/以它为中心的小公园，取名/叫“榕圃[9]”。树前面//插着铜牌，说明原由。此情此景，如不看铜牌的说明，绝对想不到/巨树根底下/还有一座/宏伟的现代大楼。

（节选自舒乙《香港：最贵的一棵树》）

语音提示：

①榕树 róngshù　②砍伐 kǎnfá
③商厦 shāngshà　④掏空 tāokōng
⑤仿佛 fǎngfú　⑥堪称 kānchēng
⑦昂贵 ángguì　⑧树冠 shùguān
⑨榕圃 róngpǔ

作品 48 号

我们的船/渐渐地逼近[1]榕树了。我有机会/看清它的真面目：是一棵大树，有数不清的丫枝[2]，枝上/又生根，有许多根/一直垂到地上，伸进泥土里。一部分树枝/垂到水面，从远处看，就像一棵大树/斜躺在水面上一样。

现在/正是枝繁叶茂[3]的时节。这棵榕树/好像在把它的全部生命力/展示给我们看。那么多的绿叶，一簇[4]堆在另一簇的上面，不留一点儿缝隙[5]。翠绿的颜色/明亮地/在我们的眼前闪耀[6]，似乎[7]每一片树叶上/都有一个新的生命/在颤动[8]，这美丽的/南国的树！

船/在树下泊[9]了片刻，岸上很湿，我们没有上去。朋友说/这里是“鸟的天堂”，有许多鸟/在这棵树上做窝，农民不许人去捉它们。我仿佛听见/几只鸟/扑翅的声音，但是/等到我的眼睛/注意地看那里时，我却看不见一只鸟的影子，只有无数的树根/立在地上，像许多根木桩。地是湿的，大概涨潮[10]时/河水常常冲上岸去。“鸟的天堂”里/没有一只鸟，我这样想到。船开了，一个朋友拨着[11]船，缓缓[12]地/流到河中间去。

第二天，我们划着船/到一个朋友的家乡去，就是那个/有山/有塔的地方。从学校出发，我们又经过/那“鸟的天堂”。

这一次/是在早晨[13]，阳光/照在水面上，也照在树梢[14]上。一切/都//显得非常光明。我们的船/也在树下/泊了片刻。

起初/四周围/非常清静。后来/忽然起了一声鸟叫。我们把手一拍，便看见一只大鸟/飞了起来，接着/又看见第二只，第三只。我们继续拍掌，很快地/这个树林/就变得很热闹[15]了。到处都是/鸟声，到处/都是鸟影。大的，小的，花的，黑的，有的/站在枝上叫，有的/飞起来，在扑翅膀。

（节选自巴金《小鸟的天堂》）

语音提示：

①逼近 bījìn　②丫枝 yāzhī
③枝繁叶茂 zhīfán-yèmào　④一簇 yícù
⑤缝隙 fèngxì　⑥闪耀 shǎnyào
⑦似乎 sìhū　⑧颤动 chàndòng
⑨泊 bó　⑩涨潮 zhǎngcháo
⑪拨着 bōzhe　⑫缓缓 huǎnhuǎn
⑬早晨 zǎochén　⑭树梢 shùshāo
⑮热闹 rènao

作品 49 号

有这样一个故事。

有人问：世界上/什么东西的气力最大？回答/纷纭[1]得很，有的说/“象”，有的说/“狮”，有人开玩笑似的说：/是“金刚”，金刚有多少气力，当然大家全不知道。

结果，这一切[2]答案/完全不对，世界上气力最大的，是植物的种子。一粒种子所可以显现出来的力，简直是超越一切。

人的头盖骨，结合得非常致密[3]与坚固，生理学家和解剖学者/用尽了一切的方法，要把它完整地分出来，都没有这种力气。后来/忽然有人发明了一个方法，就是把一些植物的种子/放在要剖析[4]的头盖骨里，给它以温度与湿度，使它发芽。一发芽，这些种子/便以可怕的力量，将一切机械力所不能分开的骨骼[5]，完整地分开了。植物种子的力量之大，如此如此。

这，也许特殊了一点儿，常人不容易理解。那么，你看见过/笋的成长吗？你看见过/被压在瓦砾[6]和石块下面的一棵小草的生长吗？它为着[7]向往阳光，为着达成它的生之意志，不管上面的石块/如何重，石与石之间/如何狭，它必定要曲曲折折[8]地，但是顽强不屈[9]地/透到地面上来。它的根/往土壤[10]钻，它的芽/往地面挺，这是一种不可抗拒[11]的力，阻止它的石块，结果[12]也被它掀翻，一粒种子的力量之大，//如此如此。

没有一个人/将小草/叫做“大力士”，但是它的力量之大，的确是世界无比。这种力/是一般人/看不见的生命力。只要生命存在，这种力/就要显现。上面的石块，丝毫不足以阻挡。因为/它是一种“长期抗战”的力；有弹性，能屈能伸的力；有韧性，不达目的不止的力。

（节选自夏衍《野草》）

语音提示：

①纷纭 fēnyún ②一切 yíqiè
③致密 zhìmì ④剖析 pōuxī
⑤骨骼 gǔgé ⑥瓦砾 wǎlì
⑦为着 wèizhe ⑧曲曲折折 qūqū-zhézhé
⑨顽强不屈 wánqiáng-bùqū ⑩土壤 tǔrǎng
⑪抗拒 kàngjù ⑫结果 jiéguǒ

作品 50 号

著名教育家班杰明/曾经接到一个青年人的求救电话，并与那个向往成功、渴望指点的青年人/约好了见面的时间和地点。

待那个青年/如约而至①时，班杰明的房门敞开②着，眼前的景象却令青年人颇感③意外——班杰明的房间里乱七八糟、狼藉④一片。

没等青年人开口，班杰明就招呼道：“你看我这房间，太不整洁了，请你在门外等候一分钟，我收拾一下，你再进来吧。”一边说着，班杰明/就轻轻地关上了房门。

不到一分钟的时间，班杰明/就又打开了房门/并热情地把青年人/让进客厅。这时，青年人的眼前/展现出另一番⑤景象——房间内的一切/已变得井然有序⑥，而且有两杯刚刚倒好的红酒，在淡淡的香水气息里/还漾着⑦微波。

可是，没等青年人/把满腹⑧的有关人生和事业的疑难⑨问题/向班杰明讲出来，班杰明/就非常客气地说道：“干杯。你可以走了。”

青年人手持酒杯/一下子愣住⑩了，既尴尬⑪/又非常遗憾⑫地说：“可是，我……我还没向您请教呢……”

“这些……难道还不够吗？”班杰明/一边微笑着，一边扫视⑬着自己的房间，轻言细语地说，“你进来/又有一分钟了。”

“一分钟……一分钟……”青年人若有所思地说：“我懂了，您让我明白了一分钟的时间可以做许//多事情，可以改变许多事情的深刻道理。”

班杰明舒心⑭地笑了。青年人/把杯里的红酒/一饮而尽，向班杰明/连连道谢后，开心地走了。

其实，只要把握好生命的/每一分钟，也就把握了/理想的人生。

（节选自纪广洋《一分钟》）

语音提示：

①如约而至 rúyuē'érzhì　②敞开 chǎngkāi
③颇感 pōgǎn　④狼藉 lángjí
⑤一番 yìfān　⑥井然有序 jǐngrán-yǒuxù
⑦漾着 yàngzhe　⑧满腹 mǎnfù
⑨疑难 yínán　⑩愣住 lèngzhù
⑪尴尬 gāngà　⑫遗憾 yíhàn
⑬扫视 sǎoshì　⑭舒心 shūxīn

作品 51 号

有个塌鼻子①的小男孩儿，因为两岁时/得过脑炎②，智力受损，学习起来/很吃力。打个比方，别人写作文/能写二三百字，他却只能写/三五行。但即便这样的作文，他同样能写得很动人。

那是一次作文课，题目是《愿望》。他极其③认真地想了半天，然后/极认真地写，那作文/极短。只有三句话：我有两个愿望，第一个是，妈妈天天笑眯眯地看着我说/："你真聪明。"第二个是，老师天天笑眯眯地看着我说/："你一点儿也不笨。"

于是，就是这篇作文，深深地打动了/他的老师，那位妈妈式的老师/不仅给了他最高分，在班上/带感情地朗读了这篇作文，还一笔一画地批道：你很聪明，你的作文/写得非常感人。请放心，妈妈/肯定会格外④喜欢你的，老师/肯定会格外喜欢你的，大家/肯定会格外喜欢你的。

捧着作文本，他笑了，蹦蹦跳跳地回家了，像只喜鹊。但他并没有把作文本/拿给妈妈看，他是在等待，等待着一个/美好的时刻。

那个时刻/终于到了，是妈妈的生日——一个阳光灿烂⑤的星期天：那天，他起得特别早，把作文本/装在一个亲手做的/美丽的大信封里，等着妈妈醒来。妈妈刚刚睁眼醒来，他就笑眯眯地/走到妈妈跟前说/："妈妈，今天是您的生日，我要//送给您/一件礼物。"

果然，看着这篇作文，妈妈甜甜地/涌出⑥了两行热泪，一把搂住⑦小男孩儿，搂得很紧/很紧。

是的，智力可以受损，但爱/永远不会。

（节选自张玉庭《一个美丽的故事》）

语音提示：

①塌鼻子 tābízi　②脑炎 nǎoyán
③极其 jíqí　④格外 géwài
⑤灿烂 cànlàn　⑥涌出 yǒngchū
⑦搂住 lǒuzhù

作品 52 号

小学的时候，有一次/我们去海边远足[①]，妈妈/没有做便饭[②]，给了我十块钱/买午餐。好像走了很久，很久，终于到海边了，大家坐下来/便吃饭，荒凉[③]的海边/没有商店，我一个人/跑到防风林外面去，级任[④]老师/要大家把吃剩的饭菜/分给我一点儿。有两三个男生/留下一点儿给我，还有一个女生，她的米饭/拌了酱油，很香。我吃完的时候，她笑眯眯地看着我，短头发，脸/圆圆的。

她的名字/叫/翁香玉。

每天放学的时候，她走的/是经过我们家的一条小路，带着一位/比她小的男孩儿，可能是弟弟。小路边/是一条清澈[⑤]见底的小溪，两旁竹阴[⑥]覆盖[⑦]，我总是远远地/跟在她后面，夏日的午后/特别炎热，走到半路/她会停下来，拿手帕[⑧]/在溪水里浸湿[⑨]，为小男孩儿擦脸。我也在后面停下来，把肮脏[⑩]的手帕/弄湿了擦脸，再一路/远远跟/着她回家。

后来/我们家/搬到镇上去了，过几年/我也上了中学。有一天/放学回家，在火车上，看见斜对面/一位短头发、圆圆脸的女孩儿，一身素净[⑪]的白衣黑裙。我想/她一定不认识我了。火车很快到站了，我随着人群/挤向门口，她也走近了，叫我的名字。这是/她第一次/和我说话。

她笑眯眯的，和我一起/走过月台。以后/就没有再见过//她了。

这篇文章/收在我出版的/《少年心事》/这本书里。

书出版后半年，有一天/我忽然收到出版社转来的一封信，信封上/是陌生[⑫]的字迹，但清楚地写着我的本名。

信里面/说她看到了这篇文章/心里非常激动，没想到/在离开家乡，漂泊[⑬]异地这么久之后，会看见自己/仍然在一个人的记忆里，她自己/也深深记得这其中的每一幕，只是没想到/越过遥远的时空，竟然另一个人/也深深记得。

（节选自苦伶《永远的记忆》）

语音提示：

①远足 yuǎnzú　②便饭 biànfàn
③荒凉 huāngliáng　④级任 jírèn
⑤清澈 qīngchè　⑥竹阴 zhúyīn
⑦覆盖 fùgài　⑧手帕 shǒupà
⑨浸湿 jìnshī　⑩肮脏 āngzāng
⑪素净 sùjing　⑫陌生 mòshēng
⑬漂泊 piāobó

作品 53 号

在繁华的巴黎大街的路旁，站着一个/衣衫褴褛[①]、头发斑白、双目失明的老人。他不像其他乞丐[②]那样/伸手/向过路行人乞讨，而是在身旁/立一块木牌，上面写着/："我什么也看不见！"街上过往的行人很多，看了木牌上的字/都无动于衷[③]，有的/还淡淡一笑，便姗姗而去[④]了。

这天中午，法国著名诗人/让·彼浩勒也经过这里。他看看木牌上的字，问盲老人/："老人家，今天上午/有人给你钱吗？"

盲老人叹息着回答："我，我/什么也没有得到。"说着，脸上的神情/非常悲伤。

让·彼浩勒听了，拿起笔/悄悄地/在那行字的前面/添上了/"春天到了，可是"/几个字，就匆匆地离开了。

晚上，让·彼浩勒/又经过这里，问那个盲老人/下午的情况。盲老人/笑着回答说："先生，不知为什么，下午给我钱的人/多极了！"让·彼浩勒听了，摸着胡子/满意地笑了。

"春天到了，可是/我什么也看不见！"这富有诗意的语言，产生/这么大的作用，就在于它/有非常浓厚的感情色彩。是的，春天是美好的，那蓝天白云，那绿树红花，那莺歌燕舞[⑤]，那流水人家，怎么不叫人/陶醉[⑥]呢？但这良辰[⑦]美景，对于一个双目失明的人来说，只是/一片漆黑。当人们想到这个盲老人，一生中/竟连万紫千红的春天//都不曾看到，怎能不对他产生/同情之心呢？

（节选自小学《语文》第六册中《语言的魅力》）

语音提示：

①褴褛 lánlǚ　　②乞丐 qǐgài

③无动于衷 wúdòngyúzhōng　　④姗姗而去 shānshān ér qù

⑤莺歌燕舞 yīnggē-yànwǔ　　⑥陶醉 táozuì

⑦良辰 liángchén

作品 54 号

有一次，苏东坡的朋友/张鹗[①]/拿着一张宣纸/来求他/写一幅字，而且希望他/写一点儿/关于养生方面的内容。苏东坡/思索了一会儿，点点头说/："我得到了一个/养生长寿古方，药/只有四味，今天就赠给你吧。"于是，东坡的狼毫/在纸上/挥洒[②]起来，上面写着/："一曰/无事/以当贵，二曰/早寝[③]/以当富，三曰/安步/以当车，四曰/晚食[④]/以当肉。"

这哪里有药？张鹗/一脸茫然地问。苏东坡/笑着解释[⑤]说，养生长寿的要诀[⑥]，全在这四句里面。

所谓“无事/以当贵”，是指/人不要把功名利禄[7]、荣辱过失/考虑得太多，如能在情志上/潇洒[8]大度，随遇而安，无事以求，这比富贵/更能使人/终其天年。

“早寝/以当富”，指/吃好穿好、财货充足，并非/就能使你长寿。对老年人来说，养成良好的起居[9]习惯，尤其是/早睡早起，比获得任何财富/更加宝贵。

“安步/以当车”，指人/不要过于讲求安逸[10]、肢体不劳，而应多以步行/来替代骑马乘车，多运动/才可以/强健[11]体魄[12]，通畅气血。

“晚食/以当肉”，意思是/人/应该用已饥方食、未饱先止/代替对美味佳肴[13]的贪吃无厌。他进一步解释，饿了以后/才进食，虽然是粗茶淡饭，但其香甜可口/会胜过山珍；如果饱了/还要勉强吃，即使美味佳肴摆在眼前/也难以//下咽。

苏东坡的四味/“长寿药”，实际上/是强调了/情志、睡眠、运动、饮食四个方面/对养生长寿的重要性，这种养生观点/即使在今天/仍然值得借鉴[14]。

（节选自蒲昭和《赠你四味长寿药》）

语音提示：

①张鹗 Zhāng È　　②挥洒 huīsǎ
③早寝 zǎoqǐn　　④晚食 wǎnshí
⑤解释 jiěshì　　⑥要诀 yàojué
⑦利禄 lìlù　　⑧潇洒 xiāosǎ
⑨起居 qǐjū　　⑩安逸 ānyì
⑪强健 qiángjiàn　　⑫体魄 tǐpò
⑬佳肴 jiāyáo　　⑭借鉴 jièjiàn

作品 55 号

人活着，最要紧的/是寻觅[1]到/那片代表着生命绿色/和人类希望的丛林[2]，然后/选一高高的枝头/站在那里/观览[3]人生，消化痛苦，孕育[4]歌声，愉悦[5]世界！

这可真是一种/潇洒的人生态度，这可真是一种/心境爽朗的情感风貌[6]。

站在历史的枝头/微笑，可以减免许多烦恼。在那里，你可以从/众生相所包含的甜酸苦辣、百味人生中/寻找你自己；你境遇中的那点儿苦痛，也许相比之下，再也难以占据[7]/一席之地；你会较容易地/获得从不悦中/解脱灵魂的力量，使之/不致变得灰色。

人/站得高些，不但能有幸/早些领略[8]到希望的曙光[9]，还能有幸/发现生命的立体的诗篇。每一个人的人生，都是这诗篇中的一个词、一个句子获者/一个标点。你可能没有成为一个美丽的词，一个引人注目的句子，一个惊叹号，但你依然是这生命的/立体诗篇中的一个音节、一个停顿、一个必不可少的组成部分。这/足以使你放弃前嫌，萌生⑩/为人类孕育新的歌声的兴致⑪，为世界/带来更多的诗意。

最可怕的人生见解，是把多维的生存图景/看成平面。因为那平面上/刻下的/大多是凝固了的历史——过去的遗迹⑫；但活着的人们，活得却是充满着新生智慧的，由//不断逝去的"现在"组成的未来。人生/不能像某些鱼类/躺着游，人生/也不能像某些兽类/爬着走，而应该/站着向前行，这/才是人类/应有的生存姿态。

（节选自［美］本杰明·拉什《站在历史的枝头微笑》）

语音提示：

①寻觅 xúnmì　②丛林 cónglín
③观览 guānlǎn　④孕育 yùnyù
⑤愉悦 yúyuè　⑥风貌 fēngmào
⑦占据 zhànjù　⑧领略 lǐnglüè
⑨曙光 shǔguāng　⑩萌生 méngshēng
⑪兴致 xìngzhì　⑫遗迹 yíjì

作品 56 号

中国的/第一大岛、台湾省的主岛/台湾，位于中国大陆架的/东南方，地处/东海和南海之间，隔着台湾海峡/和大陆相望。天气晴朗的时候，站在福建沿海较高的地方，就可以/隐隐约约地/望见/岛上的高山和云朵。

台湾岛/形状狭长①，从东到西，最宽处/只有一百四十多公里；由南至北，最长的地方/约有三百九十多公里。地形/像一个纺织用的梭子②。

台湾岛上的山脉/纵贯③南北，中间的中央山脉/犹如全岛的脊梁④。西部/为海拔/近四千米的玉山山脉，是中国东部的最高峰。全岛/约有三分之一的地方/是平地，其余/为山地。岛内有缎带⑤般的瀑布，蓝宝石似的湖泊，四季常青的森林和果园，自然景色/十分优美。西南部的阿里山/和日月潭，台北市郊的大屯山风景区，都是闻名世界的/游览胜地。

台湾岛/地处热带和温带之间，四面环海，雨水充足，气温受到海洋的调剂⑥，冬暖夏凉，四季如春，这给水稻和果木生长/提供了优越的条件。水稻、甘蔗⑦、樟脑⑧/是台湾的"三宝"。岛上/还盛产⑨鲜果和鱼虾。

台湾岛/还是一个闻名世界的"蝴蝶王国"。岛上的蝴蝶/共有四百多个品种，其中/有不少/是世界稀有的珍贵品种。岛上/还有不少/鸟语花香的蝴//蝶谷，岛上居民/利用蝴蝶制作的标本和艺术品，远销/许多国家。

（节选自《中国的宝岛——台湾》）

语音提示：

①狭长 xiácháng ②梭子 suōzi
③纵贯 zòngguàn ④脊梁 jǐliang
⑤缎带 duàndài ⑥调剂 tiáojì
⑦甘蔗 gānzhe ⑧樟脑 zhāngnǎo
⑨盛产 shèngchǎn

作品 57 号

对于中国的牛，我有着一种/特别尊敬的感情。

留给我印象最深的，要算在田垄[1]上的一次“相遇”。

一群朋友郊游，我领头/在狭窄[2]的阡陌[3]上走，怎料/迎面/来了几头耕牛，狭道/容不下人和牛，终有一方/要让路。它们还没有走近，我们已经预计/斗不过畜牲[4]，恐怕难免/踩到田地泥水里，弄得鞋袜/又泥又湿了。正踟蹰[5]的时候，带头的一头牛，在离我们不远的地方/停下来，抬起头/看看，稍迟疑一下，就自动走下田去。一队耕牛，全跟着/它离开阡陌，从我们身边经过。

我们都呆了，回过头来，看着深褐色的牛队，在路的尽头/消失，忽然觉得/自己/受了很大的恩惠[6]。

中国的牛，永远沉默地/为人做着沉重的工作。在大地上，在晨光或烈日下，它拖着沉重的犁，低头/一步又一步，拖出了身后/一列又一列松土，好让人们下种。等到满地金黄或农闲时候，它/可能还得担当/搬运负重的工作；或终日/绕着石磨[7]，朝同一方向，走/不计程的路。

在它沉默的劳动中，人/便得到/应得的收成。

那时候，也许，它可以松一肩重担[8]，站在树下，吃几口嫩草。偶尔摇摇尾巴，摆摆耳朵，赶走飞附身上的苍蝇[9]，已经算是它/最闲适的生活了。

中国的牛，没有成群奔跑的习//惯，永远/沉沉实实的，默默地工作，平心静气。这就是中国的牛！

（节选自小思《中国的牛》）

语音提示：

①田垄 tiánlǒng ②狭窄 xiázhǎi
③阡陌 qiānmò ④畜牲 chùsheng
⑤踟蹰 chíchú ⑥恩惠 ēnhuì
⑦石磨 shímò ⑧重担 zhòngdàn
⑨苍蝇 cāngying

作品 58 号

不管我的梦想/能否成为事实，说出来/总是好玩儿[1]的：

春天，我将要住在杭州。二十年前，旧历的二月初，在西湖/我看见了/嫩柳/与菜花，碧浪/与翠竹。由我看到的/那点儿②春光，已经可以断定，杭州的春天/必定会教人整天生活在诗/与图画之中。所以，春天/我的家/应当是在杭州。

夏天，我想青城山/应当算作最理想的地方。在那里，我虽然/只住过十天，可是它的幽静③/已拴住④了我的心灵。在我所看见过的山水中，只有这里/没有使我失望。到处/都是绿，目之所及，那片淡/而光润的绿色/都在轻轻地颤动⑤，仿佛要流入空中/与心中似的。这个绿色/会像音乐，涤清⑥了/心中的万虑。

秋天/一定要住北平。天堂是什么样子，我不知道，但是/从我的生活经验/去判断，北平之秋/便是天堂。论天气，不冷不热。论吃的，苹果、梨、柿子、枣儿、葡萄，每样/都有若干种。论花草，菊花种类之多，花式之奇，可以甲天下。西山/有红叶可见，北海/可以划船——虽然荷花已残，荷叶/可还有一片清香。衣食住行，在北平的秋天，是没有一项/不使人满意的。

冬天，我还没有打好主意，成都/或者相当地合适，虽然并不怎样和暖⑦，可是/为了水仙、素心腊梅、各色的茶花，仿佛/就受一点儿寒//冷，也颇值得去了。昆明的花/也多，而且/天气比成都好，可是/旧书铺⑧/与精美而便宜⑨的小吃远不及成都那么多。好吧，就暂这么规定：冬天不住成都/便住昆明吧。

在抗战中，我没能发/国难财⑩。我想，抗战胜利以后，我必能阔起来。那时候，假若飞机减价，一二百元/就能买一架的话，我就自备一架，择黄道吉日/慢慢地飞行。

（节选自老舍《住的梦》）

语音提示：

①好玩儿 hǎowánr ②那点儿 nàdiǎnr
③幽静 yōujìng ④拴住 shuānzhù
⑤颤动 chàndòng ⑥涤清 díqīng
⑦和暖 hénuǎn ⑧书铺 shūpù
⑨便宜 piányi ⑩国难财 guónàncái

作品 59 号

我不由得/停住了脚步。

从未见过/开得这样盛的藤萝①，只见/一片辉煌的淡紫色，像一条瀑布，从空中垂下，不见其发端②，也不见其终极，只是深深浅浅的紫，仿佛/在流动，在欢笑，在不停地生长。紫色的大条幅上，泛着点点银光，就像迸溅③的水花。仔细看时，才知/那是每一朵紫花中的/最浅淡的部分，在和阳光/互相挑逗[4]。

这里/除了光彩，还有淡淡的芳香。香气/似乎也是浅紫色的，梦幻一般/轻轻地/笼罩[5]着我。忽然记起/十多年前，家门外/也曾有过一大株紫藤萝，它依傍[6]一株枯槐[7]/爬得很高，但花朵/从来都稀落[8]，东一穗西一串/伶仃[9]地挂在树梢，好像在察颜观色，试探什么。后来/索性[10]/连那稀零的花串/也没有了。园中/别的紫藤花架/也都拆掉，改种[11]了果树。那时的说法是，花和生活腐化[12]/有必然关系。我曾遗憾地想：这里/再看不见/藤萝花了。

过了这么多年，藤萝/又开花了，而且/开得这样盛，这样密，紫色的瀑布/遮住了/粗壮的盘虬[13]卧龙般的枝干，不断地流着，流着，流向人的心底。

花和人/都会遇到各种各样的不幸，但是/生命的长河/是无止境的。我抚摸[14]了一下/那小小的紫色的花舱，那里满装了生命的酒酿[15]，它张满了帆，在这//闪光的花的河流上航行。它是万花中的一朵，也正是由每一个一朵，组成了/万花灿烂的/流动的瀑布。

在这浅紫色的光辉/和浅紫色的芳香中，我不觉/加快了脚步。

（节选自宗璞《紫藤萝瀑布》）

语音提示：

①藤萝 téngluó　②发端 fāduān
③迸溅 bèngjiàn　④挑逗 tiǎodòu
⑤笼罩 lǒngzhào　⑥依傍 yībàng
⑦枯槐 kūhuái　⑧稀落 xīluò
⑨伶仃 língdīng　⑩索性 suǒxìng
⑪改种 gǎizhòng　⑫腐化 fǔhuà
⑬盘虬 pánqiú　⑭抚摸 fǔmō
⑮酒酿 jiǔniàng

作品 60 号

在一次/名人访问中，被问及/上个世纪最重要的发明/是什么时，有人说是电脑，有人说是汽车，等等。但新加坡的一位知名人士/却说/是冷气机。他解释，如果没有冷气，热带地区/如东南亚国家，就不可能/有很高的生产力，就不可能/达到今天的生活水准。他的回答/实事求是，有理有据。

看了上述报道，我突发奇想：为什么没有记者问："二十世纪/最糟糕的发明是什么？"其实/二〇〇二年/十月中旬，英国的一家报纸/就评出了/"人类最糟糕[1]的发明"。获此"殊荣"的，就是/人们每天大量使用的塑料袋。

诞生[2]于/上个世纪/三十年代的塑料袋，其家族/包括用塑料/制成的快餐饭盒、包装纸、餐用杯盘、饮料瓶、酸奶杯、雪糕杯等等。这些废弃[3]物形成的垃圾，数量多、体积大、重量轻、不降解[4]，给治理工作/带来很多技术难题/和社会问题。

比如，散落在田间、路边/及草丛中的塑料餐盒，一旦被牲畜[5]吞食，就会危及健康/甚至导致死亡。填埋[6]/废弃塑料袋、塑料餐盒的土地，不能生长庄稼[7]和树木，造成/土地板结[8]，而焚烧[9]处理[10]这些塑料垃圾，则会释放出/多种化学有毒气体，其中/一种称为二噁英的化合物，毒性极大。

此外，在生产塑料袋、塑料餐盒的//过程中/使用的氟利昂[11]，对人体免疫[12]系统和生态环境造成的破坏/也极为严重。

（节选自林光如《最糟糕的发明》）

语音提示：

①糟糕 zāogāo　②诞生 dànshēng
③废弃 fèiqì　④降解 jiàngjiě
⑤牲畜 shēngchù　⑥填埋 tiánmái
⑦庄稼 zhuāngjia　⑧板结 bǎnjié
⑨焚烧 fénshāo　⑩处理 chǔlǐ
⑪氟利昂 fúlì'áng　⑫免疫 miǎnyì

附录一　汉语拼音方案

一、字母表

Aa	Bb	Cc	Dd	Ee	Ff	Gg
ㄚ	ㄅㄝ	ㄘㄝ	ㄉㄝ	ㄜ	ㄝㄈ	ㄍㄝ
Hh	Ii	Jj	Kk	Ll	Mm	Nn
ㄏㄚ	ㄧ	ㄐㄧㄝ	ㄎㄝ	ㄝㄌ	ㄝㄇ	ㄋㄝ
Oo	Pp	Qq	Rr	Ss	Tt	
ㄛ	ㄆㄝ	ㄑㄧㄡ	ㄚㄦ	ㄝㄙ	ㄊㄝ	
Uu	Vv	Ww	Xx	Yy	Zz	
ㄨ	ㄞㄝ	ㄨㄚ	ㄒㄧ	ㄧㄚ	ㄗㄝ	

二、声母表

b	p	m	f	d	t	n	l
ㄅ玻	ㄆ坡	ㄇ摸	ㄈ佛	ㄉ得	ㄊ特	ㄋ讷	ㄌ勒
g	k	h	j	q	x		
ㄍ哥	ㄎ科	ㄏ喝	ㄐ基	ㄑ欺	ㄒ希		
zh	ch	sh	r	z	c	s	
ㄓ知	ㄔ蚩	ㄕ诗	ㄖ日	ㄗ资	ㄘ雌	ㄙ思	

三、韵母表

	i 丨衣	u ㄨ乌	ü ㄩ迂
a ㄚ啊	ia 丨ㄚ呀	ua ㄨㄚ蛙	
o ㄛ喔		uo ㄨㄛ窝	
e ㄜ鹅	ie 丨ㄝ耶		üe ㄩㄝ约
ai ㄞ哀		uai ㄨㄞ歪	
ei ㄟ欸		uei ㄨㄟ威	
ao ㄠ熬	iao 丨ㄠ腰		
ou ㄡ欧	iou 丨ㄡ忧		
an ㄢ安	ian 丨ㄢ烟	uan ㄨㄢ弯	üan ㄩㄢ冤
en ㄣ恩	in 丨ㄣ因	uen ㄨㄣ温	ün ㄩㄣ晕
ang ㄤ昂	iang 丨ㄤ央	uang ㄨㄤ汪	
eng ㄥ亨的韵母	ing 丨ㄥ英	ueng ㄨㄥ翁	
ong XL 轰的韵母	iong ㄩㄥ雍		

（1）“知、蚩、诗、日、资、雌、思”等 7 个音节的韵母用 i，即：知、蚩、诗、日、资、雌、思等字拼作 zhi、chi、shi、ri、zi、ci、si。

（2）韵母儿写成 er，用作韵尾的时候写成 r。例如：“儿童”拼作 értóng，“花儿”拼作 huār。

（3）韵母ㄝ单用的时候写成 ê。

（4）i 行的韵母，前面没有声母的时候，写成 yi（衣），ya（呀），ye（耶），yao（腰），you（忧），yan（烟），yin（因），yang（央），ying（英），yong（雍）。

u 行的韵母，前面没有声母的时候，写成 wu（乌），wa（蛙），wo（窝），wai（歪），wei（威），wan（弯），wen（温），wang（汪），weng（翁）。

ü 行的韵母，前面没有声母的时候，写成 yu（迂），yue（约），yuan（冤）yun（晕），ü 上两点省略。

ü 行的韵母跟声母 j，q，x 拼的时候，写成 ju（居），qu（区），xu（虚），ü 上两点也省略；但是跟声母 n、l 拼的时候，仍然写成 nü（女），lü（吕）。

（5）iou、uei、uen 前面加声母的时候，写成 iu、ui、un。例如 niu（牛），gui（归），lun（论）。

（6）在给汉字注音的时候，为了使拼式简短，ng 可以省作 ŋ。

四、声调符号

阴平	阳平	上声	去声
ˉ	ˊ	ˇ	ˋ

声调符号标在音节的主要元音上。轻声不标。例如：

妈 mā　麻 má　马 mǎ　骂 mà　吗 ma

（阴平）（阳平）（上声）（去声）（轻声）

五、隔音符号

a，o，e 开头的音节连接在其他音节后面的时候，如果音节的界限发生混淆，用隔音符号（’）隔开，例如：pi’ao（皮袄）。

附录二　入声字表

（①②③④（轻）是普通话声调）

ba　①八捌
　　②拔跋
bo　①钵拨剥~削
　　②柏~林舶帛伯泊停~箔
　　勃渤博搏薄刻~礴膊赤
　　—驳钹（轻）卜萝~
bi　①逼
　　②鼻
　　③笔
　　④必辟复~壁璧毕碧
bu　③卜
　　④不
bai　②白
　　③百佰柏
bei　③北
bao　①剥~皮
　　②雹薄~片儿
bie　①憋鳖瘪~三
　　②别蹩~脚
　　③瘪
　　④别~扭
po　①泊湖~泼
　　④迫粕魄
pi　①劈霹
　　③劈~柴癖匹
　　④辟开~僻
pu　①扑仆前~后继
　　②仆~从
　　③朴蹼
　　④瀑曝
pai　①拍
　　③迫~击炮
pie　①撇~开瞥
　　③撇~嘴
ma　①抹~桌
mo　①摸
　　②膜
　　③抹涂~
　　④末抹~灰沫茉莫寞漠默
　　墨没沉~殁陌脉~~含情
mi　④泌秘密蜜觅
mu　④木沐幕目苜牧睦穆
mai　④麦脉山~
mie　④灭蔑篾
fa　①发~展
　　②乏伐筏阀罚
　　③法
　　④发理~珐~琅
fo　②佛~教
fu　②弗佛仿~佛伏袱服福幅
　　蝠辐
　　④复腹覆缚
da　①答~应搭
　　②答达

（轻）瘩疙~

de ②得德

（轻）的我~得说~对

di ①滴

②笛狄敌嫡嘀~咕涤觌

籴的~确

④的目~

du ①督

②独读犊黩渎毒

③笃

dei ③得你~去

die ①跌

②碟碟谍迭叠

duo ①咄

②夺掇拾~度揣~踱

ta ①塌踏~实

③塔獭

④沓踏拓碑贴~片榻

te ④特忑

ti ①剔踢

④惕

tu ①秃突凸

tie ①贴帖妥~

③铁贴请~

④贴碑~

tuo ①托脱

④拓~荒

ma ④纳呐衲钠捺

ne ④讷木~

ni ④匿昵溺逆

nie ①捏

④聂蹑镊镍孽蘖

nuo ④诺

nüe ④虐疟

la ①拉拉

③喇~叭

④落~个字辣瘌蜡腊

le ④乐勒~索

li ④力历沥雳立粒笠栗砾

lu ④鹿漉麓辘录绿~林

禄碌陆六~安戳

lü ④律率效~绿氯

lei ①勒~紧绳子

④肋

lao 烙落鸟儿~在树上酪

lie 列烈裂洌猎劣

liu ④六陆绿~碡

luo ①捋~树叶

④洛落络骆

lüe ④略掠

ge ①搁疙胳割使鸽

②格阁骼蛤革隔嗝膈

葛~布

③合十~一升葛姓

④各硌~脚

gu ③骨谷

gei ③给交~

gua ①刮

guo ①郭

②国

ke ①瞌磕颏

②咳~嗽壳贝~儿

③渴

④克客嗑刻恪~守

ku ①窟哭

④酷

kei ①克剋死~功课

kuo ④阔括廓扩

he ①喝

②合盒劾核阂貉一丘之~涸

④赫吓威~喝~彩褐鹤壑

hu ①忽惚

②斛囫
hei ①黑
hao ②貉~子
③郝
hua ②滑猾
④划计~
huo ①豁~口耠
②活
④或惑获霍豁~亮
ji ①激击迹积绩屐缉圾唧
②及级汲极吉急即疾嫉
蒺集辑棘籍藉狼~
③戟给供~脊
④鲫稷寂
ju ①鞠掬
②局菊橘
④剧
jia ①夹浃
②夹~袄荚颊
③甲胛钾
jie ①揭结~了果子接疖
②洁结拮~据诘劫杰碣竭
节捷睫截
jiao ②嚼
③脚角三~
jue ①撅绝
②决抉诀倔掘角~色厥痰~
橛蹶獗孓孑~觉爵嚼咀~
绝镢攫
qi ①七柒漆戚
③乞
④迄讫泣
qu ①曲弯~屈
③曲歌~
qia ①掐
④恰洽
qie ①切~断
④怯切~宾窃妾锲惬
qiao ④壳甲~
que ①缺
④却确榷商~阙宫~阕鹊雀
xi ①吸悉蟋析晰淅皙膝夕
汐昔惜息熄锡
②媳习袭席檄
④隙
xu ①戌
④恤畜~牧蓄旭续蓿苜~
xia ①瞎
②侠狭峡匣狎辖
④吓~一跳
xie ①歇蝎楔
②协胁挟叶~韵
③血流~了
④泄亵屑
xiao ①削~铅笔
xiu ③宿住一~
xue ①薛削剥~
②学穴
③雪
④血~液
zha ①扎~针
②炸油~札扎挣~轧~钢铡闸
③眨砟煤~子
④栅
zhe ①蜇蝎子~人
②折哲辙蜇
③褶百~裙
④浙
（轻）着拿~
zhu ②竹竺烛逐
③嘱瞩
④祝筑

zhi	①只一~鸡
	②直值植殖执侄职
	④质秩掷炙窒栉
zhai	①摘
	②宅翟
	③窄
zhao	①着棋走一~
	②着~急
zhou	①粥
	②轴
	（轻）碡碌~
zhuo	①桌卓捉拙
	②着~手酌灼浊镯琢啄茁
cha	①插
	②察
	④刹一~那
che	④彻撤澈掣
chu	①出
	④畜牲~触怵黜绌矗
chi	①吃
	③尺
	④斥饬赤叱
chai	①拆
chuo	①戳
	④绰辍
sha	①杀刹~车
	②霎煞歃~血为盟
she	②舌折绳子~了
	④设摄慑涉
shu	①叔淑
	②孰熟赎秫
	③蜀属
	④术述束
shi	①虱湿失
	②十什~物拾石食蚀实识
	④式拭室释适饰
shai	③色落~
shao	②勺芍
shou	②熟（又音）
shua	①刷
shuo	①说
	④朔烁硕
shuai	④率蟀
re	④热
ru	③辱
	④褥入
ri	④日
rou	④肉
ruo	④若箬弱
za	①咂扎包~
	②杂砸
ze	②则择泽责
	④仄诗句平~
zu	②足卒族镞
zei	②贼
zao	①凿~个洞
zuo	①作~坊嘬
	②昨
	③撮一~头发
	④作柞~蚕凿确~
ca	①擦
ce	④侧测恻厕策册
cu	④猝卒仓~促蹴族簇蹙
cuo	①撮~土
sa	①撒~手
	③撒~种
	④飒萨卅
se	④瑟塞闭~啬涩色
su	②俗
	④肃速簌宿夙粟
sai	①塞瓶~
suo	①缩

③索

e ②额

③恶~心

④恶垩萼愕腭鄂鳄噩厄扼遏

yi ①一壹揖

③乙

④亦奕邑轶役疫亿忆臆译驿益溢翼逸屹抑蜴

wu ①屋

④勿物

yu ④玉域蜮浴峪欲育郁狱

尉~迟熨~贴

ya ①押鸭压

④轧~花机

ye ①噎

④叶树~页业谒咽呜~

yao ④药钥

wa ①挖

④袜

wo ④握沃

yue ①曰约

④月悦阅越乐音~跃岳粤

附录三　普通话水平测试用必读轻声词语表（节选）

说明：

1. 本表必读轻声词语均选自《普通话水平测试用普通话词语表》。

2. 本表供普通话水平测试第二项"读多音节词语（100个音节）"测试使用。

3. 本表条目中的非轻声音节只标本调，轻声音节注音不标调号，如："白净 báijing"。

爱人 àiren	巴掌 bāzhang	把子 bǎzi
把子 bàzi	白净 báijing	帮手 bāngshou
棒槌 bàngchui	包袱 bāofu	包涵 bāohan
本事 běnshi	比方 bǐfang	扁担 biǎndan
别扭 bièniu	拨弄 bōnong	簸箕 bòji
补丁 bǔding	不由得 bùyóude	不在乎 bùzàihu
部分 bùfen	裁缝 cáifeng	财主 cáizhu
苍蝇 cāngying	差事 chāishi	柴火 cháihuo
称呼 chēnghu	除了 chúle	锄头 chútou
畜生 chùsheng	窗户 chuānghu	刺猬 cìwei
凑合 còuhe	耷拉 dāla	答应 dāying
打扮 dǎban	打点 dǎdian	打发 dǎfa
打量 dǎliang	打算 dǎsuan	打听 dǎting
大方 dàfang	大爷 dàye	大夫 dàifu
耽搁 dānge	耽误 dānwu	道士 dàoshi
灯笼 dēnglong	提防 dīfang	地道 dìdao
地方 dìfang	弟兄 dìxiong	点心 diǎnxin
东家 dōngjia	东西 dōngxi	动静 dòngjing
动弹 dòngtan	豆腐 dòufu	嘟囔 dūnang
肚子 dǔzi	肚子 dùzi	对付 duìfu
对头 duìtou	队伍 duìwu	多么 duōme
耳朵 ěrduo	风筝 fēngzheng	福气 fúqi

甘蔗 gānzhe	杆子 gānzi	杆子 gǎnzi
干事 gànshi	杠子 gàngzi	高粱 gāoliang
膏药 gāoyao	告诉 gàosu	疙瘩 gēda
胳膊 gēbo	跟头 gēntou	工夫 gōngfu
功夫 gōngfu	姑娘 gūniang	骨头 gǔtou
故事 gùshi	寡妇 guǎfu	怪物 guàiwu
关系 guānxi	官司 guānsi	罐头 guàntou
规矩 guīju	闺女 guīnü	蛤蟆 háma
含糊 hánhu	行当 hángdang	合同 hétong
和尚 héshang	核桃 hétao	红火 hónghuo
后头 hòutou	厚道 hòudao	狐狸 húli
胡琴 húqin	糊涂 hútu	皇上 huángshang
幌子 huǎngzi	胡萝卜 húluóbo	活泼 huópo
火候 huǒhou	伙计 huǒji	护士 hùshi
机灵 jīling	脊梁 jǐliang	记号 jìhao
记性 jìxing	夹子 jiāzi	家伙 jiāhuo
架势 jiàshi	嫁妆 jiàzhuang	茧子 jiǎnzi
见识 jiànshi	毽子 jiànzi	将就 jiāngjiu
交情 jiāoqing	叫唤 jiàohuan	结实 jiēshi
街坊 jiēfang	姐夫 jiěfu	戒指 jièzhi
精神 jīngshen	咳嗽 késou	客气 kèqi
空子 kòngzi	口袋 kǒudai	窟窿 kūlong
快活 kuàihuo	框子 kuàngzi	困难 kùnnan
阔气 kuòqi	喇叭 lǎba	喇嘛 lǎma
懒得 lǎnde	浪头 làngtou	老婆 lǎopo
老实 lǎoshi	老太太 lǎotàitai	老头子 lǎotóuzi
老爷 lǎoye	累赘 léizhui	篱笆 líba
力气 lìqi	厉害 lìhai	利落 lìluo
利索 lìsuo	痢疾 lìji	连累 liánlei
凉快 liángkuai	粮食 liángshi	两口子 liǎngkǒuzi
溜达 liūda	萝卜 luóbo	骡子 luózi
骆驼 luòtuo	妈妈 māma	麻烦 máfan
麻利 máli	马虎 mǎhu	码头 mǎtou
买卖 mǎimai	馒头 mántou	忙活 mánghuo
冒失 màoshi	眉毛 méimao	媒人 méiren
门道 méndao	眯缝 mīfeng	迷糊 míhu

苗条 miáotiao	苗头 miáotou	名堂 míngtang
名字 míngzi	明白 míngbai	蘑菇 mógu
模糊 móhu	木匠 mùjiang	木头 mùtou
那么 nàme	难为 nánwei	脑袋 nǎodai
能耐 néngnai	你们 nǐmen	念叨 niàndao
念头 niàntou	娘家 niángjia	镊子 nièzi
奴才 núcai	女婿 nǚxu	暖和 nuǎnhuo
疟疾 nüèji	牌楼 páilou	盘算 pánsuan
狍子 páozi	朋友 péngyou	脾气 píqi
痞子 pǐzi	屁股 pìgu	片子 piānzi
便宜 piányi	漂亮 piàoliang	婆家 pójia
铺盖 pūgai	欺负 qīfu	前头 qiántou
亲戚 qīnqi	勤快 qínkuai	清楚 qīngchu
亲家 qìngjia	拳头 quántou	热闹 rènao
人家 rénjia	人们 rénmen	认识 rènshi
褥子 rùzi	塞子 sāizi	扫帚 sàozhou
商量 shāngliang	上司 shàngsi	上头 shàngtou
烧饼 shāobing	少爷 shàoye	舌头 shétou
什么 shénme	生意 shēngyi	牲口 shēngkou
师父 shīfu	师傅 shīfu	虱子 shīzi
石匠 shíjiang	石榴 shíliu	石头 shítou
时候 shíhou	实在 shízai	拾掇 shíduo
使唤 shǐhuan	世故 shìgu	似的 shìde
事情 shìqing	收成 shōucheng	收拾 shōushi
首饰 shǒushi	舒服 shūfu	舒坦 shūtan
疏忽 shūhu	爽快 shuǎngkuai	思量 sīliang
算计 suànji	岁数 suìshu	他们 tāmen
它们 tāmen	她们 tāmen	特务 tèwu
挑剔 tiāoti	跳蚤 tiàozao	铁匠 tiějiang
头发 tóufa	妥当 tuǒdang	唾沫 tuòmo
挖苦 wāku	晚上 wǎnshang	尾巴 wěiba
委屈 wěiqu	为了 wèile	位置 wèizhi
稳当 wěndang	我们 wǒmen	稀罕 xīhan
媳妇 xífu	喜欢 xǐhuan	下巴 xiàba
吓唬 xiàhu	先生 xiānsheng	乡下 xiāngxia
相声 xiàngsheng	消息 xiāoxi	小伙子 xiǎohuǒzi

小气 xiǎoqi	小子 xiǎozi	笑话 xiàohua
心思 xīnsi	行李 xíngli	兄弟 xiōngdi
休息 xiūxi	秀才 xiùcai	秀气 xiùqi
学生 xuésheng	学问 xuéwen	丫头 yātou
衙门 yámen	哑巴 yǎba	胭脂 yānzhi
烟筒 yāntong	眼睛 yǎnjing	秧歌 yāngge
养活 yǎnghuo	吆喝 yāohe	妖精 yāojing
钥匙 yàoshi	一辈子 yībèizi	衣服 yīfu
衣裳 yīshang	意思 yìsi	应酬 yìngchou
柚子 yòuzi	冤枉 yuānwang	月饼 yuèbing
月亮 yuèliang	云彩 yúncai	运气 yùnqi
在乎 zàihu	咱们 zánmen	早上 zǎoshang
怎么 zěnme	扎实 zhāshi	眨巴 zhǎba
栅栏 zhàlan	张罗 zhāngluo	丈夫 zhàngfu
帐篷 zhàngpeng	丈人 zhàngren	招呼 zhāohu
招牌 zhāopai	折腾 zhēteng	这个 zhège
这么 zhème	枕头 zhěntou	芝麻 zhīma
知识 zhīshi	指甲 zhǐjia（zhījia）	指头 zhǐtou（zhítou）
主意 zhǔyi（zhúyi）	爪子 zhuǎzi	转悠 zhuànyou
庄稼 zhuāngjia	壮实 zhuàngshi	状元 zhuàngyuan
字号 zìhao	自在 zìzai	粽子 zòngzi
祖宗 zǔzong	嘴巴 zuǐba	作坊 zuōfang
琢磨 zuómo		

附录四　普通话水平测试常用儿化词（节选）

a>ar：刀把儿 dāobàr　号码儿 hàomǎr　戏法儿 xìfǎr　在哪儿 zàinǎr
找茬儿 zhǎochár　打杂儿 dǎzár　板擦儿 bǎncār

ai>ar：名牌儿 míngpáir　鞋带儿 xiédàir　壶盖儿 húgàir
小孩儿 xiǎoháir　加塞儿 jiāsāir

an>ar：快板儿 kuàibǎnr　老伴儿 lǎobànr　蒜瓣儿 suànbànr
脸盘儿 liǎnpánr　脸蛋儿 liǎndànr　收摊儿 shōutānr
栅栏儿 zhàlanr　包干儿 bāogānr　笔杆儿 bǐgǎnr　门槛儿 ménkǎnr

ang>ar（鼻化）：药方儿 yàofāngr　赶趟儿 gǎntàngr　香肠儿 xiāngchángr　瓜瓤儿 guārángr

ia>iar：掉价儿 diàojiàr　一下儿 yíxiàr　豆芽儿 dòuyár

ian>iar：小辫儿 xiǎobiànr　照片儿 zhàopiānr　扇面儿 shànmiànr
差点儿 chàdiǎnr　一点儿 yìdiǎnr　雨点儿 yǔdiǎnr　聊天儿 liáotiānr　拉链儿 lāliànr　冒尖儿 màojiānr　坎肩儿 kǎnjiānr　牙签儿 yáqiānr　露馅儿 lòuxiànr　心眼儿 xīnyǎnr

iang>iar（鼻化）：鼻梁儿 bíliángr　透亮儿 tòuliàngr　花样儿 huāyàngr

ua>uar：脑瓜儿 nǎoguār　大褂儿 dàguàr　麻花儿 máhuār
笑话儿 xiàohuar　牙刷儿 yáshuār

uai>uar：一块儿 yíkuàir

uan>uar：茶馆儿 cháguǎnr　饭馆儿 fànguǎnr　火罐儿 huǒguànr
好玩儿 hǎowánr　落款儿 luòkuǎnr　打转儿 dǎzhuànr
拐弯儿 guǎiwānr　大腕儿 dàwànr

uang>uar（鼻化）：蛋黄儿 dànhuángr　打晃儿 dǎhuàngr　天窗儿 tiānchuāngr

üan>üar：烟卷儿 yānjuǎnr　手绢儿 shǒujuànr　出圈儿 chūquānr
包圆儿 bāoyuánr　人缘儿 rényuánr　绕远儿 ràoyuǎnr　杂院儿 záyuànr

ei>er：刀背儿 dāobèir　摸黑儿 mōhēir

en>er：老本儿 lǎoběnr　花盆儿 huāpénr　嗓门儿 sǎngménr　刀刃儿 dāorènr

把门儿 bǎménr　哥们儿 gēmenr　纳闷儿 nàmènr　后跟儿 hòugēnr

一阵儿 yízhènr　别针儿 biézhēnr　走神儿 zǒushénr　大婶儿 dàshěnr

高跟儿鞋 gāogēnrxié　小人儿书 xiǎorénrshū　杏仁儿 xìngrénr

eng>er（鼻化）：钢镚儿 gāngbèngr　夹缝儿 jiāfèngr　脖颈儿 bógěngr　提成儿 tíchéngr

ie>ier：半截儿 bànjiér　小鞋儿 xiǎoxiér

üe>üer：旦角儿 dànjuér　主角儿 zhǔjuér

uei>uer：跑腿儿 pǎotuǐr　一会儿 yíhuìr　耳垂儿 ěrchuír　墨水儿 mòshuǐr　围嘴儿 wéizuǐr　走味儿 zǒuwèir

uen>uer：打盹儿 dǎdǔnr　胖墩儿 pàngdūnr　砂轮儿 shālúnr　冰棍儿 bīnggùnr　没准儿 méizhǔnr　开春儿 kāichūnr

ueng>uer（鼻化）：小瓮儿 xiǎowèngr

-i（前）>er：瓜子儿 guāzǐr　石子儿 shízǐr　没词儿 méicír　挑刺儿 tiāocìr

-i（后）>er：墨汁儿 mòzhīr　锯齿儿 jùchǐr　记事儿 jìshìr

i>i：er：针鼻儿 zhēnbír　垫底儿 diàndǐr　肚脐儿 dùqír　玩意儿 wányìr

in>i：er：有劲儿 yǒujìnr　送信儿 sòngxìnr　脚印儿 jiǎoyìnr

ing>i：er（鼻化）：花瓶儿 huāpíngr　打鸣儿 dǎmíngr　图钉儿 túdīngr　门铃儿 ménlíngr　眼镜儿 yǎnjìngr　蛋清儿 dànqīngr

火星儿 huǒxīngr　人影儿 rényǐngr

ü>ü：er：毛驴儿 máolǘr　小曲儿 xiǎoqǔr　痰盂儿 tányúr

ün>ü：er：合群儿 héqúnr

e>er：模特儿 mótèr　逗乐儿 dòulèr　唱歌儿 chànggēr　挨个儿 āigèr

打嗝儿 dǎgér　饭盒儿 fànhér　在这儿 zàizhèr

u>ur：碎步儿 suìbùr　没谱儿 méipǔr　儿媳妇儿 érxífur　梨核儿 líhúr　泪珠儿 lèizhūr　有数儿 yǒushùr

ong>or（鼻化）：果冻儿 guǒdòngr　门洞儿 méndòngr　胡同儿 hútòngr　抽空儿 chōukòngr　酒盅儿 jiǔzhōngr　小葱儿 xiǎocōngr

iong>ior（鼻化）：小熊儿 xiǎoxióngr

ao>aor：红包儿 hóngbāor　灯泡儿 dēngpàor　半道儿 bàndàor

手套儿 shǒutàor　跳高儿 tiàogāor　叫好儿 jiàohǎor　蜜枣儿 mìzǎor

口罩儿 kǒuzhàor　绝着儿 juézhāor　口哨儿 kǒushàor

iao>iaor：鱼漂儿 yúpiāor　火苗儿 huǒmiáor　跑调儿 pǎodiàor

面条儿 miàntiáor　豆角儿 dòujiǎor　开窍儿 kāiqiàor

ou>our：衣兜儿 yīdōur　老头儿 lǎotóur　年头儿 niántóur

小偷儿 xiǎotōur　门口儿 ménkǒur　纽扣儿 niǔkòur

线轴儿 xiànzhóur　小丑儿 xiǎochǒur　加油儿 jiāyóur

iou>iour：顶牛儿 dǐngniúr　抓阄儿 zhuājiūr　棉球儿 miánqiúr

uo>uor：火锅儿 huǒguōr　做活儿 zuòhuór　大伙儿 dàhuǒr

邮戳儿 yóuchuōr　小说儿 xiǎoshuōr　被窝儿 bèiwōr

（o）>or：耳膜儿 ěrmór　粉末儿 fěnmòr

附录五　普通话异读词审音表

（1985 年 12 月修订，国家语言文字工作委员会、国家教育委员会、广播电影电视部审核公布）

说　明

一、本表所审主要是普通话有异读的词和有异读的作为“语素”的字，不列出多音多义字的全部读音和全部义项，与字典、词典形式不同。例如：“和”字有多种义项和读音，而本表仅列出原有异读的 8 条词语，分列于 hè 和 huo 两种读音之下（有多种读音，较常见的在前。下同）；其余无异读的音、义均不涉及。

二、在字后注明“统读”的，表示此字不论用于任何词语中只读一音（轻音变读不受此限），本表不再举出词例。例如：“阀”字注明“fá（统读）”，原表“军阀”、“学阀”、“献身阀”条和原表所无的“阀门”等词均不再举。

三、在字后不注“统读”的，表示此字有几种读音，本表只审订其中有异读的词语的读音。例如“艾”字本有 ài 和 yì 两音，本表只举“自怨自艾”一词，注明此处读 yì 音；至于 ài 音及其义项，并无异读，不再赘列。

四、有些字有文白二读，本表以“文”和“语”作注。前者一般用于书面语言，用于复音词和文言成语中；后者多用于口语中的单音词及少数日常生活事物的复音词中。这种情况在必要时各举词语为例。例如：“杉”字下注“（一）shān（文）：紫～、红～、水～；（二）shā（语）：～篙、～木”。

五、有些字除附举词例之外，酌加简单说明，以便读者分辨。说明或按具体字义，或按“动作义”、“名物义”等区分，例如：“畜”字下注“（一）chù（名物义）“～力、家～、幼～；（二）xù（动作义）：～产、～牧、～养”。

六、有些字的几种读音中某音用处较窄，另音用处甚宽，则注“除××（较少的词）念乙音外，其他都念甲音”，以避免列举词条繁而未尽、挂一漏万的缺点。例如：“结”字下注“除‘～了个果子’、‘开花～果’、‘～巴’、

‘~实’念 jiē 之外，其他都念 jié”。

七、由于轻声问题比较复杂，除《初稿》涉及的部分轻声词之外，本表一般不予审订，并删去部分原审的轻声词，例如“麻刀（dao）”、“容易（yi）”等”。

八、本表酌增少量有异读的字或词，作了审订。

九、除因第二、六、七各条说明中所举原因而删略的词条之外，本表又删汰了部分词条。主要原因是：①现已无异读（如“队伍”、“理会”）；②罕见词语（如“俵分”、“仔密”）；③方言土音（如“归里包堆〔zuī〕”、“告送〔song〕”）；④不常用的文言词语（如“刍荛”、“氍毹”）；⑤音变现象（如“胡里八涂〔tū〕、“毛毛腾腾〔tēngtēng〕”）；⑥重复累赘（如原表“色”字的有关词语分列达 23 条之多）。删汰条目不再编入。

人名、地名的异读审订，除原表已涉及的少量词条外，留待以后再审。

A

阿（一）ā

~訇　~罗汉　~木林

~姨

（二）ē

~谀　~附　~胶

~弥陀佛

挨（一）āi

~个　~近

（二）ái

~打　~说

癌 ái（统读）

霭 ǎi（统读）

蔼 ǎi（统读）

隘 ài（统读）

谙 ān（统读）

埯 ǎn（统读）

昂 áng（统读）

凹 āo（统读）

拗（一）ào

~口

（二）niù

执~　脾气很~

坳 ào（统读）

B

拔 bá（统读）

把 bà

印~子

白 bái（统读）

膀 bǎng

翅~

蚌（一）bàng

蛤~

（二）bèng

~埠

傍 bàng（统读）

磅 bàng

过~

龅 bāo（统读）

胞 bāo（统读）

薄（一）báo（语）

常单用，如“纸很~”。

（二）bó（文）

多用于复音词。

~弱　稀~

淡~　尖嘴~舌

单～　厚～
堡（一）bǎo
碉～　～垒
（二）bǔ
～子　吴～
瓦窑～　柴沟～
（三）pù
十里～
暴（一）bào
～露
（二）pù
一～（曝）十寒
爆 bào（统读）
焙 bèi（统读）
惫 bèi（统读）
背 bèi
～脊　～静
鄙 bǐ（统读）
俾 bǐ（统读）
笔 bǐ（统读）
比 bǐ（统读）
臂（一）bì
手～　～膀
（二）bei
胳～
庇 bì（统读）
髀 bì（统读）
避 bì（统读）
辟 bì
复～
裨 bì
～补　～益
婢 bì（统读）
痹 bì（统读）
壁 bì（统读）
蝙 biān（统读）
遍 biàn（统读）
骠（一）biāo
黄～马
（二）piào
～骑　～勇
傧 bīn（统读）
缤 bīn（统读）
濒 bīn（统读）
髌 bīn（统读）
屏（一）bǐng
～除　～弃　～气
～息
（二）píng
～藩　～风
柄 bǐng
波 bō（统读）
播 bō（统读）
菠 bō（统读）
剥（一）bō（文）
～削
（二）bāo（语）
泊（一）bó
淡～　飘～　停～
（二）pō
湖～　血～
帛 bó（统读）
勃 bó（统读）
钹 bó（统读）
伯（一）bó
～～（bo）　老～
（二）bǎi
大～子（丈夫的哥哥）
箔 bó（统读）
簸（一）bǒ
颠～
（二）bò

~箕
膊 bo
胳~
卜 bo
萝~
醭 bú（统读）
哺 bǔ（统读）
捕 bǔ（统读）
鵏 bǔ（统读）
埠 bù（统读）

C

残 cán（统读）
惭 cán（统读）
灿 càn（统读）
藏（一）cáng
矿~
（二）zàng
宝~
糙 cāo（统读）
嘈 cáo（统读）
螬 cáo（统读）
厕 cè（统读）
岑 cén（统读）
差（一）chā（文）
不~累黍 不~什么
偏~ 色~ ~别
视~ 误~ 电势~
一念之~ ~池
~错 言~语错
一~二错 阴错阳~
~等 ~额 ~价
~强人意 ~数 ~异
（二）chà（语）
~不多 ~不离
~点儿
（三）cī
参~
猹 chá（统读）
搽 chá（统读）
阐 chǎn（统读）
羼 chàn（统读）
颤（一）chàn
~动 发~
（二）zhàn
~栗（战栗） 打~
（打战）
韂 chàn（统读）
伥 chāng（统读）
场（一）chǎng
~合 ~所 冷~
捧~
（二）cháng
外~ 圩~ ~院
一~雨
（三）chang
排~
钞 chāo（统读）
巢 cháo（统读）
嘲 cháo
~讽 ~骂 ~笑
耖 chào（统读）
车（一）chē
安步当~ 杯水~薪
闭门造~ 螳臂当~
（二）jū
（象棋棋子名称）
晨 chén（统读）
称 chèn
~心 ~意 ~职
对~ 相~
撑 chēng（统读）

乘（动作义，念 chéng）
包～制　～便
～风破浪　～客　～势
～兴
橙 chéng（统读）
惩 chéng（统读）
澄（一）chéng（文）
～清（如“～清混乱”、“～清问题”）
（二）dèng（语）
单用，如“把水～清了”。
痴 chī（统读）
吃 chī（统读）
弛 chí（统读）
褫 chǐ（统读）
尺 chǐ
～寸　～头
豉 chǐ（统读）
侈 chǐ（统读）
炽 chì（统读）
舂 chōng（统读）
冲 chòng～床　～模
臭（一）chòu
遗～万年
（二）xiù
乳～　铜～
储 chǔ（统读）
处 chǔ（动作义）
～罚　～分　决～
～理　～女　～置
畜（一）chù（名物义）
～力　家～　牲～
幼～
（二）xù（动作义）
～产　～牧　～养
触 chù（统读）
搐 chù（统读）
绌 chù（统读）
黜 chù（统读）
闯 chuǎng（统读）
创（一）chuàng
草～　～举　首～
～造　～作
（二）chuāng
～伤　重～
绰（一）chuò
～～有余
（二）chuo
宽～
疵 cī（统读）
雌 cí（统读）
赐 cì（统读）
伺 cì
～候
枞（一）cōng
～树
（二）zōng
～阳［地名］
从 cóng（统读）
丛 cóng（统读）
攒 cuán
万头～动　万箭～心
脆 cuì（统读）
撮（一）cuō
～儿　一～儿盐
一～儿匪帮
（二）zuǒ
一～儿毛
措 cuò（统读）

D

搭 dā（统读）

答（一）dá
报～　～复
（二）dā
～理　～应
打 dá
苏～　一～（十二个）
大（一）dà
～夫（古官名）
～王（如爆破～王、钢铁～大）
（二）dài
～夫（医生）　～黄
～王（如山～王）
～城［地名］
呆 dāi（统读）
傣 dǎi（统读）
逮（一）dài（文）如“～捕”
（二）dǎi（语）单用，如“～蚊子”、“～特务”。
当（一）dāng
～地　～间儿　～年（指过去）　～日（指过去）　～时（指过去）　螳臂～车
（二）dàng
一个～俩　安步～车
适～　～年（同一年）
～日（同一时候）　～天（同一天）
档 dàng（统读）
蹈 dǎo（统读）
导 dǎo（统读）
倒（一）dǎo
颠～　颠～是非
颠～黑白　颠三～四
倾箱～箧　排山～海
～板　～嚼　～仓
～嗓　～戈　潦～
（二）dào
～粪（把粪弄碎）
悼 dào（统读）
dào 纛（统读）
凳 dèng（统读）
羝 dī（统读）
氐 dī［古民族名］
堤 dī（统读）
提 dī
～防
的 dí
～当　～确
抵 dǐ（统读）
蒂 dì（统读）
缔 dì（统读）
谛 dì（统读）
点 dian
打～（收拾、贿赂）
跌 diē（统读）
蝶 dié（统读）
订 dìng（统读）
都（一）dōu
～来了
（二）dū
～市　首～　大～（大多）
堆 duī（统读）
吨 dūn（统读）
盾 dùn（统读）
多 duō（统读）
咄 duō（统读）
掇（一）duō（“拾取，采取”义）
（二）duo
撺～　掂～

裰 duō（统读）
踱 duó（统读）
度 duó
忖～　～德量力

E

婀 ē（统读）

F

伐 fá（统读）
阀 fá（统读）
砝 fǎ（统读）
法 fǎ（统读）
发 fà
理～　脱～　结～
帆 fān（统读）
藩 fān（统读）
梵 fàn（统读）
坊（一）fāng
牌～　～巷
（二）fáng
粉～　磨～　碾～
染～　油～　谷～
妨 fáng（统读）
防 fáng（统读）
肪 fáng（统读）
沸 fèi（统读）
汾 fén（统读）
讽 fěng（统读）
肤 fū（统读）
敷 fū（统读）
俘 fú（统读）
浮 fú（统读）
服 fú
～毒　～药
拂 fú（统读）
辐 fú（统读）
幅 fú（统读）
甫 fǔ（统读）
复 fù（统读）
缚 fù（统读）

G

噶 gá（统读）
冈 gāng（统读）
刚 gāng（统读）
岗 gǎng
～楼　～哨　～子
门～　站～　山～子
港 gǎng（统读）
葛（一）gé
～藤　～布　瓜～
（二）gě（姓）（包括单、复性）
隔 gé（统读）
革 gé
～命　～新　改～
合 gě（一升的十分之一）
给（一）gěi（语）单用
（二）jǐ（文）
补～　供～
供～制　～予　配～
自～自足
亘 gèn（统读）
更 gēng
五～　～生
颈 gěng
脖～子
供（一）gōng
～给　提～　～销
（二）gòng
口～　翻～　上～
佝 gōu（统读）

枸 gǒu

~杞

勾 gòu

~当

估（除“~衣”读 gù 外，都读 gū）

骨（除“~碌”、“~朵”读 gū 外，都读 gǔ）

谷 gǔ

~雨

锢 gù（统读）

冠（一）guān（名物义）

~心病

（二）guàn（动作义）

沐猴而~ ~军

犷 guǎng（统读）

庋 guǐ（统读）

桧（一）guì（树名）

（二）huì（人名）“秦~”。

刽 guì（统读）

聒 guō（统读）

蝈 guō（统读）

过（除姓氏读 guō 外，都读 guò）

H

虾 há

~蟆

哈（一）hǎ

~达

（二）hà

~什蚂

汗 hán

可~

巷 hàng

~道

号 háo

寒~虫

和（一）hè

唱~ 附~

曲高~寡

（二）huo

搀~ 搅~ 暖~

热~ 软~

貉（一）hé（文）

一丘之~

（二）háo（语）

~绒 ~子

壑 hè（统读）

褐 hè（统读）

喝 hè

~采 ~道 ~令

~止 呼幺~六

鹤 hè（统读）

黑 hēi（统读）

亨 hēng（统读）

横（一）héng

~肉 ~行霸道

（二）hèng

蛮~ ~财

訇 hōng（统读）

虹（一）hóng（文）

~彩 ~吸

（二）jiàng（语）

单说

讧 hòng（统读）

囫 hú（统读）

瑚 hú（统读）

蝴 hú（统读）

桦 huà（统读）

徊 huái（统读）

踝 huái（统读）

浣 huàn（统读）
黄 huáng（统读）
荒 huāng
　饥～（指经济困难）
诲 huì（统读）
贿 huì（统读）
会 huì（统读）
　一～儿　多～儿
　～厌（生理名词）
混 hùn
　～合　～乱　～凝土
　～淆　～血儿　～杂
蠖 huò（统读）
霍 huò（统读）
豁 huò
　～亮
获 huò（统读）

J

羁 jī（统读）
击 jī（统读）
奇 jī
～数
芨 jī（统读）
缉（一）jī
　通～　侦～
　（二）qī
　～鞋口
几 jī
茶～　条～
圾 jī（统读）
戢 jí（统读）
疾 jí（统读）
汲 jí（统读）
棘 jí（统读）
藉 jí（统读）
　狼～（籍）
嫉 jí（统读）
脊 jǐ（统读）
纪（一）jǐ［姓］
　（二）jì
　～念　～律　纲～
　～元
偈 jì
　～语
绩 jì（统读）
迹 jì（统读）
寂 jì（统读）
箕 ji
　簸～
辑 ji
　逻～
茄 jiā
　雪～
夹 jiā
　～带藏掖　～道儿
　～攻　～棍　～生
　～杂　～竹桃　～注
浃 jiā（统读）
甲 jiǎ（统读）
歼 jiān（统读）
鞯 jiān（统读）
间（一）jiān
　～不容发　中～
　（二）jiàn
　中～儿　～道
　～谍　～断　～或
　～接　～距　～隙
　～续　～阻　～作
　挑拨离～
趼 jiǎn（统读）
俭 jiǎn（统读）

缰 jiāng（统读）
襁 jiǎng（统读）
嚼（一）jiáo（语）
味同～蜡
咬文～字
（二）jué（文）
咀～　过屠门而
大～
（三）jiào
倒～（倒嚼）
侥 jiǎo
～幸
角（一）jiǎo
八～（大茴香）　～落
独～戏　～膜　～度
～儿（犄～）　～楼
勾心斗～　号～　口～
（嘴～）　鹿～菜　头～
（二）ju
～斗　～儿（脚色）
口～（吵嘴）　主～儿
配～儿　～力
捧～儿
脚（一）jiǎo
根～
（二）jué
～儿（也作“角儿”，脚色）
剿（一）jiǎo
围～
（二）chāo
～说　～袭
校 jiào
～勘　～样　～正
较 jiào（统读）
酵 jiào（统读）
嗟 jiē（统读）
疖 jiē（统读）
结（除“～了个果子”、“开花～果”、“～巴”、“～实”念 jiē 之外，其他都念 jié）
睫 jié（统读）
芥（一）jiè
～菜（一般的芥菜）
～末
（二）gài
～菜（也作“盖菜”）
～蓝菜
矜 jīn
～持　自～　～怜
仅 jǐn
～～　绝无～有
馑 jǐn（统读）
觐 jìn（统读）
浸 jìn（统读）
斤 jin
千～（起重的工具）
茎 jīng（统读）
粳 jīng（统读）
鲸 jīng（统读）
境 jìng（统读）
痉 jìng（统读）
劲 jìng（统读）
刚～
窘 jiǒng（统读）
究 jiū（统读）
纠 jiū（统读）
鞠 jū（统读）
掬 jū（统读）
苴 jū（统读）
咀 jǔ（统读）
～嚼
矩（一）jǔ

～形
（二）ju
规～
俱jù（统读）
龟jūn
～裂（也作“皲裂”）
菌（一）jūn
细～　病～　杆～
霉～
（二）jùn
香～　～子
俊jùn（统读）

K

卡（一）kǎ
～宾枪　～车　～介苗
～片　～通
（二）qiǎ
～子　关～
揩kāi（统读）
慨kǎi（统读）
忾kài（统读）
勘kān（统读）
看kān（统读）
～管　～护　～守
慷kāng（统读）
拷kǎo（统读）
坷kē（统读）
～拉（垃）
疴kē（统读）
壳（一）ké（语）
～儿　贝～儿
脑～　驳～枪
（二）qiào（文）
地～　甲～　躯～
可（一）kě
～～儿的
（二）kè
～汗
恪kè（统读）
刻kè（统读）
克kè（统读）
～扣
空（一）kōng
～心砖　～城计
（二）kòng
～心吃药
眍kōu（统读）
矻kū（统读）
酷kù（统读）
框kuàng（统读）
矿kuàng（统读）
傀kuǐ（统读）
溃（一）kuì
～烂
（二）huì
～脓
篑kuì（统读）
括kuò（统读）

L

垃lā（统读）
邋lā（统读）
罱lǎn（统读）
缆lǎn（统读）
蓝lan
苤～
琅láng（统读）
捞lāo（统读）
劳láo（统读）
醪láo（统读）
烙（一）lào
～印　～铁　～饼
（二）luò

炮～（古酷刑）

勒（一）lè（文）

～逼　～令　～派

～索　悬崖～马

（二）lēi（语）多单用。

擂（除“～台”、“打～”读 lèi 外，都读 léi）

礌 léi（统读）

羸 léi（统读）

蕾 lěi（统读）

累（一）lèi

（辛劳义，如“受～”［受劳～］）

（二）léi

（如“～赘”）

（三）lěi

牵连义，如“带～”、“～及”、“连～”、“赔～”、“牵～”、“受～”［受牵～］

蠡（一）lí

管窥～测

（二）lǐ

～县　范～

喱 lí（统读）

连 lián（统读）

敛 liǎn（统读）

恋 liàn（统读）

量（一）liàng

～入为出　忖～

（二）liang

打～　掂～

踉 liàng

～跄

潦 liáo

～草　～倒

劣 liè（统读）

捩 liè（统读）

趔 liè（统读）

拎 līn（统读）

遴 lín（统读）

淋（一）lín

～浴　～漓　～巴

（二）lìn

～硝　～盐　～病

蛉 líng（统读）

榴 liú（统读）

馏（一）liú（文）如“干～”、“蒸～”。

（二）liù（语）如“～馒头”。

镏 liú

～金

碌 liù

～碡

笼（一）lóng（名物义）

～子　牢～

（二）lǒng（动作义）

～络　～括　～统

～罩

偻（一）lóu

佝～

（二）lǚ

伛～

瞜 lou（统读）

眍～

虏 lǔ（统读）

掳 lǔ（统读）

露（一）lù（文）

赤身～体　～天

～骨　～头角

藏头～尾　抛头～面

～头（矿）

（二）lòu（语）
~富　~苗　~光
~相　~马脚　~头
榈 lǘ（统读）
捋（一）lǚ
~胡子
（二）luō
~袖子
绿（一）lǜ（语）
（二）lù（文）
~林
鸭~江
孪 luán（统读）
挛 luán（统读）
掠 lüè（统读）
囵 lún（统读）
络 luò
~腮胡子
落（一）luò（文）
~膘　~花生
~魄　涨~　~槽
着~
（二）lào（语）
~架　~色　~炕
~枕　~儿　~子
（一种曲艺）
（三）là（语），
遗落义。
丢三~四　~在后面

M

脉(除"~~"念 mòmò 外，一律念 mài)
漫 màn（统读）
蔓（一）màn（文）
~延
不~不支
（二）wàn（语）
瓜~　压~
牤 māng（统读）
氓 máng
流~
芒 máng（统读）
铆 mǎo（统读）
瑁 mào（统读）
虻 méng（统读）
盟 méng（统读）
祢 mí（统读）
眯（一）mí
~了眼（灰尘等入目，也作"迷"）
（二）mī
~了一会儿（小睡）
~缝着眼（微微合目）
靡（一）mí
~费
（二）mǐ
风~　委~　披~
秘（除"~鲁"读 bì 外，都读 mì）
泌（一）mì（语）
分~
（二）bì（文）
~阳［地名］
娩 miǎn（统读）
缈 miǎo（统读）
皿 mǐn（统读）
闽 mǐn（统读）
茗 míng（统读）
酩 mǐng（统读）
谬 miù（统读）
摸 mō（统读）

模（一）mó
~范 ~式 ~型
~糊 ~特儿
~棱两可
（二）mú
~子 ~具 ~样
膜 mó（统读）
摩 mó
按~ 抚~
嬷 mó（统读）
墨 mò（统读）
耱 mò（统读）
沫 mò（统读）
缪 móu
绸~

N

难（一）nán
困~（或变轻声）
~兄~弟（难得的兄弟，现多用作贬义）
（二）nàn
排~解纷 发~
刁~ 责~
~兄~弟（共患难或同受苦难的人）
蝻 nǎn（统读）
蛲 náo（统读）
讷 nè（统读）
馁 něi（统读）
嫩 nèn（统读）
恁 nèn（统读）
妮 nī（统读）
拈 niān（统读）
鲇 nián（统读）
酿 niàng（统读）
尿（一）niào
糖~症
（二）suī（只用于口语名词）
尿（niào）~
~脬
嗫 niè（统读）
宁（一）níng
安~
（二）nìng
~可 无~
［姓］
忸 niǔ（统读）
脓 nóng（统读）
弄（一）nòng（统读）
玩~
（二）lòng
~堂
暖 nuǎn（统读）
衄 nǜ（统读）
疟（一）nüè（文）
~疾
（二）yào（语）
发~子
娜（一）nuó
婀~ 袅~
（二）nà
（人名）

O

殴 ōu（统读）
呕 ǒu（统读）

P

杷 pá（统读）
琶 pá（统读）
牌 pái（统读）

排 pǎi
　~子车
迫 pǎi
　~击炮
湃 pài（统读）
爿 pán（统读）
胖 pán
　心广体~（~为安舒貌）
蹒 pán（统读）
畔 pàn（统读）
乓 pāng（统读）
滂 pāng（统读）
脬 pāo（统读）
胚 pēi（统读）
喷（一）pēn
　~嚏
　（二）pèn
　~香
　（三）pen
　嚏~
澎 péng（统读）
坯 pī（统读）
披 pī（统读）
匹 pǐ（统读）
僻 pì（统读）
譬 pì（统读）
片（一）piàn
　~子　唱~　画~
　相~　~儿会
　（二）piān（口语一部分词）
　~子　~儿　唱~儿
　画~儿　相~儿
　影~儿
剽 piāo（统读）
缥 piāo
　~缈（飘渺）
撇 piē
　~弃
聘 pìn（统读）
乒 pīng（统读）
颇 pō（统读）
剖 pōu（统读）
仆（一）pū
　前~后继
　（二）pú
　~从
扑 pū（统读）
朴（一）pǔ
　俭~　~素　~质
　（二）pō
　~刀
　（三）pò
　~硝　厚~
蹼 pǔ（统读）
瀑 pù
　~布
曝（一）pù
　一~十寒
　（二）bào
　~光（摄影术语）
栖 qī
　两~
戚 qī（统读）
漆 qī（统读）
期 qī（统读）
蹊 qī（统读）
　~跷
蛴 qí（统读）
畦 qí（统读）
萁 qí（统读）
骑 qí（统读）
企 qǐ（统读）

绮 qǐ（统读）
杞 qǐ（统读）
槭 qì（统读）
洽 qià（统读）
签 qiān（统读）
潜 qián（统读）
荨（一）qián（文）~麻
　（二）xún（语）~麻疹
嵌 qiàn（统读）
欠 qian
　打哈~
戕 qiāng（统读）
镪 qiāng
　~水
强（一）qiáng
　~渡　~取豪夺
　~制　博闻~识
　（二）qiǎng
　勉~　牵~
　~词夺理　~迫
　~颜为笑
　（三）jiàng
　倔~
襁 qiǎng（统读）
跄 qiàng（统读）
悄（一）qiāo
　~~儿的
　（二）qiǎo
　~默声儿的。
橇 qiāo（统读）
翘（一）qiào（语）
　~尾巴
　（二）qiáo（文）
　~首　~楚　连~
怯 qiè（统读）
挈 qiè（统读）
趄 qie
　趔~
侵 qīn（统读）
衾 qīn（统读）
噙 qín（统读）
倾 qīng（统读）
亲 qìng
　~家
穹 qióng（统读）
黢 qū（统读）
曲（麯）qū
　大~　红~　神~
渠 qú（统读）
瞿 qú（统读）
蠼 qú（统读）
苣 qǔ
　~荬菜
龋 qǔ（统读）
趣 qù（统读）
雀 què
　~斑　~盲症

R

髯 rán（统读）
攘 rǎng（统读）
桡 ráo（统读）
绕 rào（统读）
任 rén（姓，地名）
妊 rèn（统读）
扔 rēng（统读）
容 róng（统读）
糅 róu（统读）
茹 rú（统读）
孺 rú（统读）
蠕 rú（统读）
辱 rǔ（统读）

挼 ruó（统读）

S

靸 sǎ（统读）

噻 sāi（统读）

散（一）sǎn

懒～　零零～～

～漫

（二）sǎn

零～

丧 sang

哭～着脸

扫（一）sǎo

～兴

（二）sào

～帚

埽 sào（统读）

色（一）sè（文）

（二）shǎi（语）

塞（一）sè（文）动作义。

（二）sāi（语）名物义，如：“活～”、“瓶～”；动作义，如：“把洞～住”。

森 sēn（统读）

煞（一）shā

～尾　收～

（二）shà

～白

啥 shá（统读）

厦（一）shà（语）

（二）xià（文）

～门　噶～

杉（一）shān（文）

紫～　红～　水～

（二）shā（语）

～篙　～木

衫 shān（统读）

姗 shān（统读）

苫（一）shàn（动作义，如“～布”）

（二）shān（名物义，如“草～子”）

墒 shāng（统读）

猞 shē（统读）

舍 shè（统读）

宿～

慑 shè（统读）

摄 shè（统读）

射 shè（统读）

谁 shéi，又音 shuí

娠 shēn（统读）

什（甚）shén

～么

蜃 shèn（统读）

葚（一）shèn（文）

桑～

（二）rèn（语）

桑～儿

胜 shèng（统读）

识 shí

常～　～货　～字

似 shì

～的

室 shì（统读）

螫（一）shì（文）

（二）zhē（语）

匙 shi

钥～

殊 shū（统读）

蔬 shū（统读）

疏 shū（统读）

叔 shū（统读）

淑 shū（统读）
菽 shū（统读）
熟（一）shú（文）
（二）shóu（语）
署 shǔ（统读）
曙 shǔ（统读）
漱 shù（统读）
戍 shù（统读）
蟀 shuài（统读）
孀 shuāng（统读）
说 shuì
游～
数 shuò
～见不鲜
硕 shuò（统读）
蒴 shuò（统读）
艘 sōu（统读）
嗾 sǒu（统读）
速 sù（统读）
塑 sù（统读）
虽 suī（统读）
绥 suí（统读）
髓 suǐ（统读）
遂（一）suì
不～　毛～自荐
（二）suí
半身不～
隧 suì（统读）
隼 sǔn（统读）
莎 suō
～草
缩（一）suō
收～
（二）sù
～砂密（一种植物）
嗍 suō（统读）
索 suǒ（统读）

T

趿 tā（统读）
鳎 tǎ（统读）
獭 tǎ（统读）
沓（一）tà
重～
（二）ta
疲～
（三）dá
一～纸
苔（一）tái（文）
（二）tāi（语）
探 tàn（统读）
涛 tāo（统读）
悌 tì（统读）
佻 tiāo（统读）
调 tiáo
～皮
帖（一）tiē
妥～　伏伏～～
俯首～耳
（二）tiě
请～　字～儿
（三）tiè
字～　碑～
听 tīng（统读）
庭 tíng（统读）
骰 tóu（统读）
凸 tū（统读）
突 tū（统读）
颓 tuí（统读）
蜕 tuì（统读）
臀 tún（统读）
唾 tuò（统读）

W

娲 wā（统读）

挖 wā（统读）

瓦 wà

~刀

㖞 wāi（统读）

蜿 wān（统读）

玩 wán（统读）

惋 wǎn（统读）

脘 wǎn（统读）

往 wǎng（统读）

忘 wàng（统读）

微 wēi（统读）

巍 wēi（统读）

薇 wēi（统读）

危 wēi（统读）

韦 wéi（统读）

违 wéi（统读）

唯 wéi（统读）

圩（一）wéi

~子

（二）xū

~（墟）场

纬 wěi（统读）

委 wěi

~靡

伪 wěi（统读）

萎 wěi（统读）

尾（一）wěi

~巴

（二）yǐ

马~儿

尉 wèi

~官

文 wén（统读）

闻 wén（统读）

紊 wěn（统读）

喔 wō（统读）

蜗 wō（统读）

硪 wò（统读）

诬 wū（统读）

梧 wú（统读）

牾 wǔ（统读）

乌 wù

~拉（也作“靰鞡”）

~拉草

杌 wù（统读）

骛 wù（统读）

X

夕 xī（统读）

汐 xī（统读）

晰 xī（统读）

析 xī（统读）

皙 xī（统读）

昔 xī（统读）

悉 xī（统读）

熄 xī（统读）

蜥 xī（统读）

螅 xī（统读）

惜 xī（统读）

锡 xī（统读）

樨 xī（统读）

袭 xí（统读）

檄 xí（统读）

峡 xiá（统读）

暇 xiá（统读）

吓 xià（统读）

杀鸡~猴

鲜 xiān

屡见不~　数见不~

锨 xiān（统读）
纤 xiān
　~维
涎 xián（统读）
弦 xián（统读）
陷 xiàn（统读）
霰 xiàn（统读）
向 xiàng（统读）
相 xiàng
　~机行事
淆 xiáo（统读）
哮 xiào（统读）
些 xiē（统读）
颉 xié
　~颃
携 xié（统读）
偕 xié（统读）
挟 xié（统读）
械 xiè（统读）
馨 xīn（统读）
囟 xìn（统读）
行 xíng
　操~　德~
　发~　品~
省 xǐng
　内~　反~　~亲
　不~人事
芎 xiōng（统读）
朽 xiǔ（统读）
宿 xiù
　星~　二十八~
煦 xù（统读）
蓿 xu
　苜~
癣 xuǎn（统读）
削（一）xuē（文）
　剥~　~减　瘦~
　（二）xiāo（语）
　切~　~铅笔　~球
穴 xué（统读）
学 xué（统读）
雪 xuě（统读）
血（一）xuè（文）用于复音词及成语，如“贫~”、“心~”、“呕心沥~”、“~泪史”、“狗~喷头”等。
　（二）xiě（语）口语多单用，如“流了点儿~”及几个口语常用词，如：“鸡血”、“~晕”、“~块子”等。
谑 xuè（统读）
寻 xún（统读）
驯 xùn（统读）
逊 xùn（统读）
熏 xùn
　煤气~着了
徇 xùn（统读）
殉 xùn（统读）
蕈 xùn（统读）

Y

押 yā（统读）
崖 yá（统读）
哑 yǎ
　~然失笑
亚 yà（统读）
殷 yān
　~红
芫 yán
　~荽
筵 yán（统读）
沿 yán（统读）

焰 yàn（统读）
夭 yāo（统读）
肴 yáo（统读）
杳 yǎo（统读）
舀 yǎo（统读）
钥（一）yào（语）
~匙
（二）yuè（文）
锁~
曜 yào（统读）
耀 yào（统读）
椰 yē（统读）
噎 yē（统读）
叶 yè
~公好龙
曳 yè
弃甲~兵　摇~
~光弹
屹 yì（统读）
轶 yì（统读）
谊 yì（统读）
懿 yì（统读）
诣 yì（统读）
艾 yì
自怨自~
荫 yìn（统读）
（“树~”、“林~道”应作“树阴”、“林阴道”）
应（一）yīng
~届　~名儿　~许提出的条件他都~了　是我~下来的任务
（二）yìng
~承　~付　~声
~时　~验　~邀
~用　~运　~征
里~外合
萦 yíng（统读）
映 yìng（统读）
佣 yōng
~工
庸 yōng（统读）
臃 yōng（统读）
壅 yōng（统读）
拥 yōng（统读）
踊 yǒng（统读）
咏 yǒng（统读）
泳 yǒng（统读）
莠 yǒu（统读）
愚 yú（统读）
娱 yú（统读）
愉 yú（统读）
伛 yǔ（统读）
屿 yǔ（统读）
吁 yù
呼~
跃 yuè（统读）
晕（一）yūn
~倒　头~
（二）yùn
月~　血~　~车
酝 yùn（统读）

Z

匝 zā（统读）
杂 zá（统读）
载（一）zǎi
登~　记~
（二）zài
搭~　怨声~道
重~　装~
~歌~舞
簪 zān（统读）

咱 zán（统读）
暂 zàn（统读）
凿 záo（统读）
择（一）zé
　选～
　（二）zhái
　～不开　～菜　～席
贼 zéi（统读）
憎 zēng（统读）
甑 zèng（统读）
喳 zhā
　唧唧～～
轧（除“～钢”、“～辊”
　　念 zhá 外，其他都念 yà）
　　（gá 为方言，不审）
摘 zhāi（统读）
粘 zhān
　～贴
涨 zhǎng
　～落　高～
着（一）zháo
　～慌　～急　～家
　～凉　～忙　～迷
　～水　～雨
　（二）zhuó
　～落　～手　眼
　～意　～重
　不～边际
　（三）zhāo
　失～
沼 zhǎo（统读）
召 zhào（统读）
遮 zhē（统读）
蛰 zhé（统读）
辙 zhé（统读）
贞 zhēn（统读）
侦 zhēn（统读）
帧 zhēn（统读）
胗 zhēn（统读）
枕 zhěn（统读）
诊 zhěn（统读）
振 zhèn（统读）
知 zhī（统读）
织 zhī（统读）
脂 zhī（统读）
植 zhí（统读）
殖（一）zhí
　繁～　生～　～民
　（二）shi
　骨～
指 zhǐ（统读）
掷 zhì（统读）
质 zhì（统读）
蛭 zhì（统读）
秩 zhì（统读）
栉 zhì（统读）
炙 zhì（统读）
中 zhōng
　人～（人口上唇当中处）
种 zhòng
　点～（义同“点播”。动宾结构念 diǎnzhǒng，义为点播种子）
诌 zhōu（统读）
骤 zhòu（统读）
轴 zhòu
　大～子戏　压～子
碡 zhou
　碌～
烛 zhú（统读）
逐 zhú（统读）
属 zhǔ
　～望

筑 zhù（统读）

著 zhù

　土～

转 zhuǎn

　运～

撞 zhuàng（统读）

幢（一）zhuàng

　一～楼房

　（二）chuáng

　经～（佛教所设刻有经咒的石柱）

拙 zhuō（统读）

茁 zhuó（统读）

灼 zhuó（统读）

卓 zhuó（统读）

综 zōng

　～合

纵 zòng（统读）

粽 zòng（统读）

镞 zú（统读）

组 zǔ（统读）

钻（一）zuān

　～探　～孔

　（二）zuàn

　～床　～杆　～具

佐 zuǒ（统读）

唑 zuò（统读）

柞（一）zuò

　～蚕　～绸

　（二）zhà

　～水（在陕西）

做 zuò（统读）

作（除“～坊”读 zuō 外，其余都读 zuò）

参考书目

1. 安徽省地方志编纂委员会编．安徽地方志·方言志．方志出版社，1997

2. 国家语言文字工作委员会普通话培训测试中心编制．普通话水平测试实施纲要．商务印书馆，2004

3. 邵敬敏主编．现代汉语通论．上海教育出版社，2001

4. 北京大学中文系现代汉语教研室编．现代汉语专题教程．北京大学出版社，2003

5. 上海市普通话培训测试中心编．普通话水平测试研究．上海教育出版社，2002

6. 中国社会科学院语言研究所词典编辑室编．现代汉语词典（修订本）．商务印书馆，1996

7. 中央普通话进修班教材编写组．王均，刘照雄审订，宋欣桥主编．普通话语音训练教程．吉林人民出版社，1993

8. 徐世荣著．普通话语音常识．语文出版社，1999

9. 黄伯荣，廖序东主编．现代汉语（增订三版）．高等教育出版社，2002

10. 单明，蔡启宁主编．普通话口语教程．东方出版中心，2002

11. 陈旻等编著．普通话水平测试教程．东南大学出版社，1997

12. 张颂著．朗读学．北京广播学院出版社，1999

13. 张颂著．朗读美学．北京广播学院出版社，2002

14. 吴洁敏编著．新编普通话教程．浙江大学出版社，2003

15. 刘兴策主编．新编普通话简明教程．武汉大学出版社，2004

16. 李红岩著．诗歌朗诵技巧．中国广播电视出版社，2002

后　记

力求编写一本富有科学性、针对性与实用性，能对安徽各方言区的人学习普通话有切切实实的用处，对广大应试者准备和通过普通话水平测试有实实在在的帮助的普通话教材，这是我们多年来的愿望。

于是，2006年初春，我们成立了编写组，认真讨论了编写大纲和编写计划。经过一年的努力，至2007年初春，每一位撰稿人终于完成了自己所承担的撰写任务。

本书曾作为内部教材供池州学院和池州职业技术学院2007级、2008级和2009级学生使用。此次正式出版，除去改正了许多误植之外，我们对全书的体例也做了较大调整。同时，本书也作为安徽省高等学校省级教学研究重点项目“师范院校中文专业语言类课程内容体系改革与师范生语言能力培养研究”（2007JYXM122）的研究成果之一。

本书撰写者的分工如下：第一章，第二章“安徽方言语音特点”，第三章“普通话声母发音与安徽方言语音辨正”，“普通话韵母发音与安徽方言语音辨正”：陈淑萍（池州学院中文系副教授，省级普通话测试员）；第二章“普通话语音概说”，第三章“普通话声调发音与安徽方言语音辨正”，“音变”，“多音字、形近字、异读词的正音规范”：卢素琴（池州职业技术学院讲师，国家级普通话测试员）；第四章、第五章：陈春雷（池州学院中文系讲师，省级普通话测试员）；第六章、第七章、第八章：蔡荷芳（池州学院中文系教授，省级普通话测试员）。

本书由刘光明（池州学院中文系教授）、何家荣（池州学院中文系副教授）、丁伯林（池州学院中文系副教授）审改、统稿、定稿。

感谢池州学院教学工作委员会对编写本书所给予的大力支持，感谢合肥工业大学出版社朱移山先生为本书的编辑出版所付出的辛勤劳动，同时热忱欢迎广大读者朋友对本书提出宝贵的意见，以便我们做进一步的修改。

刘光明

2009年12月